中国共产党行为模式的若干类型研究

（1921—1949）

杨 琳 著

SPM 南方出版传媒 广东人民出版社
·广州·

图书在版编目（CIP）数据

中国共产党行为模式的若干类型研究：1921—1949 / 杨琳著. —广州：广东人民出版社，2021.12
（马克思主义研究文库）
ISBN 978-7-218-14954-7

Ⅰ. ①中… Ⅱ. ①杨… Ⅲ. ①中国共产党—行为模式—研究—1921-1949 Ⅳ. ① D23

中国版本图书馆 CIP 数据核字（2021）第 033482 号

ZHONGGUO GONGCHANDANG XINGWEI MOSHI DE RUOGAN LEIXING YANJIU（1921—1949）
中国共产党行为模式的若干类型研究（1921—1949）
杨 琳 著　　　　　　　　　　　　　　　　　版权所有　翻印必究

出 版 人：肖风华

出版统筹：卢雪华
责任编辑：伍茗欣
装帧设计：书窗设计工作室
责任技编：吴彦斌　周星奎

出版发行：广东人民出版社
地　　址：广州市海珠区新港西路 204 号 2 号楼（邮政编码：510300）
电　　话：（020）85716809（总编室）
传　　真：（020）85716872
网　　址：http://www.gdpph.com
印　　刷：广州市豪威彩色印务有限公司
开　　本：787mm×1092mm　1/16
印　　张：17.5　　字　　数：270千
版　　次：2021年12月第1版
印　　次：2021年12月第1次印刷
定　　价：60.00元

如发现印装质量问题，影响阅读，请与出版社（020-85716849）联系调换。
售书热线：020-85716826

马克思主义研究文库

编委会

危旭芳　　庄伟光　　关　锋

严金海　　吴灿新　　吴育林

沈成飞　　张　宁　　张其学

陈金龙　　易　钢　　周　云

周　霞　　郑奋明　　胡小勇

胡国胜　　袁建新　　袁洪亮

柴　盈　　徐长福　　涂良川

黄铁苗　　梁育民　　魏海苓

（以姓氏笔画为序）

总 序

马克思主义深刻揭示了自然界、人类社会、人类思维发展的普遍规律，是科学的理论、人民的理论、实践的理论，为人类社会发展进步指明了方向。这一理论，犹如壮丽的日出，照亮了人类探索历史规律和寻求自身解放的道路。在人类思想史上，还没有哪一种理论像马克思主义那样对人类文明进步产生了如此广泛而巨大的影响。无论时代如何变迁，马克思主义依然显示出科学思想的伟力，依然占据着真理和道义的制高点，人类社会仍然生活在马克思所阐明的发展规律之中。

一个民族要走在时代前列，就一刻不能没有理论思维，一刻不能没有思想指引。当今世界正经历百年未有之大变局，我国正处于实现中华民族伟大复兴的关键时期。中华民族要实现伟大复兴，同样一刻也不能没有理论思维和思想指引。马克思主义是我们认识世界、把握规律、追求真理、改造世界的强大思想武器，是党和人民事业不断发展的参天大树之根本，是党和人民不断奋进的万里长河之源泉，是我们党和国家必须始终遵循的指导思想。新时代，我们仍然要学习和实践马克思主义，坚持马克思主义在意识形态领域指导地位的根本制度，确保中华民族伟大复兴的巨轮始终沿着正确航向破浪前行。

理论的生命力在于不断创新。我们党的历史，就是一部不断推进马克思主义中国化的历史，就是一部不断推进理论创新、进行理论创造的历史，推动马克思主义不断发展是中国共产党人的神圣职责。为深入推进马克思主义理论研究、马克思主义经典著作研究、马克思主义中国化研究，特别是当代中国马克思主义、21世纪马克思主义研究，不断赋予马克思主义新的生机和活力，推动马克思主义不断焕发出强大的生命力、创造力、感召力，放射出更加灿烂的真理光芒，引导人们不断深化对共产党执政规律、社会主义建设规律、人类社会发展规律的认识，不断增强"四个意识"、坚定"四个自信"、做到"两个维护"，中共广东省委宣传部理论处组织编写了"马克思主义研究文库"丛书。该套丛书作为一个开放性的文库，将定期集中推出一批有分量、有价值、有影响的马克思主义研究学术著作，通过系列研究成果的出版，解答理论之思，回答实践之问，推进我省马克思主义研究，促进哲学社会科学繁荣发展。

"只要进一步发挥我们的唯物主义论点，并且把它应用于现时代，一个强大的、一切时代中最强大的革命远景就会立即展现在我们面前。"在全面建设社会主义现代化国家新征程中，我们要继续高扬马克思主义伟大旗帜，推动马克思、恩格斯设想的人类社会美好前景不断在广东大地、中国大地生动展现出来。

目录

绪 论

一、研究缘起和研究意义　　/ 002

二、概念界说　　/ 006

三、中国共产党行为模式的研究综述　　/ 016

四、研究思路与研究方法　　/ 038

五、研究重点难点、创新之处　　/ 042

第一章　纪律行为

第一节　纪律行为的由来和基本特征　　/ 048

一、中国共产党建立纪律的由来　　/ 049

二、纪律刚性　　/ 054

第二节　群众纪律行为　　/ 062

一、群众工作　　/ 062

二、群众纪律　　/ 065

第三节　保密纪律行为　　/ 076

一、党的保密纪律文献　　/ 076

二、党组织及其活动保密　　/ 079

三、党员身份保密　　/ 084

第四节　工作劳动、生活纪律行为　　　　　　　　　　/ 092

　　一、工作劳动纪律　　　　　　　　　　　　　　　/ 092

　　二、生活纪律　　　　　　　　　　　　　　　　　/ 095

本章小结　　　　　　　　　　　　　　　　　　　　　/ 099

第二章　组织行为

第一节　组织意识的基本内涵　　　　　　　　　　　　/ 104

　　一、组织归属意识　　　　　　　　　　　　　　　/ 104

　　二、组织依恋意识　　　　　　　　　　　　　　　/ 106

　　三、献身组织意识　　　　　　　　　　　　　　　/ 109

第二节　组织服从的行为规范　　　　　　　　　　　　/ 111

　　一、组织分配刚性　　　　　　　　　　　　　　　/ 113

　　二、组织错误最忌　　　　　　　　　　　　　　　/ 116

第三节　组织生活的行为习惯　　　　　　　　　　　　/ 119

　　一、组织生活规范化　　　　　　　　　　　　　　/ 121

　　二、组织生活严肃化　　　　　　　　　　　　　　/ 122

本章小结　　　　　　　　　　　　　　　　　　　　　/ 124

第三章　学习行为

第一节　学习行为的一般功能　　　　　　　　　　　　/ 126

　　一、政治—文化模式建构与维持功能　　　　　　　/ 126

　　二、政治—社会动员功能　　　　　　　　　　　　/ 127

第二节　学习行为的规范化：有领导有组织的集体学习　　　／131

　　一、政治学习主体的二元结构　　　／131

　　二、政治学习过程的制度化建构　　　／135

　　三、政治学习旨趣的实践性意涵　　　／139

第三节　学习行为的普及化：寓政治学习于文化普及中的根据地教育　　　／142

　　一、革命根据地农村政治学习的形式　　　／143

　　二、革命根据地农村政治学习的内容　　　／146

　　三、革命根据地农村政治学习的特点　　　／154

本章小结　　　／158

第四章　会议行为

第一节　政治会议的功能　　　／162

　　一、会议的组织运行功能　　　／163

　　二、政治会议的仪式功能　　　／166

第二节　政治会议的类型　　　／171

　　一、工作会议　　　／171

　　二、组织生活会　　　／173

　　三、群众大会　　　／178

　　四、庆典大会　　　／183

本章小结　　　／188

第五章 非政治领域行为的政治化

第一节 社会生产行为的政治化 / 190
一、生产协作的政治化 / 190
二、劳动行为的意识形态化 / 196

第二节 消费文化行为的政治化 / 200
一、欲望的革命化 / 200
二、发型的革命化 / 206

第三节 社会生活的政治化 / 212
一、生活集体化 / 212
二、行动军事化 / 221
三、婚恋革命化 / 227

本章小结 / 243

结　语 / 245

附录　访谈对象 / 258

主要参考文献 / 259

后　记 / 265

绪 论

一、研究缘起和研究意义

21世纪初叶,中国共产党领导的革命史成为当代中国史研究的热点,此时"新革命史"的呼声日渐高涨。周锡瑞首先发出感慨,呼吁"把社会、经济、政治放回二十世纪中国史"[①];尔后,杨念群基于中共党史研究对政治问题的回避,撰文提出"新革命史"就是要讨论"革命"解释的意识形态化过程。[②] 李金铮则提出"新革命史"研究的最新路径,即从革命与乡村、国家与社会两个角度来丰富中国革命史研究。[③] 王奇生在反思传统中共党史研究的弊病时,提及了"新革命史"的转型问题:"革命党在革命过程中形成的革命理论、革命话语、革命逻辑、革命价值,不直接移用为革命史研究的结论和指导思想,而应作为革命史研究的对象。"[④]可喜的是,历史学界对此的践行已跨越理论的反思而深入实践领域,在这场轰轰烈烈

---

① 周锡瑞:《把社会、经济、政治放回二十世纪中国史》,《中国学术》2000年第1期,第201页。

② 杨念群:《为什么要重提"政治史"研究》,《历史研究》2004年第4期,第10-11页。

③ 李金铮:《向"新革命史"研究转型:中共革命史研究方法的反思与突破》,《中共党史研究》2010年第1期,第73页。

④ 王奇生:《高山滚石——20世纪中国革命的连续与递进》,载王奇生:《新史学》(第7卷),中华书局2013年版,第23页。

的方法论变迁中,已然激起党史学界的千层涟漪,近年来已有大量论著①从微观政治学的角度重新审视中国革命史,尤其是中共党史的进程,以期打破传统党史研究"注解式"的命运。②要真正实现"新革命史"的转型,需摒弃简单的政策解读,将革命和民众的互动置于历史的情境之中,走向动态多元的新文化史研究和行为文化实践研究。③

党史研究与新文化史的对话空间,由于二者的同构性,使得党史研究

---

① 最具代表性的著作有张静如:《北洋军阀统治时期中国社会之变迁》,中国人民大学出版社 1992 年版;张静如:《国民政府统治时期中国社会之变迁》,中国人民大学出版社 1993 年版;张静如:《中国现代社会史》,湖南人民出版社 2004 年版;张静如:《中国当代社会史》,湖南人民出版社 2011 年版;周兵:《新文化史:历史学的"文化转向"》,复旦大学出版社 2012 年版;梁景和:《西方新文化史与中国社会文化史的理论与实践》,社会科学文献出版社 2014 年版。又如张静如指导的博士论文有李立志:《变迁与重建——1949—1956 年的中国社会》,江西人民出版社 2002 年版;师吉金:《构建与嬗变——中国共产党与当代中国社会之变迁》,济南出版社 2003 年版。

② 概念史、新文化史研究的提倡,对打破传统党史研究的视域藩篱和方法局限颇有助益。参见郭若平:《概念史与中共党史研究的新视野》,《中共党史研究》2013 年第 5 期,第 20—28 页;郭若平:《投石问路:中共党史研究与新文化史的邂逅》,《中共党史研究》2014 年第 12 期,第 87—98 页;杨东:《概念史在中共党史研究中的实例分析》,《中共党史研究》2017 年第 11 期,第 31—35 页;董丽敏:《"新革命史"重构革命史叙述如何可能》,《中共党史研究》2019 年第 11 期,第 19—25 页。

③ 张静如提倡应以社会史为基础深化中共党史研究。对此,张静如有明确的说明:"并不是说把党史改为社会史,而是说对党史中的重大问题,包括大的历史事件和有影响人物的思想实践,利用中国近现代社会史研究的成果,从社会生活诸方面进行分析,找出形成某个重大历史现象的复杂的综合的原因,并描述其产生的影响在社会生活诸领域的反映。"参见张静如:《以社会史为基础深化党史研究》,《历史研究》1991 年第 1 期,第 89—96 页。随后,侯松涛提出党史研究应多元整合。参见侯松涛:《中共党史研究:多学科研究方法的综合审视》,《党史研究与教学》2009 年第 1 期,第 6—13 页。吴志军提出加强地域史与学术史研究。参见吴志军:《地域史:学术化进程中的中共党史研究》,《党史研究与教学》2009 年第 4 期,第 4—10 页;吴志军:《学术史:中共党史研究学术化进程中的史学书写》,《党史研究与教学》2012 年第 2 期,第 18—26 页;吴志军:《试论新文化史层级下的中共党史研究》,《中共党史研究》2016 年第 1 期,第 81—100 页。魏本权提出新文化史将全面拓展红色文化研究的领域。参见魏本权:《新文化史与中国红色文化研究》,《中共党史研究》2017 年第 11 期,第 128 页。

可能介入其中而形成历史解释的自足性。中共党史蕴含的是一种政党行为的历史，它既是作为政党的组织政治行为的历史，也是作为政党成员的社会活动行为的历史。① 就此而言，党史研究原本应当呈现的正是这些组织的或个人的历史叙事，由这些历史叙事的具体环节构成中共历史的总体面貌。历史的共相与殊相是一个统一体，因殊相的存在，共相的呈现才有可能，其中的奥妙在于："每种人类活动，本质上都是一种限定在某一明确时空中的个体的暂时现象。严格地说，每件事实都是独一无二的。但是，一个人的每次活动都类似于这同一个人所做的其他活动，或者同一群人中其他人所做的活动，而且那些活动相类似的程度时常还很高，以至于那些活动有了一个共同的名称，而且在这一名称之下，那些活动的个体性消失了。"② 在"共同的名称"之下的党史叙事，可以展示中共历史的一般性特征。新文化史研究方法的知识积累，形成的就是党史研究中的整体性历史意识。进一步说，党史研究介入新文化史的研究方法，在认识领域可以打开一扇观察问题的门窗，它让人们感悟到党史领域的诸种史事，并不是单向度地由社会经济所决定，这些"史事"之所以有意义，或者说之所以能够产生意义，完全是因为它是在文化中被表达或被建构的，唯有借助这种表达或建构，人们对党史领域的"史事"才有可能产生意义认知。

此时，新文化史作为一种研究方法，旨在"强调人行动背后的文化逻辑或文化密码"③。党史研究与新文化史的邂逅，恰恰为党史研究提供了揭示历史变迁背后的行为、动机、心理等功能的方式。在历史存在方式上，这些都是非物质形态的要素，既不能用计量方式进行测定，也不能用

---

① 郭若平：《投石问路：中共党史研究与新文化史的邂逅》，《中共党史研究》2014年第12期，第87—98页。

② ［法］朗格诺瓦著，余伟译：《史学原论》，大象出版社2010年版，第142页。

③ 卢建荣：《新文化史的学术性格及其在台湾的发展》，载陈恒等主编：《新史学》（第4辑），大象出版社2005年版，第155页。

社会经济史进行结构化研究，它只能借助于分析行为、话语、符号、象征等文化表征形式来实现。言及于此，从革命之于普通人日常生活的影响来说，最显见的变化都会呈现于组织和个体的行为轨迹上。亦因如此，在这场研究视角下移的新革命史热潮中，本研究大胆地讨论中国共产党行为模式的若干类型及其表现形式，运用行为文化研究方法，通过行为流变的审视，重新反思革命历史的点滴。特别强调的是，本研究中的"中国共产党"它不是指整个的中国共产党全部组织，而主要是指各级基层组织，也包括大多数干部和普通党员，兼及受党强烈影响的革命群众。纵观整个革命时期，中国共产党行为模式的积极作用在被历史证实的同时也部分建构了中国共产党政权的合法性。这对已经在全国执政70年的中国共产党在今天的复杂形势下如何继续严肃党内政治生活并求得政权的巩固和国家的长治久安仍然具有重大的理论和现实意义。

第一，理论意义。一则，有助于提供和引介党的研究和中共党史研究的新视域、新研究内容。行为，作为透视历史的一个特殊维度，既独特有效又兴味盎然。在中共党史研究中，行为研究长期以来是隐而不显的，少数的行为讨论很难称得上是严格意义的学术研究。但从中共革命的历史实践看，行为研究从未因时代思潮转换而退场，由始至终都是中共革命历史的核心议题。将行为模式引入中共革命历史研究，亦是从新文化史的研究视角理解近代中国的革命历史进程。本研究借助中国共产党行为模式之变，梳理组织生活革命化的表征，这不仅可以体会到革命生活对组织实实在在的影响，更能拓深中共党史研究的时空延展性。二则，有助于丰富和发展中共党史与新革命史研究的新方法、新研究范式。注重于从历史事件的宏大叙事，转向生活世界中具社会学研究意义的政治文化微观叙事，把中国共产党的纪律行为、组织行为、学习行为、会议行为和政治化行为模式等纳入中共党史与新革命史的研究范畴，通过中国共产党政治生活的呈现，解结当下传统党史研究的视域困境。毋庸置疑，新革命史视域下中国共产党行为模式研究将成为中共党史研究的实践理路和践行动力。

第二，实践意义。一则，有助于认识党内政治生活发展的历史轨迹。在新中国的历史进程中，中国共产党行为模式深深烙印着革命的刻痕，不能忽视"革命文化"的重要价值，研究中国共产党行为模式能使我们更加清晰地理解中国革命史，尤其是中共党史的发展脉络。最为关键的是，挖掘红色革命时期中国共产党行为模式的若干类型，有助于认识革命文化之于中国共产党的重要价值，更进一步明晰党内政治生活发展的历史脉络。二则，有助于理解新时代党内政治生活的丰富内涵。严肃党内政治生活，强化党员行为是一以贯之的优良传统。党的历史经验表明，党性行为的强化对中国共产党的自身建设和事业发展至关重要。十八大以来，党内政治生活呈现出新的气象。习近平总书记关于新时代党内政治生活的若干准则等论述，不仅是进一步深化、实化和细化了严肃党内政治生活的传家宝，也是构建和扩大中国共产党政治生活中的行为准则的科学指南。所以，长期执政的中国共产党如何适应变化的新形势新情况严肃政治生活中的行为准则，关系到全国各族人民是否对全面深化改革表示认同与支持，关系到中国共产党能否团结和动员大多数群众积极参与新时代伟大事业，也关系到中国共产党能否继续稳固执政地位。

二、概念界说

（一）行为

新文化史的微观分析，是从个体行为及其意向意义开始的，这是因为个体行为组成了社会世界的复杂现象，行为者在其行为之上赋予了社会历史和文化现象的意向意义。唯有理解社会世界内的个体行为及其意向意义，才能掌握错综复杂的文化关系及其历史结构，才能真正领悟社会历史的真谛。从个体行为视角管窥历史，可以将所有经济利益、政治权力、社会关系及其文化产物等领域都化约为个体行为及其行为网络。换而言之，作为宏观视野中的国家机器或者政党组织无论多么庞大，它们的行动逻辑依然是个体行为的集合物。不仅如此，只有行为的主体是个体的时候，国家和社会关系视角下的行为体系才能允许被表述为个体行为。这样，就把客观的对象化世界化约为个体行为，通过理解社会历史中的个体行为而研究社会整体行为，其旨趣在于解释个体行为的主观意向，以及个体行为对社会历史赋予意义的表达方式。

行为是新文化史研究的核心概念之一，行为概念最后被确定为学科分析的基础性概念工具，绝不是很久以前的事情。行为理论最早的阐释者是马克斯·韦伯和帕累托，在他们之前的研究者中，甚至与他们同时代的社会学者滕尼斯、齐美尔和迪尔凯姆等人，都并未涉及行为理论的研究。当然，即使没有行为理论，相关学科分析也是成立的，但因为没有这一理论，在联结社会文化现象与社会现实中组织、群体、个体的环节上，显然存在着理论上的盲区。但是，即便韦伯率先提出行为理论，也鲜有人从理论层面对行为进行分析。当时，行为理论的真正展开，还有待于帕森斯的继承与修正。同一时期，日本的新明正道曾依据韦伯和米德的理论，提出"行为关系"的概念，但他并未进一步展开论述。关于行为概念的定义，韦伯曾给予行为这样一个广为人知的定义："指行为者把主观意图与行为联结起来这一界限内的人的行为。"① 但是，这个定义使用了行为这个尚未界定的词汇，并且对行为概念也未做任何解释，因此对分析中所需要的概念工具提示得不够明确，只能说是个不完备的定义。另外，帕森斯将行为仅限于那种可以还原为目标、情景、规范性规定和动机建立等四个项目的行为。在另一部著作中，他又提出下述条件，即动机建立、行为者与情景的关系、来自他人的期待体系、情景作为符号而对自我具有意义等。但

---

① Weber, Max. *Wirtschaft und Gesellschaft*, Harvard University Press, 1954, p.175.

是，同韦伯一样，帕森斯未能详尽论述行为概念。

基于此，本研究尝试对"行为"这一概念进行探讨，所谓行为，是个体进行意向性活动的实现过程，即行为主体基于个体需求产生行为动机，通过采纳手段、对抗障碍、明确目标等方式与所处的情境中的各种因素联结起来，从而达成上述取向的目的。这个定义强调了因需求而产生动机和与此互为表里关系的目的取向性。不过，作为该定义的中心概念的需求一词的意义极为广泛，既包括人与动物共有的生理层次的需求，也内蕴人所特有的高级的社会或文化层次的需求，行为概念虽然并不排斥前者，但主要焦点放在后者。人的行为的固有特性，在于人通过有意识的反省作用，预测行为的经过和结果，并进行自我控制。当然，这种自我控制的程度，因每一个别行为的不同而有很大差异，如果援用马克斯·韦伯的著名的行为四类型划分，即目的合理的行为、价值合理的行为、情感行为和传统行为。本研究的行为概念显然接近于目的合理的行为，但情感行为与传统行为也不乏这一特性。所谓把行为作为目的取向性来把握，就是指通过这种意识作用的自我控制过程，那种缺乏这一特性的反射性行为，是行为之前发生的，可以排除于行为概念之外。

综上所述，目的合理的行为更符合本研究的旨趣，即目标导向成为行为概念生成的重要因素。因此，该研究所指涉的行为概念，即革命中形成的有利于革命事业的部分行为模式。其中，政治活动中的若干政治行为自然是该研究的重点。而原本隶属于经济生活、社会生活的非政治行为，在革命斗争中被革命化，从而也呈现政治化的特性，这些政治化行为类型与政治行为具同质性，理所当然需要受到重视。

（二）组织行为

组织行为是指组织成员面对特定的情境，统一于组织目标所产生并组织起来的行为。对于特定的组织共同体而言，行为模式具有高效能和实体化功能："一方面，行为模式有利于降低组织内部人际互动行为的交易成本和信息成本；另一方面，行为模式将有效地形成组织行为的界限表征。"① 在人类社会发展的特定阶段，当一个共同体系统较为封闭时，以组织认知为基础的组织文化，在一定程度上制约了该文化语境下群体行为，并使行为模式固化。

美国心理学家霍曼斯对组织行为进行剖析，以寻求所有组织普遍存在的要素。他认为，任何一个组织的社会行为，至少包括如下三个方面：（1）任务活动，即为完成组织目标所从事的实践活动。（2）相互作用，即在完成任务中人与人之间发生的行为影响。（3）情感活动，即个人与个人，个人与组织，个人与活动之间所表现的情感反应。霍曼斯对组织行为的这种分析，虽是一种常识性的描述，但为本研究系统地分析组织行为的内外变量提供了理论基础。

最新的研究表明，影响组织行为的因素是多种多样的，如组织成员的个性特征，成员间的人际关系，组织成员的年龄、专业构成、气质、性格、智能组合状况等。组织行为与各个因素呈现出复杂的函数关系，其关系可用函数公式表示如下：组织行为 $=f(M, T, Q, L, E)$②。可知，影响组织行为的变量有内外之分。因而，关于组织行为的研究，亦有内聚力理论与外激励理论之别。

第一，组织行为的内聚力研究。内聚力指组织成员留存在组织之内的吸引力，它是组织之中个体与组织、个体与个体之间相互关系的反映。内聚力是维持组织存在的必要条件，也是实现组织目标的动力源泉。组织内聚力的大小受许多因素影响，包括组织的领导方式，组织内部的一致性，组织内部的奖赏方式，外部压力，组织地位，组织规模等。最为关键的因

---

① 冀鸿、李泓欣：《组织行为学实用教程》，北京大学出版社 2012 年版，第 107–108 页。
② 其中，M 表示群体中各个成员的知识、技术、能力等专业组合；T 表示群体所担负的主要任务和各种特征；Q 表示群体的层次结构和内部控制；L 表示群体领导人的能力和特征；E 表示群体与外界社会的关系。

素是组织内部的一致性，只有群体目标与组织目标一致时，增强内聚力才有利于提高工作效率。①

第二，组织行为的外激励研究。激励，是指借助能够满足个体需要的外在事物作为目标来激发动机，使人产生一种积极向上的心理状态，从而引导和推动人们产生积极行为的心理过程。20世纪初，华生的行为主义理论风行于美国，形成了行为主义的激励理论。行为主义的基本原则为：刺激—反应（S-R），即通过激励（刺激）手段来诱发人的行为反应。在这基础上，斯基纳又提出强化理论②，并将强化行为分为正强化（奖赏、肯定）和负强化（惩罚、反对）。如果说引起行为靠对动机的诱发，那么，强化就是巩固或取消这一行为的最有效手段。

如上所述，中国共产党行为模式研究，亦是一种组织行为研究。本研究将组织行为的范畴限定为"中国共产党"，通过借鉴组织行为的内聚力理论和外激励理论，具体讨论中国共产党在革命实践中逐步形成的有利于革命任务实现和成员需求满足的行为模式。

（三）中国共产党行为模式

中国共产党行为模式的若干类型，第一，行为主体限定为"中国共产

---

① 美国学者斯蒂劳·罗宾斯用四种不同情况来说明内聚力与生产率的关系：如果群体目标与组织目标保持高度一致，那么，内聚力愈高，生产效率就愈高。如果群体目标与组织目标不一致，那么，内聚力越高，则生产率越低。如果群体目标与组织目标不一致，那么低内聚力与生产率关系不明显。如果群体目标与组织目标一致，那么，即使内聚力低，生产率也能提高。因此，只有群体目标与组织目标一致时，增强内聚力才有利于提高工作效率。

② 强化的基本理论观点如下：一是人的行为受到正强化趋向于重复发生，受到负强化会趋于减少发生。二是激励人们按一定要求和方式去工作，以达到预定的目标，奖励往往比惩罚更有效。三是反馈是强化的一种重要形式，应该让人们通过某种形式或途径及时了解自己行为的结果。四是为了使某种行为得到加强，奖赏应在行为发生后尽快提供，延缓奖赏会降低强化作用。五是对所希望发生的行为应该明确规定和表达。只有行为的目标明确而具体，才能对行为效果进行衡量和及时奖励。六是按照对象的不同需要，采用不同的强化物和强化手段。

党",这个概念采自历史上有过的称谓,所以借来作为本研究的一个核心概念,以下界定仅为研究需要,不是严格的定义:它不是指整个的中国共产党全部组织,而主要是指各级基层组织,也包括大多数干部和普通党员,兼及受党强烈影响的革命群众。至于整个中国共产党及党的各级组织尤其是中央的和高层领导组织,有诸多特殊性,其运作属高度机密,非本研究所能胜任。本研究所要探讨的,并不是对直线时空中革命变迁的勾勒,或者仅仅对革命行为进行平面记录,它不是编年性的而是分析性的,是以政治表现如何被叙述。也就是说,这种研究关注的不是政治事件或政治人物的历史行为——尽管这种行为对这种研究是不可缺少的,而是关注中国共产党行为模式的具体形式是处在怎样的社会、经济、文化语境中,并且与这种语境发生了何种关系,在这种关系中,行为模式之外的"他者"对其施加了何种作用或影响,等等。诸如此类问题在党史的政治文化史研究中,过往鲜被涉及,现在将这些问题纳入党史研究的视野范围,正是新文化史之于党史研究具有积极意义的意蕴所在。

第二,研究时域限定为新民主主义革命时期。本研究所论述的命题为"中国共产党行为模式的若干类型研究",必然要厘清相应的革命历史年限。革命,有广义和狭义之分。广义的革命,泛指一切事物的变革,而狭义的革命,则专指社会的变革。研究中国革命史,无疑是要阐述中国的社会变革史。至今,全国出版的近代史的著作汗牛充栋,其中关于中国革命史的年限争议颇大。所以,有关中国革命史的上下限的争论一直持续不断,已出现的就不下于10种主张。关于上限,有始于1919年五四运动、1921年中国共产党成立等几种主张。关于下限,有终于1949年中华人民共和国成立、1952年全国土地改革完成、1956年三大改造完成、1976年"文化大革命"结束、1987年中国共产党第十三次全国代表大会等几种主张。①

---

① 吕建云:《如何正确界定中国革命史的上下限》,载梁景和:《中国近代史基本理论问题文献汇编》(下),社会科学文献出版社2013年版,第1676页。

众说纷纭，现在还没有形成比较一致的看法。可观之，年限一般都以重大的政治斗争作为标志，在这些斗争以后，社会都发生了显著的变化。综观以上主张，本研究择取传统政治史的历史时段分析，将该研究聚焦至1921年中国共产党成立之初至1949年新民主主义革命胜利这一时段，力图将中国共产党在新民主主义革命时期所展演的若干行为类型呈现出来。

第三，研究范畴限定为红色行为文化的剖析。借鉴文化结构理论，将红色文化视为红色物态文化、红色制度文化、红色行为文化、红色符号文化、红色精神文化的综合整体（见图0-1）。由此形成由外层到内核的红色文化结构，即由"器"（物态文化、制度文化）到"象"（行为文化），再由"象"到"道"（符号文化和精神文化）的过程，或者可言之为由物到人，由人到心的过程。

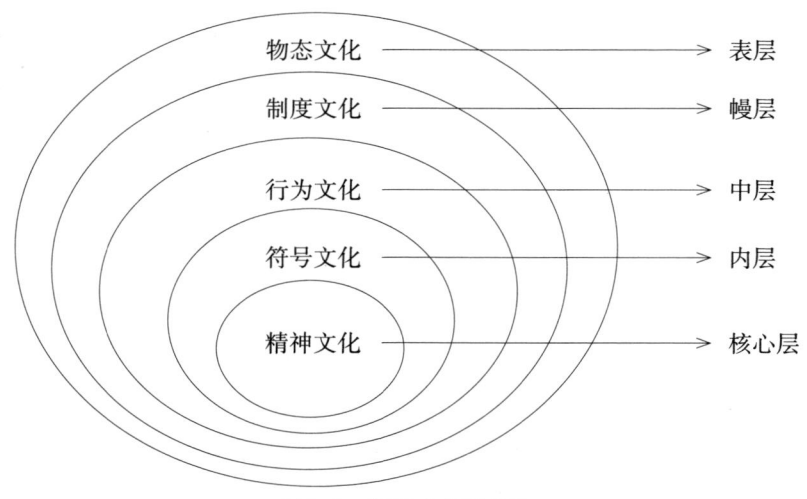

图0-1　红色文化的结构

其一，表层的物态文化（物），物态文化是一种文化系统中能满足人类的基本生存需要的物质的部分，包括人的物质生产活动方式及其产品。红色文化的表层，是革命时期文化形态的有效载体，也是对历史进程的客观记录。具体地说，红色文化实体层，主要体现为红色文化发展演变过程中形成的承载革命理论、革命道路和革命精神的物态载体，包括革命的地缘环境和物质力量，这些实物资源凝结着革命精神、革命传统，是红色文化活动方式的载体。其二，幔层的制度文化（规），即在明文制度形式上缺乏完整表达，而实际已经制度化的惯例、潜规则或传统，如严守机密、忠诚组织、汇报思想、批评斗争等。其三，中层的行为文化（习），即中国共产党在革命时期形成的成文的或非成文规定的革命风尚和一般行为模式。其四，内层的符号文化（符），包括文字符号、话语符号、体态符号、颜色符号、图像符号、物象符号、地域符号、意象符号、艺术符号、偶像符号。其五，核心层的精神文化，包括革命理念（知）、心理情感（情）、意志信念（意）、价值道德信仰（魂）。显而易见，关于"物""规""知"的研究成果汗牛充栋，例如各地党史办有专门从事革命遗址的研究，中共党史学亦有对重大革命事件的阐释，政治制度学有专门的规章制度研究，马克思主义理论学科亦对科学理性文化加以解释说明。而本研究正是将行为文化（习）作为研究对象，选取中国共产党行为模式的若干类型研究，描绘革命进行时的各种面相，阐述革命时期中国共产党行为模式的基本表现和一般特征，解码革命发生的深层次影响。

中国共产党行为模式不仅仅集中体现在中国共产党的理论体系和精神诉求中，更加广泛地活跃在中国共产党的集体风尚和个体习惯之间。行为模式是中国共产党在革命实践中，尤其是在政党内部以及与外部的交往中形成的约定俗成的习惯性定势。在后革命时期，革命行为甚至比革命文化所起的影响更为深刻。迪维尔热指出："在一种文化已经存在很久的情况下，这种文化的意识形态基础所起的作用便不如所有的习惯和行为的作用大，而习惯和行为往往已同意识形态相去甚远。习惯和行为不仅会超越导致它们产生的意识形态，而且多少还有助于改变对立的意识形态，提出一种反文化。"① 在这里，迪维尔热不仅看到了行为模式在一种成熟的文

---

① ［法］莫里斯·迪维尔热著，杨祖功等译：《政治社会学——政治学要素》，华夏出版社1987年版，第100页。

化中的重要地位，而且看到行为模式还有可能是与它的意识形态初衷相反的东西。如果假定文化的意识形态是理性的和科学的，那么行为模式中就有可能存在非理性的、情感的成分。相对于核心层精神文化而言，行为文化处于红色文化的较外层。但这丝毫不表明它在红色文化中占据着不重要的地位。相反，由于中国共产党的行为直接作用于它赖以生存的阶级和人民群众，因而有时比居于深层的精神文化更具有影响力。群众常常是根据政党的行为而不是纲领和制度来判断自己是否应该支持它。毛泽东关于党的作风的理论较好地概括了中国共产党的行为模式。① 所谓作风是组织或个人在思想上、工作或生活上一贯表现出来的态度、行为。毛泽东在《论联合政府》一文中论及中国共产党的作风时说道："以马克思列宁主义的理论思想武装起来的中国共产党，在中国人民中产生了新的工作作风，这主要的就是理论和实践相结合的作风，和人民群众紧密地联系在一起的作风以及自我批评的作风。"② 陶金辉在《浅谈中国共产党的行为文化》中将其界定为党员稳定的价值取向以及党组织主流的行为取向，并将党的学习文化、组织文化、运作文化、合作文化、管理文化、纠错文化皆纳入行为模式的范畴。③ 此外，莫岳云认为中国共产党的行为模式是党史文化层次结构要素之一，它是党在其活动中所表现出来的行为作风，是其意识形态和制度规范的外化，是党组织和党员个人在思想、工作和生活上表现出来的态度、行为和风格。具体而言，党的行为文化通过领袖行为、模范人物行为、党员群体行为三个层面体现出来。④ 赵理富认为相对于政党意识形态和政党政治心理而言，中国共产党的行为模式处于党的文化结构的较

---

① 《毛泽东选集》（第3卷），人民出版社1991年版，第811-828页。
② 《毛泽东选集》（第3卷），人民出版社1991年版，第1093-1094页。
③ 陶金辉：《浅谈中国共产党的行为文化》，《闽北日报》2011年7月7日，第2版。
④ 莫岳云：《试论党史文化的内涵与主要特征》，载中共中央党史研究室宣教局、中共党史出版社编：《全国党史文化论坛文集》（第1册），中共党史出版社2013年版，第84页。

外层，中国共产党的行为文化是党员在政治实践中，尤其是在党的内部以及与其外部的交往中约定俗成的习惯性定势。① 刘文江认为，中国共产党行为方式文化是中国共产党文化的重要组成部分，是在中国共产党行为规范思想指导下实现中国共产党思想理论文化价值目标的活动形式、行为程序、行为方法和手段的观念体系，是中国共产党实现思想理论目标的途径和手段，是中国共产党文化的保证因素。②

综上，本研究的行为模式是中国共产党之于革命政治的一种"实践"，其研究的时限聚焦于新民主主义革命时期，而研究的范畴是具有政治文化属性的、对革命事业起到一定作用的行为类型。需要强调的是，广义的中国共产党行为模式的若干类型研究是中国共产党在革命实践中所展演的各种行为类型，其涵盖的内容尤为广泛，包括了组织工作行为、军事战争行为、政治斗争行为、党建工作行为等。然而，由于军事行为（包括人民战争、游击战、战略战术、军队建设、根据地建设）、政治斗争行为（包括对敌阶级斗争和意识形态斗争、党内路线斗争和思想斗争、群众运动和政治运动）和党建工作行为（党的建设和思想政治工作等），是党史、军史和中国现当代史的主要研究对象，本研究一般不加涉及。本研究中所探讨的若干行为类型研究则是狭义上的指称，它作为一种政治文化规范中国共产党的行为模式，可通过领袖人物行为、模范党员行为和普通群众行为三个层次进行考察。当然，此处的群众行为是中国共产党行为模式所塑造的革命群众行为模式，也是从侧面反映中国共产党行为模式的重要素材。此外，本研究所选类型，不是全部类型，后续研究会继续做下去。目前所列类型的考虑是：受所能看到的资料的限制、本人水平的限制、回避较敏感话题。综上，中国共产党行为模式可笼统分为政治行为，即中国共产党为

---

① 赵理富：《政党的魂灵——中国共产党政党文化研究》，武汉大学出版社2008年版，第77页。
② 刘文江：《中国共产党文化研究》，中共党史出版社2005年版，第133页。

了实现既定政治目标（即革命胜利）而进行的实践，具体包括纪律行为、组织行为、学习行为、会议行为等；政治化行为，即中国共产党在经济生活、社会文化生活、日常生活所施行的具有政治化意涵的行动和诉求。纵观整个革命时期，中国共产党通过一系列的革命活动，基于政治行为的逻辑建构，完成了对社会的高度组织化过程，形成一种显性的革命行动，而革命文化的隐性建构主要是通过中国共产党在经济生活、社会生活、文化生活的政治化行为来实现的。

三、中国共产党行为模式的研究综述

关于中国共产党行为模式的阐释，学界研究相对凤毛麟角，仅有部分论著简单提及相关的概念、内涵与社会意义。下文将对在该问题研究中出现的主要观点作一简短的综述。

（一）国内研究现状

1. 纪律行为

土地革命时期，毛泽东就强调"由散漫的游击队的行动进到正规的与大规模的红军部队的行动"，使红军走上"铁的正规的革命武装队伍的道路"。① 张永以十一月会议为例总结了1927年中共在武装暴动中的组织转型，分析其整顿党的纪律所实施的方案："工农干部替代知识分子""强化支部建设，建立秘密工作规则""严肃政治纪律，处罚重要干部"等。② 侯鲁梁以"三湾改编"为例，阐述了中国共产党军队的规范化建设的初步行动。中国共产党"在'三湾改编'中，调整军队编制，明确部队番号，建

---

① 《毛泽东军事文集》（第1卷），中央文献出版社1993年版，第337、339页。
② 张永：《一九二七年中共在武装暴动中的组织转型》，《党史研究与教学》2019年第5期，第18-33页。

立一系列规章制度,都是加强部队正规化建设的具体步骤。他(毛泽东)为红军第四军第九次党的代表大会起草的决议,提出纠正极端民主化、非组织观点、个人主义、流寇思想、盲动主义残余等错误思想和倾向,要求编制红军法规,实行集中统一指挥,严格执行纪律和各项制度,这些都体现了他对部队正规化建设的重视。他为部队规定'三大纪律六项注意'(后改为'三大纪律八项注意')"①。黄金麟以身体为线索来讨论革命的历史,透过对红军士兵、妇女、儿童与劳动者身体所遭遇到的规训与政治经济计算,来透视革命时代身体领导权的建立与苏维埃身体建构的曲折历程。苏维埃革命所内含的善意与矛盾,是作者的叙述背景与主旨关怀,因为革命所面临的善意与强制的张力始终是一个无法解决的难题。我们从中看到,解放的实践也必须以人的工具化作为条件才能实现。人作为历史的主体与客体,在成为主体的过程中,同时也将自己客体化了。这有助于深思革命行为背后的解放悖论,然而该研究对于具体的革命行为论述不够详尽。另外,黄金麟阐述了军国民教育的规训作用,这种方式试图将国家的权威树立在个人身体智商上,同时也强调国家成为个人身体忠诚的对象。此时,"国"与"身"相互建构,身体逐渐脱离了家族的牢笼走向国家。国家作为一种后设权力一直统合和支配各种日常运作现象和微观权力机制。② 总之,在近代中国革命战争的历史语境中,在与这些上述面向相关的实际作为与规训效应下,生存于其间的身体不知不觉落入了层层权力的节制当中,遭到日益严密的看管与监控,很少有超脱于国家和民族而存在的实质性空间。

抗日战争时期,中国共产党尤其重视军队的正规化建设,侯鲁梁总结该时期中国共产党颁发的条例,如《八路军各级司令部暂行工作条例》《内

---

① 侯鲁梁:《论毛泽东军队建设思想》,解放军出版社 2014 年版,第 293 页。
② 黄金麟:《历史、身体、国家——近代中国的身体形成(1895—1937)》,新星出版社 2006 年版。

务条令》《内务制度》《军队纪律条令》等若干条令条例，并多次强调严格执行条令条例。① 抗战决战时期，军事文化是中国共产党组织建设的核心思想。与这种作为主流文化思想的军事文化相协调，聂正安认为战争时期的组织设计原则或组织模式具有两个鲜明的特征：一是权力调节，他律为主。军人以服从命令为天职便是这一原则的表现之一。二是严密组织，统一行动。这两个特征所带来的无疑都是一种比较高的组织效率，即军令如山。②

抗日战争胜利后，毛泽东进一步指出："人民解放军主力兵团的作战将要摆脱现在还存在的某些游击性，进入更高程度的正规化。"③ 1949 年 1 月他又指出："必须使各野战军进一步地正规化，这主要的是加强炮兵和工兵，使用铁路、公路和水路的近代运输工具，加强军队的组织性和纪律性，坚决地克服现在还是相当严重地存在于军队中的某些无纪律的状态，并加强司令部的工作。"④ 基于此，侯鲁梁阐述了解放战争时期中国共产党的纪律建设，即通过颁布《中国人民解放军宣言》《中国人民解放军总部关于重行颁布三大纪律八项注意的训令》《关于建立报告制度》《关于健全党委制》等一系列文件，统一部队编制，开展新式整军运动，建立和完善规章制度，加强部队的组织性纪律性等，使我军的正规化程度有了较大提高。⑤

保密工作历来是党和国家的一项重要的纪律工作。革命战争年代，保密就是保生存、保胜利。汤涛阐述了共产国际和联共（布）多次强调中国共产党要在秘密工作中增强组织纪律性，提高保密意识等，这些对在极为

---

① 侯鲁梁：《论毛泽东军队建设思想》，解放军出版社 2014 年版，第 294 页。
② 聂正安：《毛泽东组织管理的思想与实践》，中共党史出版社 1998 年版，第 109 页。
③《毛泽东选集》（第 4 卷），人民出版社 1991 年版，第 1379 页。
④《毛泽东军事文集》（第 5 卷），军事科学出版社、中央文献出版社 1993 年版，第 474 页。
⑤ 侯鲁梁：《论毛泽东军队建设思想》，解放军出版社 2014 年版，第 295 页。

险恶的环境下保存、巩固和发展党的组织起了重要作用。①孙丹年认为在国统区的地下斗争之中，组织活动的隐蔽性非常重要，要求党员们单线联系，尽量职业化、社会化。②杨世保通过对党的革命历史实践的回顾，提出了党的保密工作优良传统的内核。他认为"组织社会化"和党员身份的"职业化"，就是在当时白色恐怖的严峻形势下，党提出的极其重要的保密工作原则。例如1928年中央向全党各支部下发了《秘密工作常识》，对党在地下工作状态下的保密防范知识进行全面普及，包括对党的机关租房子、留撤退后门、记日记、召开会议、密写技术、通信联络等保密防范知识做了全面规定。这个《秘密工作常识》，就是党最初印发的保密宣传教育材料。③另外，在革命战争年代，中国共产党严守党的保密纪律的事例很多。戴和杰以南昌起义时的周恩来情报保密工作为例，阐述了情报保密工作的全过程。周恩来率先垂范，严吁保密纪律；起义前夕秘密派遣朱德返回南昌开展情报的搜集工作；严格控制情报的知晓范围；秘密策反，不战而胜；南昌起义军南下征途中对情报送达的周密安排，这些都为指挥南昌起义发挥了重要作用。④杨世保列举了执行党的保密纪律的典范人物：如中国共产党隐蔽战线上的"前后三杰"，"前三杰"是李克农、钱壮飞和胡北风；"后三杰"是熊向晖、申健和陈忠经。⑤

综上，上述研究很好地论证了学者自己的研究主题和研究对象，纪律行为（制度）或者保密行为（制度）。然而，不管是从纪律建设，还是从

---

① 汤涛：《共产国际、联共（布）对土地革命初期中共自身建设的影响》，《党的文献》2006年第2期，第60页。

② 孙丹年：《地下党"不能承认党员身份"的纪律》，《炎黄春秋》2014年第11期，第64页。

③ 杨世保：《论我党保密工作的优良传统》，《北京电子科技学院学报》2014年第3期，第6页。

④ 戴和杰：《周恩来：做保密工作的表率——以南昌起义时的情报保密工作为例》，载浙江省中共党史学会、浙江现代革命历史文化研究基地编：《榜样文化研究》，中国文史出版社2015年版，第232页。

⑤ 杨世保：《论我党保密工作的优良传统》，《北京电子科技学院学报》2014年第3期，第9页。

规章制度等维度展开，研究大多还是从论述纪律行为的建构历史，寻求纪律制度的阐释，较少涉及纪律行为的类型。更没有从微观层面探究纪律行为的具体特征。

2. 组织行为

组织是通向政治权力之路，也是政治稳定的基石，由此形成的组织力更是获取革命战争胜利的精神法宝和应对当前"百年未有之大变局"的核心力量。新民主主义革命时期的中国共产党对组织行为的重视可以从两个方面体现：一是加强共产党自身的组织建设，二是将民众组织化。为了最大限度地号召群众投入革命，中国共产党必须"从组织上动员群众"，这也意味着群众必须加入中国共产党领导下的各种各样的组织。毛泽东曾说："无论是工人、农民、青年、妇女、儿童、商人、自由职业者，都要依据他们的政治觉悟和斗争情绪提高的程度，将其组织在各种必要的抗日团体之内，并逐渐地发展这些团体。民众如没有组织，是不能表现其抗日力量的。"[①]

目前专门论述组织行为的文章并不多。其中，程熙和宋业臻较明确地阐析"组织行为"这个概念。具体而言，程熙指出组织制度化是连接制度和行为的一个概念，是研究中国共产党组织行为的一个重要视角，他以政党活动来考察组织制度化。本研究的研究对象并不是中国共产党有组织的集体行为，但其观点仍然为本研究提供重要思路。他认为，在实践中，通过政党活动不断规训组织成员；政党活动反过来提高了组织成员对于组织的认可和服从，成为维持组织权威的有效手段。[②] 宋业臻以古田会议前后

[①] 毛泽东：《抗日战争的战略问题》，载《毛泽东选集》（第 2 卷），人民出版社 1991 年版，第 424 页。

[②] 程熙：《组织制度化：中国共产党的政党活动和中国政治发展初探》（2014 年 1 月），载黄卫平、汪永成主编：《当代中国政治研究报告》（第 12 辑），社会科学文献出版社 2014 年版，第 73 页。

党的组织、教育、宣传这三项工作为研究重点，分析党组织行为模式的变化，认为古田会议前后中国共产党的组织行为在行为模式上发生了两种转化，首先是从军事中心主义向军事—社会动员结合的行为模式的转化，其次是党内教育数量增加、程度加强的行为模式的转化。①

除了上述专门论述组织行为的研究外，也有一些涉及组织行为功能特征等的研究。一是组织行为的动员性。徐彬提出通过组织化控制是政治动员最为有效的方式，主要表现为通过党组织系统和党领导的群众组织系统进行动员。"这种组织行动从一开始就有很强的价值取向，即不仅要把中国社会组织成一个抗日的整体，而且要组织成为一个新民主主义中国。"②张孝芳以陕甘宁边区开展的社会教育运动为例，阐释了正式组织和社会关系网络在党的群众动员中所发挥的功能及其互补作用。为了有效地动员群众，党以正式组织为起点，最大范围地将动员对象吸纳进来。在正式组织框架下，以"革命道德"标准确定各个不同的群体在组织中的位置。在寻求行为一致、目标认同的基础上，党利用非正式组织来推动和促进集体行动，将湮没在日常生活中的行为选择激活。③李里峰以山东抗日根据地为中心，研究抗战时期中国共产党农村支部的组织建设问题，在紧张的战争时代，中国共产党亦能及时加强上级组织对支部的领导、支部的组织状况和工作效能的建设问题。④熊辉和仰义方对解放战争时期党内请示报告制

---

① 宋业臻：《"古田会议"前后中国共产党的组织行为模式变化研究》，《世纪桥》2016年第5期，第15—17页。

② 徐彬：《抗战时期中国共产党政治动员论析》，《党史研究与教学》2007年第5期，第64—70页。

③ 张孝芳：《抗战时期中共群众动员的组织机制分析——以陕甘宁边区的社会教育运动为例》，《党史研究与教学》2008年第5期，第67—72页。

④ 李里峰：《抗战时期中国共产党的农村支部研究——以山东抗日根据地为例》，《中共党史研究》2010年第8期，第54—62页。

度进行历史考察,并分析其对组织纪律建设的重大意义。① 二是组织生活的特征。狭义的党内政治生活是同党的组织生活相平列的党内生活形态,因此研究组织行为就涉及党内政治生活。李君如分析了中国共产党在延安时期解决了当时党内政治生活存在的突出问题,形成了许多宝贵的经验:抓学习、抓主要对象、抓批评与自我批评、抓民主集中制、抓纪律、抓党性、抓制度、抓团结。② 廖冲绪指出党内政治生活具有原则性与战斗性的特点。③ 因此,"严肃的党内生活,是解决党内自身问题的重要途径"④。而原则性和战斗性是严肃党内生活的重要保证和集中体现。谢金辉指出,革命时期毛泽东提出了一系列关于党内政治生活的思想观点,包括党性教育是党内政治生活的出发点、制度规范是党内政治生活的基础、民主集中制是党内政治生活的领导方式、引领和参与是党内政治生活的组织保障等。⑤ 张寒以党在1937—1949年党内政治生活实践为例,阐发革命战争时期管党治党对严肃党内政治生活的作用。⑥ 崔建周认为延安时期是党内政治生活走向正常化的重要历史时期,这一时期,产生了很多宝贵经验:始终确立并坚持正确的思想路线,建立健全系统的制度规则体系,加大对党员干

---

① 熊辉、仰义方:《解放战争时期党内请示报告制度的历史考察》,《中共党史研究》2012年第4期,第28-38页。

② 李君如:《党内健康的政治生活从延安起步》,《中国延安干部学院学报》2016年第6期,第9-11页。

③ 廖冲绪:《党内政治生活建设的特点、经验与路径思考——基于中国共产党党内政治生活的历史考察》,《贵州社会科学》2017年第3期,第33-38页。

④ 习近平:《强化反腐败体制机制创新和制度保障深入推进党风廉政建设和反腐败斗争》,《人民日报》2014年1月15日。

⑤ 谢金辉:《革命时期毛泽东党内政治生活思想初探》,《学习与实践》2016年第12期,第70-75页。

⑥ 张寒:《革命战争时期管党治党对严肃党内政治生活的启示——以1937—1949年党内政治生活实践为例》,《中共成都市委党校学报》2017年第1期,第25-29页。

部的教育，坚决反对各种错误倾向，充分发挥领导干部以上率下作用。①宗刚认为党内政治生活的实质就是党内关系问题，换句话说，党内政治生活就是调整和处理各种党内关系。②马赛指出，党员和党的组织是构成党内关系的实体性要素，它们之间存在着这样的关系，即党员必须参加一个组织、党员必须服从组织、党组织必须关怀党员。③

可见，上述研究已涉及组织行为的部分研究范畴，如组织生活的概念解析和内涵特征、组织活动的动员方式及行为选择等的探讨，对本研究都有着极大的启发意义。

3. 学习行为

中国共产党是个重视学习的政党，从建党伊始就特别强调学习，并组织开展了卓有成效的学习活动。目前国内针对新中国成立前中国共产党学习行为研究主要集中在以下两个方面：

第一，延安时期开展的学习活动。这方面的研究成果颇多，硕果累累，此处仅择取与本研究相关的、较为重要的成果做简单考察。其中，相关的代表成果可分为两大类：一是从宏观层面梳理延安学习运动开展的原因、过程、内容、方法，以及对学习型政党的启示和意义；二是从微观层面择取延安学习运动的一个方面（细节）进行论述，这对本研究探讨学习行为有着极大的帮助。

其一，宏观研究。杨俊对延安时期的学习运动进行了一个比较全面和深入的梳理，研究延安时期学习运动的历程和运行机制，并与当前形势相

---

① 崔建周：《延安时期党内政治生活正常化的经验与启迪》，《马克思主义研究》2016年第4期，第124–133页。

② 宗刚：《延安时期中国共产党规范党内政治生活的历史考察及当代价值》，《大连干部学刊》2017年第6期，第5页。

③ 马赛：《马克思主义党内关系理论及实践研究》，中南大学2012年博士论文。

联系，为建设学习型政党提供借鉴意义。① 张远新分析了延安时期学习运动的背景后，还介绍了学习的内容和方法，形成了宝贵的经验。② 张卫波认为延安学习运动的主要对象是在职干部，不是全体党员，但是其影响却是全局性的。特别是学习运动中所提到的长期学习的理念、虚心学习的态度、理论联系实际的原则、学用一致的目标，以及其间所积累的科学方法，都直接推动了全党整风运动以及之后干部教育工作的开展。③ 王炳林对中国共产党从创立起至 21 世纪不同时期的大规模学习活动进行了考察。他认为，中国共产党在延安时期的学习活动，努力把全党变成一个大学校，在学习的制度化建设上取得新突破。④ 高心湛指出抗战时期的学习运动具有学习目的的长远性和时间上的长期性、参加者的广泛性和内容上的针对性、学习形式的灵活性和方法上的多样性、组织上的系统性和制度上的完整性等突出特点。⑤ 陈述指出，延安时期的全党大学习把理论学习与反对主观主义、宗派主义、党八股结合起来，树立起中国共产党区别于其他政党的优

---

① 杨俊：《延安时期理论学习及其对建设学习型政党的启示》，中共中央党校 2013 年博士论文。

② 张远新：《延安时期中国共产党推进学习运动的历史考察及基本经验》，《中共党史研究》2010 年第 12 期，第 33-43 页。

③ 张卫波：《延安学习运动及其历史经验》，《中共中央党校学报》2011 年第 4 期，第 100-102 页。

④ 王炳林：《中国共产党开展学习的历史考察》，《北京师范大学学报（社会科学版）》2011 年第 3 期，第 5-13 页。

⑤ 高心湛：《论抗战期间中国共产党学习运动的特点》，《许昌学院学报》2004 年第 3 期，第 87-89 页。

良学风和文风。①此外还有何玉芳、徐黎②、柴观珍③、王景玉④、黎晓岚⑤、王海军⑥、徐德莉⑦、侯菲菲⑧、程熙⑨、何光⑩、成林萍⑪等学者皆以历史主义的分析方法对延安时期中国共产党的学习活动进行考察,这为本问题的深入研究奠定了一个良好的基础。

其二,微观研究。蔡乐苏、欧阳军喜主要探讨延安学习运动的主要内容之一——历史学习。他们认为,中国共产党具有很强的历史意识,将"历史"与"革命"紧密结合并进行运用。通过联共党史的学习,确立了理论联系实际和马克思主义中国化的思想原则;通过中共党史的学习,纠正了党内存在的主观主义、教条主义的错误倾向;通过中共历史,特别是中国近代百年史的学习,明确了中国社会的性质和中国革命的性质,并为

---

① 陈述:《延安时期的全党大学习》,《党建研究》2010年第12期,第57-58页。
② 何玉芳、徐黎:《党在延安时期的学习经验及其对建设马克思主义学习型政党的启示》,《马克思主义研究》2011年第6期,第25-33页。
③ 柴观珍:《马克思主义中国化视阈下党的延安时期学习运动》,《兰州学刊》2011年第3期,第1-6页。
④ 王景玉:《中国共产党在延安时期的学习实践研究》,《当代世界与社会主义》2011年第3期,第29-33页。
⑤ 黎晓岚:《延安时期中国共产党马克思主义理论学习制度的建构与评价》,《思想理论教育导刊》2011年第7期,第31-38页。
⑥ 王海军:《延安时期我们党学习马克思主义理论的方法与经验探析》,《思想理论教育导刊》2012年第7期,第44-49页。
⑦ 徐德莉:《传承与裂变:马克思主义理论学习的拐点——以延安学习运动为中心的考察》,《中南大学学报》(社会科学版)2013年第2期,第91-96页。
⑧ 侯菲菲:《延安时期中国共产党学习型政党建设及启示研究》,北京交通大学2014年硕士论文。
⑨ 程熙:《政党调适与中国共产党集中教育活动的演变逻辑》,《社会主义研究》2015年第3期,第6-12页。
⑩ 何光:《中国共产党集中教育活动历史进程与基本经验研究》,华中师范大学2016年博士论文。
⑪ 成林萍:《延安时期中国共产党推行学习运动的原因分析》,《马克思主义学刊》2017年第3期,第41-47页。

抗日战争的胜利指明了方向。① 陈福荣认为，在理论学习制度方面，中国共产党形成了两小时的学习制度，这一制度的贯彻保证在职干部有充分的时间进行理论学习。② 王香平考察了中共中央成立高级学习组的原因、学习的内容与学习的方式，认为高级领导干部的学习是延安学习运动的重点，它反映了革命战争年代党的领导干部尤其是高级领导干部以身作则、带头学习、善于学习的生动实践。③ 吴国安认为，福建地方党组织开展学习马克思列宁主义和中国革命理论的运动，并取得不少成功的经验，例如因人施教，在学习方式上，强调自学与辅导相结合等。④ 王春明对毛泽东与延安学习运动的基本情况做了一个分析。⑤ 除此之外，延安整风运动是中国共产党历史上第一次具有划时代意义的马克思主义集中教育，这一时期的学习教育方式、方法和目的是革命时期学习行为的重要部分。黄海认为，延安整风运动以马克思主义理论武装全党的教育方式，实施批评与自我批评教育方法，针对"关键少数"教育对象，聚焦"本领恐慌"教育主旨，为改革开放以来党的历次集中教育活动提供重要借鉴。⑥ 孙玉华指出，在延安整风运动中，中国共产党注重引导学习过程、密切关注学习动向、抓住学习的关键环节、以科学的评判标准检验学习效果等。⑦ 黄润清就整

---

① 蔡乐苏、欧阳军喜：《论延安时期中国共产党的历史学习》，《思想理论教育导刊》2011年第1期，第16-20页。

② 陈福荣：《延安时期中国共产党的两小时学习制度》，《延安大学学报》（社会科学版）2016年第10期，第22-24页。

③ 王香平：《延安学习运动中的高级学习组》，《党的文献》2011年第2期，第12-15页。

④ 吴国安：《略述抗战时期中共福建地方组织开展的理论学习运动》，《理论学习月刊》1990年第2期，第58-61页。

⑤ 王春明：《毛泽东与延安学习运动》，载中共中央文献研究室管理部编：《中共中央文献研究室个人课题成果集2013年》（上），中央文献出版社2014年版，第13页。

⑥ 黄海：《延安整风运动对改革开放以来党的历次集中教育活动的影响》，《党的文献》2017年第2期，第102-107页。

⑦ 孙玉华：《延安整风运动的领导经验对建设学习型政党的启示》，《中共中央党校学报》2012年第2期，第92-95页。

风教育运动时期山东根据地干部队伍建设进行深入剖析,将其教育内容划分为"新民主主义教育""共产主义教育""民主教育""劳动教育",其教育形式包含"集中学习""个人自省与坦白""重点谈话""群众教育"等。①

第二,其他革命根据地开展的学习活动。其一,冬学运动。胡现岭进一步探讨了陕甘宁边区政府的冬学教育运动,该运动是利用冬季农闲时间对广大民众实施的一种补习教育形式,对发动广大农民抗战救国、巩固边区政权、提高民众的文化水平等起到了积极的作用。②王元周分析抗日战争时期在陕甘宁边区推行的文字改革运动,揭示文字改革的政治化、革命化过程,以及文字改革面临的思想和社会困境。他认为文字改革"原动力最终落在了阶级斗争理论上,这也就使中国的文字改革日益政治化,最终成为政党的革命主张"。③郭夏云以冬学为切入点,通过晋西北冬学前后农民对地主态度的考察,探求中国共产党通过冬学对根据地民众尤其是农民的意识形态塑造,并进一步深化冬学与农民心理、社会变迁的关系。④史春风、林江宗通过梳理《解放日报》关于冬学运动的整体组织、动员作用,指出冬学运动不仅达到了让民众识字、提升文化素质的目的,它更是一场巨大的社会运动,通过冬学运动党能更有效动员和凝聚边区群众。⑤王建华认为革命视域中的新文字是劳动大众的"武器",中国共产党推行新文字运动的直接原因是解决汉字扫盲的困境,内在动力是特定情境下,寻找

---

① 黄润清:《"量""质"合一:中共山东根据地的基层干部队伍建设》,《党史研究与教学》2019年第2期,第46—55页。

② 胡现岭:《抗战时期陕甘宁边区的冬学运动》,《党史研究与教学》2004年第5期,第65—70页。

③ 王元周:《抗日战争时期陕甘宁边区的新文字冬学运动》,《抗日战争研究》2009年第3期,第43—51页。

④ 郭夏云:《冬学教育与根据地民众政治意识形塑(1937—1945)——以晋西北根据地为例》,《党史研究与教学》2017年第4期,第89—95页。

⑤ 史春风、林江宗:《陕甘宁边区冬学运动研究——以〈解放日报〉为视角》,《广西师范学院学报(哲学社会科学版)》2016年第11期,第14—18页。

生存与发展的空间。他在检讨新文字运动终止的原因时指出，除了干部不够重视，脱离实际之外，不容忽视的是文字改革带来的文化大众性与民族性的紧张。①在另外一篇文章中，王建华指出，为解决新文字运动所面临的困境，边区政府采取了从集中办学到分散自主，从强制动员到群众需要与自愿，从汉字到新文字再到汉字的回归。这些学习路径的切换反映了通过新文字运动改革农村的艰难过程。②其二，社会教育。谢文雄总结了中共在苏区的教育实践有红军教育、干部教育、学校教育、业余教育及社会教育，共产主义青年团、少年先锋队以及儿童团的教育。③此外，张志伟、栾雪飞④、王荣花⑤、周锦涛⑥、王玉珏⑦⑧等学者从根据地社会教育历史起源、社会变迁、教育特点等方面进行探讨，有一定的启发作用。

另外，"十三五"国家重点图书出版规划项目《中国共产党学习史》已于 2018 年 6 月出版，该书系统梳理了中国共产党成立以来的学习历史，这本书有助于我们透析新中国成立前党的学习活动和学习行为研究。

4. 会议行为

徐勇在对中国共产党"宣传下乡"的内容和机制进行分析时指出，开会是主要的宣传形式，在"宣传下乡"中扮演着重要角色。中国共产党将

---

① 王建华：《陕甘宁边区的新文字运动——以延安县冬学为中心》，《南京大学学报(哲学·人文科学·社会科学)》2011 年第 3 期，第 86-100 页。

② 王建华：《抗日战争时期陕甘宁边区的识字运动》，《中共党史研究》2010 年第 2 期，第 69-75 页。

③ 谢文雄：《中共在苏区时期的农民教育实践》，《中共党史研究》2017 年第 6 期，第 111 页。

④ 张志伟、栾雪飞：《抗战时期中共根据地教育政策述论》，《史学集刊》2011 年第 6 期，第 63-68 页。

⑤ 王荣花：《中共革命与太行山区社会文化的变迁(1937—1949)》，河北大学 2011 年博士论文。

⑥ 周锦涛：《抗战时期陕甘宁边区农村女性文化教育》，《西南民族大学学报(人文社会科学版)》2012 年第 10 期，第 220-225 页。

⑦ 王玉珏：《抗战时期陕甘宁边区社会教育研究》，西南交通大学 2013 年博士论文。

⑧ 王玉珏：《抗战时期陕甘宁边区社会教育的性质及地位新探》，《毛泽东思想研究》2016 年第 1 期，第 136-140 页。

"开会"这一现代政治形式引入农村,它主要的功能是宣传教育。"开会"有会议召集者,会议内容和会议对象,"正是通过'开会',将党的意志传递给农村民众;也正是通过不断反复地'开会',使党的意志深入到农民的灵魂之中"。① 周全华在对中国共产党政治动员手段、方式、方法进行归纳时指出,领导机关的一项重要工作方式与内容,就是不断召集群众大会或小型谈话会。按照会议不同的功能,分为表彰会、庆功会、祝捷会、纪念会、誓师会、声讨会、决心会、批评会及斗争会与诉苦会等。② 林伟京认为:"会议是进行政治动员的一种最直接的方式,通过会议,动员主体把其目的、要求直接告知动员对象,使动员对象更好地领会动员主体的意图。东江纵队十分注意发挥这一动员形式的作用,认为对群众动员,尽可能举行座谈会、讨论会、宣传晚会等,把上级意图告诉他们,同时可以耐心倾听他们的意见,纠正不正确的看法,引导他们走到正确方向来。"③ 庞振宇系统、全面地分析了苏维埃时期的群众大会。通过梳理苏区几个群众大会实例,同时,他详细考察了苏区中国共产党对如何召开群众大会制定的原则性规定,并逐步加以完善。例如开会时、开会期间和会后需要注意的事项,这些逐步完善的群众大会召开的方法和程序,有利于充分调动和教育群众。另外,党还对群众大会的内容作出详细的计划和规定,意义明确。作者认为"苏区民众参加群众大会并认同在群众大会中所感知的群体意识,革命观念和马克思主义理论就通过群众大会渗透到农民的日常生活之中。苏区民众不一定理解深奥的马克思主义理论,但在那种氛围中他们能够找到身份的认同"。④ 在另一篇文章中,庞振宇还注意到,群众大会除

---

① 徐勇:《"宣传下乡":中国共产党对乡土社会的动员与整合》,《中共党史研究》2010年第10期,第15—22页。
② 周全华:《中国政治现代转型的轨迹》,人民出版社2010年版,第208页。
③ 林伟京:《论东江纵队的政治动员》,《党史文苑》2006年第8期,第26页。
④ 庞振宇:《群众工作的"仪式":苏区群众大会研究》,《江西师范大学学报(哲学社会科学版)》2014年第6期,第36—41页。

了具有宣传教育和动员功能外,它也是苏区创建过程中苏维埃政权建设民主选举的第一步,即通过群众大会完成政权建设。例如,通过群众大会成立陕甘宁边区革命委员会。但作者也指出,苏维埃时期通过群众大会建设苏维埃政权也存在弊端:"表面上赋予人民群众权力。但这种没有代表会议作为依靠的苏维埃政权在处理事情时往往会脱离群众,而出现'与贫农利益相违背'的事情。"[1] 马润凡借助政治社会学的研究方法来透视1947—1949年的土地改革问题的新特质:它是以"诉苦会"作为中国共产党吸引人口众多的农民参与解放战争的有效"政治动员"形式、以农会作为赋予农民"政治权力"的组织形式、以适合农民特点的政治社会化方式作为将广大远离政治的农民塑造为"政治人"的教育形式的政治过程。[2] 此外,宋易风[3]、秦一珍[4]、李永丰,汪云生[5]等学者主要从历史学研究方法分析各阶段各时期中国共产党的学习制度和会议制度,并没有深入归纳学习行为和会议行为的具体类型及其功能。

综上所述,对重大会议作为历史事件的研究很多,而对一般会议作为一种政治行为来研究,不管是整体研究,还是微观研究都还非常欠缺,目前大多研究也集中在将会议行为作为政治动员的一种方式,在提及时也只是一笔带过。例如,富艳论述了在论述抗日根据地的政治动员三种主要方式后,也提及集会,认为集会也是有效的政治动员方式,但并未展开

---

[1] 庞振宇:《苏维埃革命时期群众大会研究——以陕甘边革命根据地为中心》,载中共中央党史研究室第一研究部、中共陕西省委党史研究室、中共铜川市委:《陕甘边革命根据地与照金苏区学术研讨会优秀论文集》(二),2013年版,第10页。

[2] 马润凡:《1947—1949年解放区土地改革的政治社会学分析》,《党史研究与教学》2005年第2期,第22-33页。

[3] 宋易风:《抗日战争时期党的重要会议简介——洛川政治局扩大会议》,《理论探索》1980年第3期,第43-46页。

[4] 秦一珍:《第二次国内革命战争时期党的重要会议简介》,《理论导刊》1980年第2期,第51-56页。

[5] 李永丰、汪云生:《党的若干重大会议解读》,《北京日报》2002年11月4日,第4版。

论述。①

5. 非政治领域行为的政治化

20世纪初叶爆发的新民主主义革命,其效应会延伸并渗透到社会生活的方方面面,致使社会领域的众多生活文化方面的非政治行为向政治行为异变。

第一,社会生产行为的政治化。吴继轩等在著作中描述了中国共产党在土地革命时期,通过多种渠道和方式帮助农民改善生产和生活,例如1931年反"围剿"期间,红军"每逢春耕播种和收获的时候,凡是没有军事任务的人,都要帮助农民"进行生产活动。②张水良撰文写道,在土地革命战争时期革命根据地的生产救灾活动,中国共产党一方面大力发动、组织人民群众,以自力更生、艰苦奋斗的革命精神,进行生产自救;另一方面,又以有限的财力、物力,尽最大可能地给予灾区人民以救济,或是减免其土地税,帮助解决生活、生产上存在的困难。③张晓玲撰文写道,晋绥边区政府在生产、金融、贸易、财政、流通等领域积极采取多种措施平抑物价,使物价趋于相对稳定,反映了边区政府在复杂经济问题面前较强的应变和处理能力。④李永进通过对延安时期大生产运动的劳动改造分析,还原劳动生产的政治规训过程,剖析其基本途径、发展过程、成效和意义。⑤

---

① 富艳:《延安时期思想政治工作与马克思主义大众化研究》,中南民族大学2011年硕士论文。

② 吴继轩、蔡乾和、金烨:《中国共产党解决"三农"问题的理论与实践》,甘肃文化出版社2015年版,第76页。

③ 张水良:《土地革命战争时期革命根据地的生产救灾活动》,《党史研究与教学》1990年第3期,第47页。

④ 张晓玲:《解放战争时期晋绥边区物价问题研究》,《中共党史研究》2013年第4期,第84-92页。

⑤ 李永进:《"新民主主义"对延安知识界的话语改造》,《党史研究与教学》2019年第6期,第61-70页。

第二，消费文化行为的政治化。毛泽东在《湖南农民运动考察报告》之中，除了提出从政治上打击地主、推翻地主之外，还建议农民协会开展一系列经济措施和消费禁忌：一是地主诸禁。包括"不准谷米出境，不准高抬谷价，不准囤积居奇""不准加租加押，宣传减租减押""不准退佃""减息"。① 二是农民诸禁。禁牌、赌、鸦片、花鼓、轿子、煮酒熬糖、猪、鸡鸭、酒席、牛、游民生活。② 三是农民经济自卫，即发展合作社运动，实行共同买货和消费。③

第三，社会生活的政治化。任文从延安时期人们的衣食住行、文娱活动等多个角度，展示延安时期中国共产党和革命群众日常生活的方方面面。通过这些日常生活的描述，我们可以了解政治已经渗透民众的日常生活中。④ 另一描述延安日常生活的著作是朱鸿召撰写的《延安日常生活中的历史》，这本书以延安的日常生活为研究角度，用知识考古学的方式，追溯延安时期的某些历史关键问题或趣味敏感话题，借以考察塑造我们几代人精神人格的革命集体生活规则，探讨20世纪中国社会历史文化的革命精神。⑤

在革命的特殊环境下，人们的婚恋生活不可避免地被政治影响。从恋爱、择偶方式的选择、婚俗文化再到离婚，无不裹上浓厚的革命色彩，即革命话语下婚恋必须服从革命、政治。

婚恋的革命化首先表现在推动妇女解放与妇女婚姻自由，主要体现在革命与两性关系的变化、革命与妇女婚姻自由等问题。王荣花分析了1937—1949年，太行山区的妇女们的婚姻状态，她们经历了抗战前夕及抗

---

① 《毛泽东选集》（第1卷），人民出版社1991年版，第32页。
② 《毛泽东选集》（第1卷），人民出版社1991年版，第33页。
③ 《毛泽东选集》（第1卷），人民出版社1991年版，第33页。
④ 任文主编：《延安时期的日常生活》，陕西师范大学出版总社有限公司2014年版。
⑤ 朱鸿召：《延安日常生活中的历史》，广西师范大学出版社2007年版。

战初期包办婚姻，到婚姻自由再到政治包办，指出革命话语下的女人、婚姻和家庭成了旨在为革命服务、为革命的贫农与革命战士服务的一种工具。① 这种婚姻法实践对当代中国婚姻法实践影响深远。黄文治分析20世纪二三十年代，中国共产党在鄂豫皖苏区以婚姻自由动员妇女投入革命，这种倡导婚姻自由的动员在给妇女带来些许解放的同时，也带来了性散漫等弊端，它们反过来又销蚀革命热情，阻碍革命的发展，同时危及苏维埃政权的权威和秩序。② 丛小平对20世纪40年代边区婚姻纠纷案例和婚姻政策变化进行分析，从理想的"婚姻自由"到实践性强的"婚姻自主"体现了中国共产党对婚姻改革政策的灵活性，目的在于解决婚姻自由自身弊端对革命和政权的冲击。③

其次，婚俗的政治化。婚姻习俗是在长期的物质生产基础上产生的一种意识形态。在革命时期，关于婚恋的新法规、新观念冲击传统的婚礼习俗观念，使之在实践中适应革命的发展。李晓晨分析中国共产党在华北抗日根据地对阻碍社会发展的落后婚姻风俗进行改革，使旧式烦琐的婚姻礼仪和程序化繁为简，文明婚姻成为时尚。④ 岳珑认为，一些新思想、新观念、新风尚进入陕甘宁边区后，边区人民的思想发生了很大变化，尤其是在婚姻方面。人民逐渐接受自由、文明、平等的婚姻观念，并对婚俗陋习进行改革，建立起新的、平等的男女婚姻关系。⑤

---

① 王荣花：《中共革命与太行山区社会文化的变迁：1937—1949》，河北大学2011年博士论文。

② 黄文治：《"娜拉走后怎样"：妇女解放、婚姻自由及阶级革命——以鄂豫皖苏区为中心的历史考察（1922—1932）》，《开放时代》2013年第4期，第5-25页。

③ 丛小平：《从"婚姻自由"到"婚姻自主"：20世纪40年代陕甘宁边区婚姻的重塑》，《开放时代》2015年第5期，第130-149页。

④ 李晓晨：《试论华北抗日根据地的婚姻风俗改革》，《天津党史》1998年第1期，第45-56页。

⑤ 岳珑：《论陕甘宁边区婚俗改革与妇女地位的转变》，《西北大学学报》2004年第1期，第79-83页。

纵览国内研究现状，上述研究对宏观层面考察较多，对微观层面考察较少。要使研究进一步深化，就有必要从区域、地方和实证、个案的角度，详细描绘、揭示出个体行为的特征与变化。这样才能既从微观、地方社会的角度发现国家权力建构的不同面相，又能在经验研究的基础上进一步总结、抽象，得出比较符合历史实际的结论。

（二）国外研究现状

在国外，对中国共产党行为模式展开研究的专著尚未见汉译版本，但是西方对中国近代和现代研究的著作之中，通常会包含革命时期中国共产党的日常生活和行为模式等内容。

第一，史学著述。包括综述性的《伟大的中国革命（1800—1985）》（费正清）、《剑桥中华民国史》（费正清）、《前现代化的阵痛——1800年至今的历史回顾》（兰比尔·沃拉）。分述的《李大钊与中国马克思主义的起源》（莫里斯·迈斯纳）、《马克思主义、毛泽东主义与乌托邦主义》（莫里斯·迈斯纳）、《共产主义运动在中国》（陈公博）、《中国国民革命军的北伐》（亚·伊·切列潘诺夫）、《长征》（哈尔森·索尔兹伯里）、《抗日战争与中国民众——中国的民族主义与民主主义》（池田诚）、《剑桥中华人民共和国史》（罗·麦克法夸尔）等。这些论著中有较多的篇章论述了中国共产党的政治行动。尤其是在对革命时期的我国共产主义运动的研究中，都会直接或间接地关联到中国共产党的行为模式。

第二，采访实录。主要有史沫特莱、斯特朗、斯诺各自的文集共11卷，"外国人看中国抗战"丛书共10本，包括《中国的新生》（贝特兰）、《华北前线》（勃脱兰）、《中国未完成的革命》（爱泼斯坦）、《中国的双星》（卡尔逊）、《红色中国的挑战》（斯坦因）、《北行漫记》（福曼）、《新西行漫记》（班威廉、克兰尔）、《中国的惊雷》（白修德、贾安娜）、《扬子前线》（阿特丽）、《中国之行》（费正清）。《国际友人丛书》（1—3辑）共37本（其中 26 本译自外文，包括爱泼斯坦的《人民之战》、斯诺的《红色中华散记》等）。这些书籍详尽地、客观地描述了革命时期中国共产党的战斗业绩，以及敌后根据地的政治、经济、文教等方面的情况，全面深刻地反映中共领导下的根据地的军民生活。上述文献是我们了解根据地生活不可或缺的珍贵资料。

第三，相关论著。"中国共产党行为模式"是新近提出的概念，国外鲜有直接研究，多是间接涉及，往往与政治文化或政治行为的研究夹杂一起，一共涵盖以下三个方面：一是行为模式的政治规训。福柯阐释了在权力所能延及的社会场域之内，所有人的微观生活，都深深受到权力的监控和政治的规训。① 塞尔登认为革命根据地要求生产为革命服务，劳动也就是政治。② 邹谠论述了革命的开展背后是政权对于国家权力的强化以及对行为模式的强力渗透。③ 二是行为模式的作用方式。勒庞认为领袖影响群众最为明确的三种方式是：断言、重复和传染。④ Kipnis，Schmidt 是从影响策略角度对政治行为进行研究，将其概括为合理化、迎奉、联盟、利益交换、硬性指示、求助于上级、奖惩、阻碍等八种策略的运用。⑤ 三是行为模式的基本类型。阿尔蒙德、维巴根据参与型文化、臣民型文化和自闭型文化之间的差异，解释了各国人民的政治态度和行为模式的差异。⑥

---

① [法]米歇尔·福柯著，刘北诚等译：《规训与惩罚》，生活·读书·新知三联书店 1999 年版。
② [美]马克·赛尔登著，魏晓明、冯崇义译：《革命中的中国：延安道路》，社会科学文献出版社 2002 年版。
③ [美]邹谠：《二十世纪中国政治：从宏观历史和微观行动的角度看》，牛津大学出版社 1994 年版。
④ [法]古斯塔夫·勒庞著，佟德志等译：《革命心理学》，吉林人民出版社 2004 年版。
⑤ Kipnis, D., & Schmidt, S. M. Upward influence styles: Relationship with performance evaluations, salary, and stress, *Administrative Science Quarterly*, 1988, pp.528-542.
⑥ [美]阿尔蒙德、维巴著，徐湘林译：《公民文化——五个国家的政治态度和民主制度》，东方出版社 2008 年版。

戈夫曼将政治行为分为两大类别，在"前台"层面，遵循一定的政治规范进行的"表演"式的言行操作；在"后台"层面，呈现更为真实的自我。①Tedeschi，Melburg 按照目的取向将其分为四种类型：决断型政治行为，防卫型政治行为、策略型政治行为和战略型政治行为。②

第四，不定期出版国外中国近现代史翻译丛刊。其中最重要者为中国社会科学院近代史所编译的《国外中国近代史研究》，该丛刊于1980年创刊，至今已出版27辑。该刊广泛地涉及中国近现代史有关内容，特别是提及共产国际与中国革命、抗日战争、红色文化等研究领域的论文，多具新观点、新见解、新思路，或国内少见的新资料。

（三）研究述评

行为研究使我们重新审视历史，但如何有效地运用新文化史的分析工具也是值得商讨的问题，依研究者浅见，对于这一前沿问题，仍有若干可以探讨与留意的地方。

第一，基本范畴问题。中国共产党行为模式的研究范围虽广，却又没有明确的边界。因此，我们现在看到的研究有烦琐杂沓之弊端，缺少明确的定义与范畴，给人感觉似乎无所不包，无所适从，因此难免留给学者以琐碎空洞之印象。但依笔者所见，这或许也是一种方法或理论新兴之时的正常状态，是其发展所必需的代价。因此，有必要首先对该研究的概念进行界定，与此同时，行为研究必然要与其他研究方法交叉融合，方能更好地展现历史的丰富性。

第二，研究视角问题。任何一种视角都有其独到之处与遮蔽性，中国共产党行为模式研究也不例外。可以看出，现今较为出色的中国共产党行

---

① ［加］戈夫曼：《日常生活中的自我呈现》，北京大学出版社2016年版。
② Tedeschi, J. T., & Melburg, V. Impression Management and Influence in the Organization *Research in the Sociology of Organizations*, 1984, pp. 31–58.

为模式研究往往主要集中在两个方面：一是把中国共产党作为行为文化的活动主体，研究其对党组织和党员行为文化的构建。二是把中国共产党作为文化的活动客体，研究党的行为文化在思想、行为诸方面的体现。既有成果虽丰富，但在笔者看来，中国共产党行为模式可开拓之处尚多，比如组织行为、会议行为、政治化行为等相关的思考。上述方向虽也有一些论著曾涉及，但总体来说尚缺乏深入研究，应可成为日后行为研究的新兴学术增长点。

第三，研究内容问题。目前的学界研究尤其关注政治斗争史，过于偏重革命对权力的建构部分，但却多未注意到行为层面，中国共产党行为模式研究确可大有作为。通过简单回顾亦不难发现，受限于革命史的视野，既有研究多将行为模式视为革命策略或技术，且对行为模式在革命历史进程中的具体遭遇少有呈现。从中国共产党致力于"社会主义新人"塑造的诉求看，行为模式的革新不只是技术策略，更是革命的目标和对象。若要完整理解行为与革命的遭遇及其变化，仅有"塑造"层面的单向分析显然不够，而是要将中国共产党行为模式置入革命历史情境，既呈现行为之流变，也揭示中国共产党行为模式的若干类型及其特征。唯如此，行为研究视角下的中共历史实践研究始有可能。

综上，本研究单独讨论中国共产党行为模式的若干类型，正是避免过去史学研究碎片化的现象，由群体史到组织史，由行为史上升到革命史，真正地完成整体史的观照。在全新的研究范式视野里，大多数中共党人及党外同志等都纳入行为模式的研究框架之中，从而使党史研究有血有肉，建构一种立体全景式的整体研究模式。因此，本研究真正的研究价值正是如何从行为的角度重新审视以阶级斗争为主导的革命史范式，从新文化史和政治文化的微观视角管窥中国革命史，特别是中共党史，如何将"自上而下"和"自下而上"二者合情合理地结合起来研究中国革命史，特别是中共党史，如何从多学科交叉融合的视角研究中国革命史,特别是中共党史,如此等等,都是本研究所要思考并付诸实践方向和理论意义。

四、研究思路与研究方法

(一)研究思路

本研究的研究思路是基于政治行为和政治化行为的逻辑脉络行进的。政治行为是中国共产党在革命活动中维护党的政治原则、政治方向和政治路线的行为规则,具体包括了纪律行为、组织行为、学习行为、会议行为。政治化行为指中国共产党在非政治领域所施行的具有政治意图的举措,这不仅包括了革命时期全体共产党员在各项经济活动中必须遵守的行为准则,还包括了制约人们社会行为的准则,如生活集体化、行动军事化、婚姻革命化等政策。概而言之,本研究主要从政治行为和政治化行为这两方面入手,结合新文化史和政治文化的研究方法,清晰地描绘中国共产党行为模式的若干类型及其特征,厘清中国共产党革命的发展历程。

(二)研究方法

对当前关于行为模式的讨论和争鸣,最好的回应莫过于深入的学术探索和理论研究,通过有说服力的、有影响力的和有深度的研究成果,来回答中国共产党行为模式的类型、特征、功能和意义。在中国共产党行为模式的初步研究中,对研究方法的思考尤为重要。

第一,新文化史研究中政治文化的视角切换。中共党史的研究视角从来不是也不可能是单向度的,按时空编年考察固然是基本的研究功夫,但翻转问题的切入点,或许还能看到不同的史事面相。这不是有意错置时空,而是观察维度的变换。多维度观察之所以可能,完全源自革命史本相的多重性。因此，从行为文化视角考察革命时期中国共产党的政治活动、经济活动、社会活动、文化活动等，或许就是观察维度变换的例证。中共历史变迁中的一系列政治活动、经济活动、社会活动、文化活动等，都是在相应的文化场域发生，因而也只能在文化场域才能够被理解。同样是历史观察，新文化史的研究方法则将上述政治现象纳入文化范畴进行分析，将政治现象的实证分析转换为一种文化表象分析。显然，对党史的政治文化研究，超越了传统的政治思想史或政治制度史研究，它不是停留在政治思想或政治家思想的平面分析上，而是将分析重心置于政治实体的多重结构分析上，既解析中国共产党行为模式的文化内涵，还考察中国共产党在日常生活中的存在方式。这种分析意味着不仅是研究视角的变换，其中的潜在意图在于位移行为主体与行为客体在历史分析中的角色。这种角色的出场至少构成三个层面的研究视角：其一，社会文化语境是如何构成中国共产党行为模式的存在方式的？其二，史料文本是如何表达中国共产党的行动轨迹？其三，日常生活世界是如何对革命活动作出意义反应的？这些领域的一系列分析，只有依托政治文化的历史表征才可能被解释。对党史的政治文化研究，并不是简单地删除革命历史本身的存在价值，而是试图建立在这种存在价值基础上，重点分析文化的历史解释功能。从这种角度看，中国共产党的革命实践就不再是革命组织或革命领袖在政治场域单枪匹马的驰骋，政治场域中的心理期待、行为样态、话语特征等文化表象，反倒成为表征革命实践的起源、运行、走向、结局等的解释要素，这些要素在新文化史的意义上，重构或塑造了中国共产党行为模式的历史面相。一旦实施了这种视角切换，就意味着党史研究进入了一种新的论述关系。此时，本研究旨在政治文化的视野下探究中国共产党行为模式背后的革命文化之本质。将中国共产党行为模式置于战争历史与革命文化中加以解读，这是充分认识中国共产党行为模式的地位、价值的内在需要。革命文化对中国共产党的规训和引领，中国共产党对革命文化的认知与接受，体现了党的意识形态建构与日常生活建构之间的关系，是中国共产党行为模式的本质所在。与此同时，中国共产党行为模式的类型极其丰富，体现在政治活动、经济活动、文化活动、社会活动等各个领域。如何认识这一颇为引人注目的行为现象？如何认识中国共产党行为模式与不同革命时期发展之间的互动关系？如何认识中国共产党行为模式的不同类型及其相互作用？这些都值得深入思考。

第二，个案研究与总体研究相统一的研究方法。本研究以中国共产党行为模式的类型为研究对象，并将之置于新文化史的研究框架内进行探讨。由于行为模式既有共性，又具有各自的特性和差异，在把握中国共产党行为模式的进程中，为了避免以偏概全或在一般性归纳总结的过程中抹杀个体之间的差异和特性，个案研究将是本文试图突破以上瓶颈的重要途径，个案研究是对某现象的例子进行深度检验，个案研究的主要目的可能是描述性，而对特定个案的深入研究也可以提供具有解释性的洞见。个案研究注重对历史场景的具象展示和细微阐述，化身为走向田野以获取历史现场感的行动①，这种实践路径有助于党史研究切实打破自我的壁垒，实现与人类学、社会学等相关学科的对话与交流，并在学科交叉边缘地带寻求新的生长点。与此同时，对资料的深入挖掘，有助于重现鲜活多样的党史知识。总而言之，个案研究与总体研究相结合的方法，既对一些重要行为模式的状况、特点进行剖析，又从整体上把握中国共产党行为模式的共通之处。

第三，文化解释学的话语阐释。文化解释学秉承新文化史分析的研究

---

① "走向田野，深入乡村，身临其境，在特定的环境中，文献中有关历史场景的信息被激活，作为研究者，我们也仿佛回到过去，感受到具体研究的历史氛围，在叙述历史、解释历史时才可能接近历史的真实。"参见行龙：《走向田野与社会》，生活·读书·新知三联书店2007年版，第7页。

方法和整体论的原则文化剖析，或关注文化发生学的过程以此获取文化研究的基本理念，或采用"深描"的民族志方法以此考察文化的微观层面。最为关键的是，文化解释学的研究方法强调"文化的自主性"，拒绝简单地将中国共产党行为模式还原为计划经济、权力分配、社会结构或革命文化的反映。因此，它对于我们研究中国共产党行为模式的若干类型具有较好的指导意义。文化是共享的，但文化内部又具有差异性，其原因在特定文化中必定存在某些文化变量，这些变量包括性别、年龄、亚群体等。由此可知，中国共产党行为模式的类型研究还应同时兼顾其共享性与差异性，不能忽视个体行为这一文化变量对整体行为文化的作用，更不能简单地将中国共产党的行为模式视为同质性的整体加以阐释，还应该更加细致地分析不同文化的冲突性与个体行为的差异性，以此来展现中国共产党若干行为模式的复杂性和多样性。如此看来，中国共产党行为模式的研究不仅要关注宏观层面的"大传统""大历史"，还要考虑"小传统""小历史"①的在场，这样才能更加完整地呈现政治行为的全貌，从宏观着眼，从微观入手，力求把宏观研究与微观研究结合起来，以微观支撑宏观。另外，为了对中国共产党行为模式作出更为合理的解释，应避免一种简单的"还原

---

① 费孝通进一步讨论了"微型社会学"研究中文化的层次分析的问题。他指出，农民的人文世界一般是属于民间的范围，这个范围里有多种层次的文化。它有已接受了的大传统，而同时保持着原有小传统的本身。这些小传统有些是暴露在"地上"的，有些是隐藏在"地下"的，甚至有些是已打进了潜意识的潜文化。参见费孝通：《重读〈江村经济〉序言》，载费孝通著，戴可景译：《江村经济》，上海人民出版社 2007 年版，第 299–303 页。

论"①的论调,要试图借助经济的、政治的、社会的、文化的各个层面的机制来解释。

五、研究重点难点、创新之处

(一)研究重点

本研究基于行为视角考察中国共产党的革命历程,借鉴新文化史的研究方法,采纳文化解释学的描述性方式,致力于探究中国共产党行为模式的若干类型。本研究的研究重点为:革命时期中国共产党行为模式的具体类型和相应特征;重点论述中国共产党的纪律行为、组织行为、学习行为、会议行为。

(二)研究难点

尽管学界普遍对行为文化有较广泛的关注和研究,但对于中国共产党行为模式的类型研究未形成专业化和系统化的表述,缺乏基础理论的探讨,可借鉴的成果颇有限。另外,行为模式、政治行为、政治化行为等诸多概念的辨析和理解也是一大难点,这涉及政治学、行为学、组织学、文化学等相关研究范式的综合驾驭能力。

---

① "还原论"与"理念论"的争论可以通过实证主义与人文主义二元对立的哲学传统中窥见一斑。其一,"还原论"的研究范式,即在实证主义的研究方法中,行为文化研究被一种客观的、冷静的、深层的目光注视着,较多地被阐释为社会结构或心理需求的反映。然而,这一方式看似是一种客观的"解释",却不可避免地忽视了对于行为主体而言最为重要的精神层次的现象与问题。其二,"理念论"的研究范式,即在人文主义的研究传统中,行为文化除了是社会生活、客观需求的衍生物之外,更是人的主观意义的能动反馈。简而言之,"理念论"对"还原论"的批评可以用一句话来概括:文化需要加以解释,而不是把文化解释掉。参见赵旭东:《文化的表达:人类学的视野》,中国人民大学出版社2009年版,第59-65、103、396页。

（三）研究创新点

第一，在研究视角上，抓取红色文化的微观形态——行为模式作为研究的切入点，参阅当事者的历史回忆录、口述史资料，力图展现革命历史的深层内涵。第二，在研究内容上，探究中国共产党行为模式的类型、特征及其功能，旨在以微观的个体视角缕清近代中国革命的历史进程。第三，在研究方法上，借鉴新文化史和政治文化的研究方法，采纳文化解释学的描述性方式，致力于研究中国共产党的一般行为模式。

第一章
纪律行为

    纪律行为是中国共产党在长期实践中形成的优良传统和工作惯例，它是由中国共产党领导人民制定的，党的各级组织和全体党员必须遵守的行为习惯，对维护党的团结统一、贯彻落实党的路线方针政策、保持党的先进性和纯洁性起重要保证作用。需强调的是，本研究中的纪律行为不仅仅涉及明文规定的组织规章制度，更指向和纪律一样规范党员行为的不成文的、隐性的行为模式和习惯。纪律与法律、习惯的内涵皆不同，法律是由国家制定的对所有人群具有强制力的行为规范。习惯是人们的同一行为经多次重复而在实践中逐渐成为习性的行为方式。与法律相比较，纪律是在一定群体范围内对特定人群具有约束力的规则，其适用范围更窄一些；与习惯相比较，纪律是对本群体具有一定强制力的行为规范，其执行力度更大一些。与此同时，纪律行为的类别尤为丰富，包括组织纪律行为、群众纪律行为、生活纪律行为、工作劳动纪律行为、保密纪律行为，等等。本章节涉及的纪律行为如下：一是群众纪律行为。这是中国共产党为密切联系人民群众而制定的行为准则，是中国共产党和人民群众交往过程中不能踩踏的行为底线，更是中国共产党领导革命、建设事业获得成功的制胜法宝。党的群众纪律要求中国共产党必须坚持全心全意为人民服务的宗旨，随时随地维护人民群众的利益，不允许以任何借口、任何形式侵占和损害人民群众的利益。二是保密纪律行为。中国共产党从建立之日起就将保密原则作为党员的基本义务和纪律，列入党的纲领、章程和许多重要的组织决议中。① 从党组织的角度来说，一方面要从制度上保证组织系统的严密性（如规定同级党组织之间相互保守秘密，不发生横向的联系），另一方面则须通过秘密工作纪律对党员个人进行约束。② 对于党员来说，保密原则既是指保守党的组织秘密和工作机密，也是指在敌

---

① 除党章中的上述规定外，中共中央于1928年5月发出的第47号通告《关于在白色恐怖下党组织的整顿、发展和秘密工作》，对党的秘密工作的制度和纪律作了更详细的规定。其要点包括：一是在秘密环境之下，每个党员必须成为群众中积极活动的分子，必须编入支部担任一种党的工作。二是在秘密环境之下，务使党的组织适合于这一环境，使敌人不易破获党的机关局组织或者破获一部分而不致连带到其他的部分。三是区市县省委委各预备一候补书记和一、二内部工作人员，他们平时少与普通党员发生关系，不出席执委以下的各种会议而偏重于内部工作，必要时能代替工作。四是当地上级对下级的指导尽量不用书面形式，执委委员的姓名不必向普通党员公开，出席各种会议时只是代表机关而不必宣布个人的姓名。五是各级执行委员尤其是区委委员须尽量找在业的工农党员担任，城市区委的机关尽量建在人居住的区域，会议尽量轮流在党员家中召开，以减少机关被破获的危险。六是除指定收藏文件之机关外，其他机关与负责党员住处不应储藏文件，无论任何机关不应保存党员名单与地址。七是割据区域党部固然应当公开一切党的活动，但必须保留一部分秘密的机关和负责党员干部。参见中央档案馆编：《中共中央文件选集》（第4册），中共中央党校出版社1989年版，第200-208页。

② 1936年，胶东特委书记理琪即专门从秘密工作的角度对党的纪律作出了论述。他指出单凭"秘密工作的技术与健全的党员"，还不能使秘密工作坚强起来，维持党的纪律是不可缺少的条件。并提出了关于秘密工作的几条基本纪律："行动浪漫者"应受严格的批评，因此而妨害党的工作者应立即停止其工作，留党察看；泄露党的秘密者，如出于无意即加警告，停止其某项工作；如故意泄露并使党部分遭受危险者，一经查出应即开除；不注意秘密工作，一意蛮肆，不接受批评者，应停止其工作，留党察看。参见《胶东特委书记理琪同志给各级党同志的一封信》（1936年），载山东省档案馆、山东社会科学院历史研究所编：《山东革命历史档案资料选编》（第3辑），山东人民出版社1981年版，第320页。

对环境中保守自己党员身份的秘密①；既是指对党外人士保守党的秘密，也是指在党内遵循组织原则、只有纵向领导而无横向联系。三是工作劳动、生活纪律行为。工作劳动、生活纪律是指党员在社会劳动和日常生活中必须遵守的工作秩序和行为规范。这种秩序和规则要求中共党员遵守党纪，服从安排，尽其所能，各尽其责。在社会主义制度之下，工作劳动、生活纪律所协调的行为秩序，是整个劳动过程和与日常生活相关的一切方面，包括工作安排、生活情况等。

---

① 例如 1928 年山东省委制定的入党须知中规定：凡党的机关，党的负责人，党的文件，党的决议，党的会议……都应严守秘密，不得告诉非同志，即对同志亦不能说，不得自己无敌公开党员名义（如有公开必要时须经上级党部许可），更不得公开其他同志。自己一切行动都应群众化，要能在群众活动中保持党员应有的秘密。参见《入党须知》，载山东省档案馆、山东社会科学院历史研究所编：《山东革命历史档案资料选编》（第 1 辑），山东人民出版社 1981 年版，第 367–368 页。

第一节　纪律行为的由来和基本特征

马克思、恩格斯早就认识到，无产阶级政党要想在领导本阶级和广大劳苦大众同力量比自己强大的资产阶级进行生死搏斗中取得胜利，不仅必须有正确的纲领和策略，而且"必须绝对保持党的纪律，否则将一事无成"①。列宁同样认为，"无产阶级的无条件的集中制和极严格的纪律，是战胜资产阶级的基本条件之一"②。当时国际共产主义运动中的支持者同样认为革命更多是依靠纪律的服从，而非是广大无产阶级觉醒而积极的阶级意识。事实也充分表明，无产阶级政党为了坚持自己的先进性和实现肩负的历史使命，就必须要有严格的纪律来保证全党在意志和行动上的统一。党的纪律，就是按照党的政治纲领和民主集中制的组织原则，并根据革命斗争需要而确立的党内的各种法规。它是无产阶级政党的高度组织性和革命权威的集中体现，也是无产阶级政党与资产阶级政党的根本区别之一。因此，切实建立和维护铁的纪律，是马克思主义建党原理的重要组成部分，是各级党组织和全体党员在政治生活和组织生活中必须遵守的行为准则。因此，在马克思主义建党原则的指导下，中国共产党的政治纪律和政治规

---

　　① 《马克思恩格斯全集》（第29卷），人民出版社1981年版，第413页。
　　② 列宁指出，党只有当它自己是纪律性和组织性的体现者的时候，才能领导本阶级进行革命斗争。"无产阶级在夺取政权的斗争中，除了组织而外，没有别的武器。"列宁强调必须把党看作组织的总和，要求党的一切组织必须按民主集中制建立起来，党员必须参加党的某一个组织，这样才能使党形成一个"有组织的整体"。列宁认为，"无产阶级的无条件的集中制和极严格的纪律，是战胜资产阶级的基本条件之一"。党内不能有不遵守纪律的"上等人物"和"特殊人物"。参见《列宁选集》（第4卷），人民出版社1972年版，第181页。

矩的约束力最强。① 与其他政党不同，中国共产党作为体制外生型的革命政党，是靠革命理想和铁的纪律组织起来的马克思主义政党。制定和执行严格的政治纪律、廓清成员纪律行为是中国共产党的历史传统、政治特色和独特革命优势。因此，有必要首先就中国共产党纪律建设的缘起与其纪律性的特征做一个梳理。

一、中国共产党建立纪律的由来

"军事纪律，作为实战的基础，是种种体制的母体"②，同时，它也是共产主义社会的理想模范，只是这种行动的纪律完全是奠定在理性的基础上。列宁反复论证纪律之于国家结构、经济体系和意识形态领域的重要性，在实施新经济政策时他如是强调："最大的危险就是破坏秩序，最大的任务就是保持秩序"③尤其是在革命战争和军事武装的过程中，严格的纪律规范对于党夺取革命事业起到至关重要的作用。"一人为私，二人为公，三人为众。当一个公众集体组织成立后，就产生了超越于个体之上，并对每个个体提出约束性要求的纪律和规范。"④没有纪律，没有规范，就没有组织生命，也没有集体荣誉。为了维护革命组织内部的公平正义，为了形成革命队伍的生命力和战斗力，革命队伍执行严格的组织纪律；在局部执政环境下，制定并颁布、实施一系列法律法规，坚持法律面前人人平等，推进边区社会的文明进程。

---

① 刘洪才主编：《当代世界共产党党章党纲选编》，当代世界出版社 2009 年版，第 102 页。
②《经济与社会》英译本中并无此语，似乎是汉译者根据上下文提炼出来的，但非常符合原意，故引用于此。参见［德］马克斯·韦伯著，康乐译：《支配社会学》，广西师范大学出版社 2004 年版，第 339 页。
③《列宁选集》（第 4 卷），人民出版社 2012 年版，第 693 页。
④ 朱鸿召：《延安缔造》，陕西人民出版社 2013 年版，第 161 页。

大革命失败之后，中国共产党面临着国民党的大屠杀，遭受惨重损失，党员数量急剧减少。中国共产党在城市的活动开始进入秘密状态，而以毛泽东为首的部分中共党人则被迫转移到国民党统治薄弱的农村（山林）地区开辟根据地。受到严重削弱的中国共产党面临的主要问题是如何生存下去并逐步壮大自身的力量。面对国民党的白色恐怖与全面封锁，如果得不到根据地民众的支持，那么共产党将无法生存，更遑论发展壮大。此时，首要解决的便是革命队伍中残留的不良习气，这是因为革命队伍在创立初始，还留有一些小资产阶级、流氓无产者、从旧军队过来的人，带来了一些坏习惯、游击习气和军阀作风，致使部队纪律松弛、作风不正。

破坏群众纪律的情况具体有三种：一是偷摸行为。比如红军部队取了老百姓的门板和稻草铺床，而离开时却不上门板、不捆铺草；或是侵犯群众财产，随意取老百姓的食物（如红薯或鸡蛋）①；南昌起义保留下来的部队也是一样。"在向西转移的一路上，破坏群众纪律甚至敲诈勒索、抢劫财物的事件就时有发生……当部队进入信丰城的时候，破坏纪律的行为就更严重地暴露出来了。在这座县城里，有商店、酒楼、当铺和钱庄。部队刚一进城，少数坏家伙钻进酒楼饭馆里去大吃大喝，吃完把嘴一抹就走；有的还闯进当铺，把手榴弹往柜台一放，故意把导火索掏出来：'老板，称称有多重，当几个钱零花。'这些人的恶劣行径，简直和军阀队伍一样，影响极坏。"②由于受"左"倾盲动主义影响，工农革命军在1928年3月去湘南策应湘南暴动，在酃县、桂东县等地还烧了不少房子。③ 二是打骂士兵的现象也时有发生。对此，曹里怀也回忆说："在井冈山上，我们部队还是有一些军阀主

---

① 陈士榘：《三大纪律、六项注意的由来》，载井冈山革命根据地党史资料征集编研协作小组、井冈山革命博物馆编：《井冈山革命根据地》（下），中共党史资料出版社1987年版，第200页。

② 粟裕：《激流归大海》，载井冈山革命根据地党史资料征集编研协作小组、井冈山革命博物馆编：《井冈山革命根据地》（下），中共党史资料出版社1987年版，第312页。

③ 陈士榘：《井冈山斗争的片断回忆》，载井冈山革命根据地党史资料征集编研协作小组、井冈山革命博物馆编：《井冈山革命根据地》（下），中共党史资料出版社1987年版，第213页。

义的残余。红军中还有打骂士兵的现象,三十一团少一点,二十八团多一点。"① 由于革命根据地被分割为许多独立分散的单位,各地方的党组织和军事政权在游击战争中手握很大的自治权,"所有这一切还可以为把互相隔绝的、大半属于自发地组织起来的农民自卫队、一部分'红枪会'、工人纠察队和其他武装(遗憾的是目前还武装得很差)组成为一支统一的工农革命军队奠定基础。这支军队——更确切些说是这些军队——初期时不可避免地会带有游击习气"②,不可避免地产生了某些无纪律状态和无政府状态。

基于上述弊病,中国共产党开始建立起严格的组织纪律。中国共产党领导的工农革命军(红军)是执行革命政治任务的武装集团,它的纪律区别于资产阶级军队以及一切旧式军队,中国共产党的政治纪律体现了革命时期人民军队的特殊属性。毛泽东说:"军队要有统一和纪律,才能战胜敌人。"③ 1927 年 11 月,中共中央在临时政治局扩大会议上明确强调了政治纪律的重要性:"严格地整饬纪律和建立党的秘密组织,实在是党的工作成效之最必须的条件之一,对于违背组织上政治上的纪律的分子,必定要严厉的处分。"④ 此次会议通过了中共历史上第一部专门关于政治纪律的法规,从此,党组成员的行为规训就有了理论依据。"只有最严密的政治纪律,才能够增厚无产阶级政党的斗争力量,这是每一个共产党所必具的最低条件。"⑤ 该决议还确立了施行政治纪律的具体条例,并现场处分了部

---

① 曹里怀:《忆红四军片断》,载井冈山革命根据地党史资料征集编研协作小组、井冈山革命博物馆编:《井冈山革命根据地》(下),中共党史资料出版社 1987 年版,第 559 页。

② 安徽大学苏联问题研究所、四川省中共党史研究会编译:《1919—1927 苏联〈真理报〉有关中国革命的文献资料选编》(第 1 辑),四川省社会科学院出版社 1985 年版,第 481 页。

③ 毛泽东:《在中央招待留守兵团学习代表时的演说》,《解放日报》1944 年 9 月 18 日,第 1 版。

④ 中央档案馆编:《中共中央文件选集》(第 3 册),中共中央党校出版社 1989 年版,第 476 页。

⑤ 中央档案馆编:《中共中央文件选集》(第 3 册),中共中央党校出版社 1989 年版,第 478 页。

分起义领导人，告诫全党上下必须坚定树立政治纪律的意识。

第一，纪律的关键要素是服从的规制。政治纪律是一种可操作性的支配技术，并不是以征服、取代为目的，而是建立一种关系，要通过相应的机制来使个体服从它并在主客体之间最终建立良性关系的持续发展。毛泽东进行的三湾改编，也涉及整顿红军纪律。罗荣桓说："三湾改编，实际上是我军的新生。正是从这时开始，确立了党对军队的领导。当时，如果不是毛泽东同志英明地解决了这个根本问题，那么，这支部队便不会有政治灵魂，不会有明确的行动纲领；旧式军队的习气，农民的自由散漫作风，都不可能得到改造。其结果即使不被强大的敌人消灭，也只能变成流寇。"①1929年12月古田会议通过的《中国共产党红军第四军第九次代表大会决议案》再次强调党的政治规矩。1938年毛泽东代表中共中央作的《论新阶段》报告重申："纪律是执行路线的保证，没有纪律，党就无法率领群众与军队进行胜利的斗争。""必须重申党的纪律：（一）个人服从组织；（二）少数服从多数；（三）下级服从上级；（四）全党服从中央。谁破坏了这些纪律，谁就破坏了党的统一。"②"四个服从"被再次确立为中国共产党最根本的政治纪律和政治规矩。随后，中共六届六中全会进一步规定："各中央委员不得对外任何人发表与中央决定相违反的意见；如果没有中央委托不得以中央名义向党内党外发表言论与文件；各中央局中央分局须完全执行中央的决议和指令，并不得有任何违反中央的文字与行动。"③

服从纪律可以确保下级组织服从上级党组织的决议，更不会出现"即使党员个人（或下级组织）意见正确，工作能力强，地位比较高，资格比

---

① 《罗荣桓军事文选》，解放军出版社1997年版，第562页。
② 《毛泽东选集》（第2卷），人民出版社1991年版，第528页。
③ 中央档案馆编：《中共中央文件选集》（第11册），中共中央党校出版社1991年版，第761–765页。

较老,都不能作为不服从纪律的借口"①的情况。邓力群于1949年被委派至新疆做中共中央联络员时,刘少奇再三叮嘱:

> 在我一切准备停当临出发前,刘少奇专门把我找到他的房间去谈一次话。他深知此行事关重大,所以非常严肃地叮嘱我说,你这次去新疆,名义是中共中央联络员,主要任务是建立新疆三区与党中央及西北战场彭德怀司令员之间的联系。到那里以后,要详细了解新疆各方面的情况,包括政治、经济、军事、文化、民族、地理、气候、风俗人情等等,特别要注意收集军事方面地情报、资料,收集整理后要及时、系统地报告党中央。在完成这次重要任务地过程中,事无大小都要必须请示,没有党中央地指示,不准自由发言,不能自作主张,这是纪律。②

中国共产党党纪最为关键的是"四个服从"的规制,这是保证党和军队内部团结统一的最重要组织制度和组织纪律。服从纪律是中共领导革命取得胜利的关键因素之一。即使在革命胜利之后的新中国成立初期,由于秩序混乱,社会分裂,还需同国内外敌人进行军事斗争,也有必要要求党员、干部继续严格遵守纪律。

第二,纪律的作用机制是维护组织统一。"党员个人服从党的组织,少数服从多数,下级组织服从上级组织,全党各个组织和全体党员服从党的全国代表大会和中央委员会……"③它维护党组织的政治权威。例如1932年10月中旬,错误"肃反"波及刘志丹、习仲勋等同志。当刘志丹从通信员那里看到抓捕自己的密令后,不顾个人安危,毅然前往瓦窑堡向上级说明情况,结果被"左"倾错误的执行者关押。在狱中,面对被枪毙、活

---

① 《陈云文选(1926—1949)》,人民出版社1984年版,第130页。
② 《邓力群自述(1915—1974)》,人民出版社2015年版,第174页。
③ 《中国共产党章程》,人民出版社2012年版,第30页。

埋的危险，他坦然告诫狱中的同志说："我们死也不能说假话，黑云总遮不住太阳。"① 对此，李维汉后来评价道："刘志丹明知一部分同志被冤屈关起来，自己也会被捕，他有枪杆子，有群众，要干就起来了，那就打起内战了，结果是分裂，给敌人造成一个大缺口。他明知个人会有危险，但还是顾全大局，服从纪律。"② 正是因为以刘志丹、习仲勋为代表的陕甘边区党和红军领导人具有坚强的党性，胸怀博大，襟怀坦荡，忍辱负重，严于律己，才维护了党和红军的团结，保持了党的领导的凝聚力、向心力和战斗力，为根据地能够硕果仅存奠定了坚实的政治和组织基础。因此，纪律行为的重要性表现在：维护党的团结统一、提高党的战斗力、巩固党同群众的密切联系、凝聚党的力量等。

二、纪律刚性

共产党之所以有力量，就在于它有着崇高理想和铁的纪律。其中，严密的组织性和铁的纪律，是中国共产党作为马克思主义政党成长成熟的标志。严明党纪是党的光荣传统和独特优势，党纪是建立在自觉基础上的具有强制性、严肃性和统一性特征的铁的纪律。其一，强制性是铁的纪律的根本特征，即各级党组织和全党人员必须遵守、服从和执行党的纪律，如有违反必当严格按照党纪进行处罚。其二，严肃性是铁的纪律的基本特征，不能凭借着自己的道德感受判断党纪的正确与否，更不能以个人喜恶随意更改党纪。其三，统一性是铁的纪律的根本原则，在党纪面前人人平等，不论职务高低、贡献大小、党龄长短，都必须自觉遵守党纪所规定的政治生活准则。中国共产党从建党之初就制定了一系

---

① 习仲勋：《群众领袖民族英雄》，《人民日报》1979 年 10 月 16 日，第 2 版。
② 《李维汉在与陕西省部分党史工作者座谈上的讲话》（1980 年 10 月 11 日），转引自马啸：《陇东区域历史与地方社会的变迁》，天津古籍出版社 2013 年版，第 804 页。

列组织纪律及相应的惩戒措施，以从制度上对党员进行严格控制。纪律的有与无及其执行的紧与松、成效的大与小，是国共两党组织形态上的一个重要差异。长期领导中共组织工作的陈云曾经指出，党的纪律是保障党的意志、行动和组织统一的重要手段，是革命胜利的一个重要条件。①"革命胜利的基本条件之一，就是要使无产阶级的党成为有组织的统一的部队，要保障党能有组织和统一，就需要有严格的纪律。破坏党纪，就是破坏革命。"②作为一个组织严密的革命政党，中国共产党能否对党员进行有效的控制和管理、保证党员对组织的信任和忠诚，是关系到党的凝聚力、战斗力乃至生死存亡的大事。简而言之，中国共产党对党员的培养与规训，大致从内与外的两个层面分别展开。一方面，就内在的思想涵养而言，就是通过组织纪律的制定与执行、政治生活的统一与规范，以此来培养全体党员对党组织的忠诚感，使之在思想上心悦诚服地接受党的纪律。另一方面，就外在的约束规范而言，则是通过政治教育和纪律指育的开展，从行为层面建立起对党员和干部的训练机制，使之心甘情愿地服从党纪。

（一）纪律意识及其培养

反对自由主义，培育党员铁的纪律。大革命期间，一系列组织管理问题随着党组织规模的扩大而暴露出来，最显著的当属组织内部纪律松散的问题。1925年2月，任弼时指出党组织普遍存在的问题，即缺乏纪律意识，尚没有认清革命事业的根本责任，"缺少能作指导工作的人材，组织与工

---

① 陈云：《严格遵守党的纪律》（1940年3月19日），载《陈云文选（1926—1949）》，人民出版社1984年版，第129页。

② 陈云：《为什么要开除刘力功的党籍》（1939年5月），载《陈云文选（1926—1949）》，人民出版社1984年版，第58—63页。

作不能有条理的发展"①。对此,他提出以党团组织的"布尔什维克化"为解决方法:一要使团体能群众化;二要使团员正确明白主义且不忘其为群众的领导者;三要能按实际情形运用经验与理论,使团员不做一个不顾环境的模仿主义者。②另外,为完善党组织的组织生活,任弼时还建议每周由各级党组织、青年工人联合举办一次召集大会或联欢会,"压迫不严重的地方可公开的召集大会;在环境恶劣的地方,可半公开的形式召集"③,以期加强党组织的动员能力和教育功能。井冈山斗争时期,在高度分散的作战环境下,受地主、资产阶级思想的影响,党员干部中的军阀主义、山头主义、游击习气等不良倾向有所滋长④,甚至在战斗过程中出现任意打骂士兵、损害群众利益的行径。为了巩固部队纪律与密切军民关系,毛泽东为红军制定了"三大纪律、八项注意",成为中国共产党早期最成功的纪律典范之一。1929 年 12 月底,古田会议上中国共产党明确了"党指挥枪"的政治纪律,这成为在白色恐怖包围之下党夺取革命胜利的关键所在。正是坚持了党对军队的绝对领导,"建立了并锻炼出巩固而有纪律的红军的铁军"⑤,使得中央红军以少胜多成功打破了国民党的前四次"围剿",稳住了新生政权。在中央红军被迫开始长征的危难时刻,党组织和党员依靠

---

① 中共中央文献研究室编:《任弼时年谱(1904—1950)》,中央文献出版社 2014 年版,第 34 页。

② 中共中央文献研究室编:《建党以来重要文献选编》(第 2 册),中央文献出版社 2011 年版,第 323-325 页。

③ 中共中央文献研究室编:《任弼时年谱(1904—1950)》,中央文献出版社 2014 年版,第 55 页。

④ 总政治部副主任谭政在《肃清军阀主义倾向》的报告中指出:在某些干部那里,"把党的军队看成自己的势力,想要造成一种力量,培植一个系统,拉拢一些干部。要调他的人员或者是调他的干部,他是不愿意的,若要他离开这个部队,他更是不愿意的。他觉得他在这个部队里任职,要是他那个系统中的人才是亲信,对于新来的人,总是觉得不大顺眼,不表欢迎"。参见中共中央文献研究室编:《建党以来重要文献选编》(第 20 册),中央文献出版社 2011 年版,第 66 页。

⑤ 中央档案馆编:《中共中央文件选集》(第 7 册),中共中央党校出版社 1991 年版,第 356 页。

坚定的政治信念和严明的政治纪律再次挽救了自己，对此共产国际第七次代表大会作出这样高度的评价："这种传奇一般的西征，证明中国红军具有中国任何军阀军队所不能击破的高度的觉悟性，超人的坚忍性与战斗精神。"①在统一战线和游击作战的战况下，为防止再次出现的分散主义倾向，1937年9月7日，毛泽东通过《反对自由主义》郑重声明自由主义的弊病，它不仅严重破坏了党的作风建设，更败坏了党的政治声誉，"它是一种腐蚀剂，使团结涣散，关系松懈，工作消极，意见分歧。它使革命队伍失掉严密的组织和纪律，政策不能贯彻到底，党的组织和党所领导的群众发生隔离。这是一种严重的恶劣倾向""使党和革命团体的某些组织和某些个人在政治上腐化起来"②。为了统一规范各级党组织及八路军、新四军各部队的纪律意识，中共中央主要采取了两方面措施。一是统一官兵思想，凝聚军心士气，中共中央制定了一系列军队纪律，如《八路军抗日誓词》《八路军抗日三大纪律》《八路军抗日八项注意》，并将其公之于众，接受群众监督；二是严格组织生活，规范批评制度，在准确把握党内政治生活基本原则的前提下，为及时纠正王明右倾投降主义的错误，党的六届六中全会通过了《关于中央委员会工作规则与纪律的决定》《关于各级党委暂时组织机构的决定》《关于各级党部工作规则与纪律的决定》等规章制度，进一步完善党的民主集中制并保障"党内关系走上正轨"③。

反对主观主义，锻造党员优良作风。1942年，在复杂的抗日环境下，为强化党内政治思想和组织意识，中共中央在延安发起了一场持续三年的整风运动，这次运动的主要目的是反对主观主义以整顿纪律。对此，中共领导人坚持用严格的纪律和优良的作风改造部队，毛泽东在延安接见八路军、新四军干部时指出："你们当旅长、团长的，在整风中不要怕

---

① 中央档案馆编：《中共中央文件选集》（第9册），中共中央党校出版社1991年版，第798页。
② 《毛泽东选集》（第2卷），人民出版社1991年版，第359页。
③ 《毛泽东选集》（第2卷），人民出版社1991年版，第528页。

丢脸。下级对你们有意见,让他们统统讲出来,他们窝在心里的怨气吐完了,心情就舒畅了。你们把架子放下来,从实地向群众检讨一番,上下级之间的关系就改善了,内部就更加团结了。"① 具体而言,整风运动主要是以检查反省笔记、填写"小广播调查表"、"撰写个人历史自传"②等方式了解中国共产党的"活思想",这不仅仅是中共中央总学习委员会的首创,也是毛泽东本人的战略思想。毛泽东暂时也不能用明确的语言向全党直接批判王明、博古等,相反,他必须维护党的核心层的团结一致。在党的思想路线没有实现转变之际,如果匆忙把党的核心层的矛盾公之于众,有可能在党内造成大的思想混乱。在改革强军的过程中,军队普遍巩固了党的领导,提高了纪律意识,发展了纪律文化,切实将铁的纪律转化为文化自觉。换而言之,"纪律是执行党的路线的保证"③。不论是革命战争时期,抑或是和平建设时期,铁的纪律都能克服党内存在的不良作风,并保持党员干部的良好形象。

反对贪污腐败,保持党员思想纯洁。革命战争年代,在险象环生的战争环境和极其恶劣的自然条件下,大部分官兵能以苦为乐,保持旺盛的革命斗志和英勇的牺牲精神。然而,来自国民党方面高官厚禄和腐败作风的影响,加上自身权力腐蚀腐坏的二重诱因,有部分党员干部产生了思想上的动摇,甚至出现投敌变节的现象。因而,加强对党员干部的思想作风教育,保持人民军队的纯洁稳固就显得十分重要。1942年12月,毛泽东在陕甘宁边区高级干部会议上发表了《经济问题与财政问题》,报告指出贪污腐化是官僚主义最显著的特征,号召党员干部必须增强责任使命并抵抗腐化堕落。1942年中共中央召开西北局高干会议,会上隆重表彰了王震、

---

① 中共中央文献研究室编:《毛泽东年谱》(中卷),人民出版社、中央文献出版社1993年版,第419页。

② 朱凯:《中国共产党整风精神史论》,陕西人民出版社2003年版,第141页。

③ 《陈云文选(1926-1949)》,人民出版社1984年版,第74页。

习仲勋等 22 名廉洁奉公的模范干部，毛泽东还为他们作了"密切联系群众""一刻也离不开群众""忠心耿耿、为党为国"等题词①，与此同时会议还公开惩戒和处罚了 8 名贪污腐化分子，强化了党员干部勤政为民、清廉为官的行为作风。加强廉洁纪律，依然是新中国成立后中国共产党强化纪律工作的重点，中共中央曾发出《关于实行精兵简政、增产节约反对贪污、反对浪费和反对官僚主义的决定》和《中华人民共和国惩治贪污条例》，在全国范围内开展教育与惩戒相结合的"三反""五反"运动，有力遏制腐败现象蔓延，纯洁了党的队伍，教育挽救了党员干部，巩固了执政党地位，树立了新政权廉政形象。

（二）纪律行为及其训练

自建党之日起，中国共产党便意识到对党员的纪律训练是实现党的奋斗纲领必不可少的条件。中共二大将纪律训练的内容概括为以下两点：一是要有铁的纪律，"凡一个革命的党，若是缺少严密的集权的有纪律的组织与训练，那就只有革命的愿望，便不能够有力量去做革命的运动"②；二是要求每一个党员，不应该是一个言语上的共产主义者，而应该是一个行动上的共产主义者，与此同时，党员需认清并适应于革命形势的发展，必要时候得牺牲个人的感情意见及利益关系以拥护党的一致。③在具体的纪律实训中，中国共产党主要从以下两个方面进行工作：

第一，注重以纪律教育为抓手，推动党的纪律建设。早在建党初期，中国共产党始终坚持革命纪律教育，尤其是在平时的军事训练中引导官兵主动认清严明纪律的重要意义、基本内容和原则要求，如周恩来在黄埔军

---

① 《习仲勋传》（上），中央文献出版社 2013 年版，第 334 页。
② 《关于共产党的组织章程决议案》（1922 年 7 月），载中共中央文献研究室编：《建党以来重要文献选编》（第 1 册），中央文献出版社 2011 年版，第 162 页。
③ 中央档案馆编：《中共中央文件选集》（第 1 册），中共中央党校出版社 1991 年版，第 91 页。

校第三期学员开学典礼上说,"在革命之下,守革命党的纪律,并不是强迫的,是甘心愿意遵守的;每天的军事训练、军事教育是甘心接受的"[①]。因此,"必须对党员进行有关党的纪律的教育,既使一般党员能遵守纪律,又使一般党员能监督党的领袖人物也一起遵守纪律"[②]。延安革命时期,针对党内张国焘叛逃、王明严重违反纪律等情况,毛泽东撰写了《论新阶段》报告,强调将党的纪律教育纳入党的政治教育的整体规划中,确保纪律教育的落实与开展。在《关于抗日民族统一战线与党的组织问题》的报告中,张闻天专门用一节对此问题作了相应的规划,用马克思主义的革命精神与革命方法去教育共产党员与革命青年,成为这一时期党的宣传教育工作的重要内容。新党员训练班、中级党校、高级党校等机构的设置以及理论干部的培养与理论人才的搜集等等是中国共产党以教育带动党的纪律建设的重要探索。[③]随后的整风运动中,党的纪律教育是重要内容,"毛泽东还把列宁论党的纪律列为延安整风的学习文件"[④]。通过整风运动,全党实现了在思想上、政治上、组织上的团结和统一。

第二,注重以纪律教育为契机,加强党员的政治觉悟。在抗日战争时期,陕甘宁边区政府组织开展了"拥护军队、优待抗日军人家属"活动,维护了共产党的政治权威,而八路军留守兵团开展了"拥护政府、爱护人民"活动,严整了军队官兵的纪律行为:"部队行动时,应加强纪律检查,借物送还,损坏的东西要赔偿,驻地打扫干净。部队生产时,应严守《生产运动中应守规则》《公营商店守则》。进行归队运动时,应遵守《动员潜逃战士及逾期不归战士归队办法》。部队调动时,应与当地党政民机

[①] 中共中央文献研究室编:《周恩来军事文选》(第1卷),人民出版社1997年版,第10页。
[②] 中央档案馆编:《中共中央文件选集》(第11册),中共中央党校出版社1991年版,第652—653页。
[③] 中央档案馆编:《中共中央文件选集》(第11册),中共中央党校出版社1991年版,第708—711页。
[④] 陈晋:《毛泽东读书笔记解析》,广东人民出版社1996年版,第268页。

关开联席会议，检讨军政民关系，虚心听取地方机关及人民的意见。对于部队中违犯纪律的人员，必须批评与斗争，严重的必须予以应有的纪律制裁。"① 与此同时，《中央关于加强各部队纪律教育的指示》强调，纪律教育是中国共产党每次行动之前的必备事宜，"任何部队，在每一次行动前，必须进行一次公论的全体的纪律教育，并以按照当前具体情况应当注意的具体事项，在不泄露机密的条件下，明确地告诉一切指战员，方能于行动时使一切指战员遵守政治纪律，给人民以良好影响"②。在此指示颁布后，各边区政府结合当地实际情况，开展拥政爱民运动和部队自检大会，以此整顿部队的群众纪律、组织纪律。解放战争时期，中国共产党开展以"三查三整"为主要内容的土改整党运动，抓住提高思想这一中心环节，实现了毛泽东对土地整党工作提出的"坚决地克服许多地方存在着的某些无纪律状态或无政府状态，即擅自修改中央的或上级党委的政策和策略，执行他们自以为是的违背统一意志和统一纪律的极端有害的政策和策略"③ 目标，使整党取得显著的成效，进一步规范党员的纪律行为，为革命战争取得最终胜利发挥了重要的作用。

---

① 《八路军留守兵团司令部、政治部关于拥护政府爱护人民的决定》（1943年1月25日），载中共中央文献研究室编：《建党以来重要文献选编》（第20册），中央文献出版社2011年版，第86—88页。

② 《中央关于加强各部队纪律教育的指示》（1946年7月12日），载中央档案馆编：《中共中央文件选集》（第16册），中共中央党校出版社1992年版，第243页。

③ 《毛泽东选集》（第4卷），人民出版社1991年版，第1332页。

第二节　群众纪律行为

中国共产党的宗旨和任务，是为中国最大多数人民的利益而奋斗，所以它进行的一切革命活动，都要相信和依靠群众，联系群众，发动群众，开展群众运动。中国共产党一建立就强调"我们的活动必须是不离开群众"，"党的一切运动都必须深入到广大的人民群众里面去"，"要'到群众中去'，要组成一个大的'群众党'"。[①] 群众路线被确立为中国共产党的工作路线和领导方法，群众路线在中国共产党所主导的政治活动和革命运动中，占有绝对重要的地位。与此同时，群众纪律是中国共产党为密切人民群众而制定的行为准则，也是党的各级组织、党员个人和人民群众交往过程中不能踩踏的行为底线，更是中国共产党领导革命、建设事业获得成功的制胜法宝。党的群众纪律要求各级党组织和共产党员，必须坚持党的全心全意为人民服务的宗旨，随时随地维护人民群众的利益，不允许以任何借口、任何形式侵占和损害人民群众的利益。

一、群众工作

中共建党早期，工人、农民出身的党员较少，大多出身于知识分子，因此，以实现无产阶级专政为己任的中国共产党，面临的最大问题就是如

---

① 中央档案馆编：《中国共产党第二次至第六次全国代表大会文件汇编》，人民出版社1981年版，第28页。

何加强与工人、农民的联系。为了加强与工人的联系，早期的中国共产党通过组建工会、工人俱乐部、举办夜校等形式积极加强与群众的联系，还成立工人运动研究机构并通过一些出版物来号召工人起来追求自身的解放（此效果比较差，因为大部分工人读不懂理论性比较强的文章，贫困的工人也不愿意买这些有偿的出版物），早期的中国共产党即使将自己的重心置于工人运动，但也通过了农民运动的纲领，采取了比较温和的政策，诸如"主张从目前实际情况入手去宣传和组织农民，反对预征钱粮，反对苛捐杂税，地方政府订定田税税额时须经农民协会同意，武装农民以防匪患，以及要求政府兴办水利，创立农民借贷银行等"①。

在国共合作阶段，中国共产党则进一步密切与工人、农民的联系。在工人运动方面，工会等工人组织得以广泛建立，甚至在上海还成立了工人纠察队（工人武装）；在农民运动方面，由中共党员主办了七期农民运动讲习所，培养了大批的农运干部，在广东、湖南等地掀起了农民运动的高潮。在北伐战争中，中共的群众动员能力得以充分体现，有力地支持了战争。比如农民卖食品给士兵，充当向导和搬运工以及为伤员抬担架，甚至武装简陋的农民攻击敌人后方；铁路工人破坏敌人交通，约400名安源矿工参加了叶挺的独立团等。由此，可以看出中国共产党早期由于重视联系并动员群众，尽管党员人数较少，仍然表现出不可小觑的力量。

在此种情况下，"共产党应当竭尽全力，给这些军队应有的武装和训练并加以组织，以便至少从中培养出一批军官和教官，使工人成分成为这支农民军队的中坚力量"②。因此，主要活动在农村地区的中共特别注重与当地农

---

① 王奇生：《国共合作与国民革命：1924—1927》，江苏人民出版社2006年版，第479页。
② 安徽大学苏联问题研究所、四川省中共党史研究会编译：《1919—1927苏联〈真理报〉有关中国革命的文献资料选编》（第1辑），四川省社会科学院出版社1985年版，第481页。

民群众的联系,由此还制定出"三大纪律、八项注意"①以密切军队与民众的关系。后来,中国共产党制定的"八项义务"中也明确要求党员做到"密切联系群众,向群众宣传党的主张,遇事同群众商量,及时向党反映群众的意见和要求,维护群众的正当利益"②,所有这些都鲜明地体现了党的宗旨。中共可以依靠自己与群众的密切联系,动员农民提供资讯并补充人力与粮食。所以,从最初的求生存,到以群众为主体、依靠群众的群众路线,体现了以毛泽东为领袖的中共党人认识论的升华,正如毛泽东所言:"这个军队之所以有力量,是因为所有参加这个军队的人,都具有自觉的纪律,他们不是为着少数人的或狭隘集团的私利,而是为着广大人民群众的利益,为着全民族的利益,而结合,而战斗的。"③简而言之,"人民,只有人民,才是创造世界历史的动力"④。

人民军队是党领导下的革命武装,它区别于旧军队的显著特点,就是来自人民,维护人民的利益。在红色革命根据地建立的初始阶段,群众工作意味着组织人民,领导人民并帮助人民进行劳动生产。如长期担任陕甘边区游击队、红军指挥员的刘志丹,他十分重视军民关系,时时刻刻想着群众利益,关心群众疾苦,把部队培养锻炼成为人民军队。他经常教育干部战士说,我们是老百姓的队伍,要时刻为群众的利益着想。他教育部队严格执行纪律,每到一地,总要把老百姓家的地扫得干干净净,给水缸里

---

① 早在红军初创时期,毛泽东就为之订立了"三大纪律"。后来根据革命斗争发展的实际需要,"三大纪律、八项注意"的内容作过多次调整。1947年10月10日,毛泽东起草的《中国人民解放军总部关于重行颁布三大纪律八项注意的训令》中最终确定了"三大纪律、八项注意"的内涵。"三大纪律"的内容是一切行动听指挥、不拿群众一针一线、一切缴获要归公;"八项注意"的内容有说话和气、买卖公平、借东西要还、损坏东西要赔、不打人骂人、不损坏庄稼、不调戏妇女、不虐待俘虏。
② 《中国共产党历次党章汇编(1921—2012)》,中国方正出版社2012年版,第344页。
③ 毛泽东:《论联合政府》,载《毛泽东选集》(第3卷),人民出版社1991年版,第940页。
④ 《毛泽东选集》(第3卷),人民出版社1991年版,第1031页。

挑满水，一般粮食也是吃自己驮的，自己打柴烧，不用老乡家的。①

总而言之，"从群众中来，到群众中去"②的工作方式，成为党对待群众的指针，也成为党一直以来与广大群众保持密切联系的思想基础和组织基础。革命战争时期，党就是靠这样的优良作风深得群众的拥护和支持的。党得以发展、壮大起来，也是靠这样的优良作风。党不仅在战争时期注意倡导群众路线的优良作风，而且在执政后也特别坚持和发扬了这个优良作风。

二、群众纪律

党的群众纪律是中国共产党为保持党的组织和全体党员与人民群众的密切联系而制定的行为准则，是中国共产党在各个历史时期处理党群关系的总的规范。大体说来主要包括两个方面：一是不准与民争利，反对以任何形式利用职权谋取私利；二是不准侵占民财，即不得随意拿取群众的各种物品及损害群众合法权益。③总而言之，党的纪律建设经历了一个长期发展的过程，形成了包括不与民争利和不侵占民财在内的群众纪律，为各级党组织和全体党员设置了不可逾越的底线和真正带电的高压线。

党的群众纪律最早发轫于革命时期人民军队处理与群众关系的"三大

---

① 梁星亮、姚文琦主编：《建国以来刘志丹研究文集》，陕西人民出版社2008年版，第133页。

② 1943年毛泽东就在《关于领导方法的若干问题》中指出："在我党的一切实际工作中，凡属正确的领导，必须是从群众中来，到群众中去。这就是说，将群众的意见（分散的无系统的意见）集中起来（经过研究，化为集中的系统的意见），又到群众中去作宣传解释，化为群众的意见，使群众坚持下去，见之于行动，并在群众行动中考验这些意见是否正确。然后再从群众中集中起来，再到群众中坚持下去。如此无限循环，一次比一次更正确、更生动、更丰富。这就是马克思的认识论。"参见毛泽东：《关于领导方法的若干问题》，载《毛泽东选集》（第3卷），人民出版社1966年版，第854-855页。

③ 中国延安干部学院编：《延安时期党的建设研究》，中央文献出版社2011年版，第447页。

纪律、八项注意"。红军时期不仅严格执行,还广为宣传"红军是为工农谋利益的军队"①。1935年5月底,红军打下延安城后,党组织指示只许没收官僚地主、土豪劣绅和资本家的财产,而不得对其他任何人的财产加以侵犯。没收的财物中,除贵重的钱财、布匹军用外,粮食、衣物等一律分给当地劳苦群众。②具体来说,新民主主义革命时期的群众纪律遵循以下三条原则:首先,有借有还。1929年8月,红军途经福建省漳平县杨美村时,给一位老乡家的留言:"老板,你没在家,你的米我买了二十六斤;(留下)大洋二元,大洋在观泗(一位老汉的名字)老板手礼(里),红军。"③现在,在北京军事博物馆里,还有一张红军战士写给房东的字条:"老板:我们吃了你半坛咸菜,几根大葱,烧了几根火柴,共补你黄豆六升。"④类似的"留言"和"字条"还有很多。例如,红军长征经过遵义时,某部连长树容向当地老乡赵金和买了一头猪,价值国票一十五元。红军没有现金支付,就开了一张收条给赵金和,让他待到革命胜利后再兑换。新中国成立后,赵金和拿此收条,到人民银行兑换了人民币。群众纪律使群众相信红军一定能取得胜利。又如,有一次,三十几个红军战士被包围在一个山上,几天也没有突围出去,又没有吃的。后来发现一块红薯地,经党代表同意,每人扒了两个红薯,吃了准备下山突围。红军在红薯地埋了五块白洋,包白洋的布上写着两行字:"亲爱的老乡:我们是红军,因为要同白军作战,吃了您的红薯,附白洋五元,请收下。"⑤至于,毛泽东为炊事员跟老乡要一串辣椒一事坚持亲自给老乡送钱并向人赔礼道歉,刘少奇为通讯员在没人看管的瓜地里摘来两个西瓜命令"赶快送回去";周恩

---

① 中共中央文献研究室编:《朱德年谱》(上),中央文献出版社2006年版,第90页。
② 梁星亮、姚文琦主编:《建国以来刘志丹研究文集》,陕西人民出版社2008年版,第133页。
③ 原中人:《党的纪律漫谈》,辽宁人民出版社1985年版,第140页。
④ 原中人:《党的纪律漫谈》,辽宁人民出版社1985年版,第140页。
⑤ 原中人:《党的纪律漫谈》,辽宁人民出版社1985年版,第141页。

来为警卫员找来十个鸡蛋建议"我们写个条子,向老乡说明情况,多留点钱放在老乡装鸡蛋的篮子里"①;这类遵守"有借有还,公平买卖"的事例,真是俯拾皆是,不胜枚举。其次,有损必赔。1947年,刘伯承的儿子刘太行不小心把房东大嫂儿子的饭碗碰落到地上,碗被打碎了。随后,刘伯承的妻子汪荣华及刘伯承都上门赔礼道歉。当时,刘伯承拉着刘太行来到房东家,亲切地说:"大嫂,损坏东西要赔偿,这是我们解放军的群众纪律。你不收下这碗,不是让我们违反群众纪律吗?"房东大嫂倍感欣慰,感慨道:"儿子打个碗,做娘的来送,当司令的爹也来赔。俺祖祖辈辈还从没听说过这样的事哩!"②最后,不贪不拿。以"打锦州"为例,整个辽西战役是以人民解放军胜利国民党军惨败而告结束的。这里有政治路线正确、军事指挥高明等各种因素,其中也有解放军严格遵守群众纪律的重要因素。对解放军在"打锦州"时自觉遵守群众纪律的精神,毛泽东听说后,感动地讲过这样的话:"锦州那个地方出苹果,辽西战役的时候,正是秋天,老百姓家里很多苹果,我们战士一个都不去拿。"③"在这个问题上,战士们自觉地认为:不吃是很高尚的,而吃了是很卑鄙的,因为这是人民的苹果。我们的纪律就建筑在这个自觉性上边。"④群众纪律的自觉执行,只有在中国共产党和党领导下的人民军队里才能见到,这种自觉纪律对革命产生的重要作用,往往在因此而取得胜利之后才能更深刻地理解它。列宁如是宣称:"在任何战争中,胜利属于谁的问题归根到底是由那些在战场上流血的群众的情绪决定的。"⑤而群众的情绪是靠群众工作和群众纪律启发和保持的。中国革命的实践证明,"人民战争胜利"是靠群众

---

① 原中人:《党的纪律漫谈》,辽宁人民出版社1985年版,第141页。
② 胡加模:《九大元帅珍闻轶事》,河南人民出版社1986年版,第296页。
③ 叶星:《古今中外美德故事》,山西人民出版社1993年版,第62、66页。
④ 叶星:《古今中外美德故事》,山西人民出版社1993年版,第62、66页。
⑤ 《列宁全集》(第31卷),人民出版社1988年版,第117页。

的革命热情取得的,而亿万人民群众的热情是和"党的群众纪律"紧密联系在一起的。

毛泽东曾言:"只要我们依靠人民,坚决地相信人民群众的创造力是无穷无尽的,因而信任人民,和人民打成一片,那就任何困难也能克服,任何敌人也不能压倒我们,而会被我们所压倒。"① 为此,他提出:"要得到群众的拥护吗?要群众拿出他们的全力放到战线上去吗?那末,就得和群众在一起,就得去发动群众的积极性,就得关心群众的痛痒,就得真心实意地为群众谋利益。"② 要多关注群众利益为群众谋福利,要使人民群众相信和拥护共产党,这里面有党的群众路线和群众工作问题,然而,这一切都离不开群众纪律。因为群众纪律直接涉及群众利益,直接影响群众关系,直接左右群众情绪,因而从根本上决定着战争胜负。

在执行群众纪律的时候,与之相关的行为强化有两种途径,一是正强化,二是负强化。正强化的方式就是奖励那些组织内部的正面行为,同时,正强化手段多半采纳的是遮蔽型的权力运作。负强化则是通过批评、降级、处分,甚至有时少给或不给予奖励等方式,旨在树立组织的政治权威与统一成员的行为规范,这种方式多为公开化的权力展示。

第一,诱导性权威,即榜样人物的参与性示范。组织成员的群众纪律之行为,除了对组织既定的政治规矩的服从外,还存在一个对精神奖赏的渴求,这是对中国共产党革命理想关照到现实世界的青睐。因此,这种行为规训技术中的奖赏方式,一般发生在那种注重"结果"而规定的种种"纪律"。在群众纪律的施行上,需要通过诱导性权威来实现一定意义上的激励或鼓动。诱导性权威,不以剥削、威胁等作为手段,而是基于某种互惠的、平等的交换来达到遵从命令的目的,这是一种纯粹的精神激励方式。

---

① 毛泽东:《论联合政府》,载《毛泽东选集》(第3卷),人民出版社1991年版,第940页。
② 毛泽东:《关心群众生活,注重工作方法》,载《毛泽东选集》(第1卷),人民出版社1991年版,第138页。

此时，组织成员会因政党的合格权威、合法权威的诱导而自觉遵守政治纪律。这种诱导性权威的方式主要表现为领袖干部的行为示范。他们是共和国历史上的一个特殊群体，这一社会精英群体开风气之先，引时代潮流。然而，并不能简单用领导者定义模范，他们身上凝聚着国家政治意志与社会民间力量的互动之境。从政治动员的功能来看，这种效应主要是运用先进人物或典型事例来激发人们的赶超心理，规范人们的行为，并变成许多人的行为，是政治动员的重要手段之一。作为政治动员的手段，在群众从不觉悟到觉悟的过渡时期，对于那些政治觉悟水平较低，对政治目标将信将疑的群众，模范的力量不仅起了带头作用、骨干作用和桥梁作用，而且可以起到树立信心和鼓舞勇气的作用。一定意义而言，模范的社会效应在于其形式意义，即他们身上所体现的人格特质更具有奖赏作用。当下，较之物质报酬，模范作为中国共产党塑造的偶像符号，已经成为一种可效仿的对象激励着组织成员为之奋斗。

在红色革命实践中，中国共产党形成了反对特权、与民平等的行为模式。平等和谐的党群关系是群众路线的关键，即党员干部尊重人民主体地位，并给予他们在共同体中同等的、全面的发展权利。与西方抽象的自然权利"平等"相比，中国的红色革命所倡导的平等更倾向于一种实践逻辑及入世智慧，需要党和领袖人物在实际生活作出示范。其一，坚决反对干部特殊化作风。1949 年 3 月，中共中央就提出了防止资产阶级腐蚀的反对突出个人的六条措施。[①] 因此，毛泽东多次要求领导干部应当以真正平等的态度对待干部和群众，"必须使人感到人们互相间的关系确实是平等的，使人感到你的心是交给他的"[②]。他还提出，干部子女也不应搞特殊化，"干

[①] 六条措施分别是：不给党的领导祝寿。不送礼。少敬酒。少拍掌。不用党的领导者的名字作地名、街名和企业的名字。不要把中国和马、恩、列、斯平列。参见姜华宣、张蔚萍、肖甡主编：《中国共产党重要会议纪事（1921—2011）》，中央文献出版社 2011 年版，第 256 页。

[②] 《毛泽东新闻工作文选》，新华出版社 1983 年版，第 65 页。

部子弟学校,第一步应划一待遇,不得再分等级;第二步,废除这种贵族学校,与人民子弟合一"①;他自己不搞特殊化,也要求子女、亲属不搞特殊化。如新中国成立以后,毛泽东的一些亲友和同乡请他帮助安排工作,解决升学问题,要求给予特殊照顾。毛泽东婉辞拒绝,他多次告诫他的亲属,"一切按正常规矩办理,不要使政府为难","要同乡里众人一样,服从党与政府的领导,勤耕守法,不应特殊"。②周恩来不但自己时时坚持与群众一律平等,还经常教育自己的亲属,特别是告诫晚辈"丝毫不能特殊化"③。为了不让孩子有优越感,不搞特殊化,刘伯承夫妇在自家的电话间里贴了一张"告示":"儿女们,这些电话是党和国家供你爸爸办公用的。你们的私事绝对不许用这些电话。假公济私是国民党的作风,不许带到我们家里来。"④毛泽东厌恶"高贵""特权",喜欢"普通""平等"。毛泽东将这种平等的干群关系,建立在克服"官僚主义"作风、铲除"贵族阶层"之上,使广大领导干部始终保持艰苦奋斗、密切联系群众的优良传统,进而保证党和国家的长治久安。他曾言:"县委以上的干部有几十万,国家的命运就掌握在他们手里,如果不搞好,脱离群众,不是艰苦奋斗,那么,工人、农民、学生就有理由不赞成他们。我们一定要警惕,不要滋长官僚主义作风,不要形成一个脱离人民的贵族阶层。"⑤

第二,强制性权威,即行为施展的否定性力量。政治纪律,作为组织内部的底线规则,它更需要的是负强化的惩罚手段,而非奖赏方式。这是因为较之正强化手段,惩罚更能够维护组织之需的平衡,其作用的效用直接有效。因而,惩罚成为政治纪律中最重要的强化方式,并且它的力量只

---

① 《毛泽东书信集》,人民出版社1986年版,第437页。
② 中共中央文献研究室、中央档案馆、《党的文献》杂志社编:《红书简》(1—5册),山西人民出版社2001年版,第65页。
③ [美]斯诺、谢伟思:《想念周恩来》,香港万源图书公司1977年版,第271页。
④ 胡加模:《九大元帅珍闻轶事》,河南人民出版社1986年版,第296页。
⑤ 毛泽东:《在中国共产党第八届中央委员会第二次会议上的讲话》,1965年11月15日。

有在其遭遇到破坏的时候才显示出来，这种否定性力量对于个体行为的责任意识以及社会秩序的价值规范均有正面影响。一般而言，革命时期的群众纪律依照这一理路来实施。

解放战争时期，邓小平曾主持召开了一次特别的军人大会，由军法处宣判枪决强奸民女的一名战士。几十年后，当年邓小平的老部下对他的"严"仍记忆犹新。当时在师政治部工作的张香山后来回忆说：

> 小平同志的话讲得很严厉，语气也很沉重，显示出他对破坏群众纪律的罪行处理得很果断。但说实话，当刚听完判决书的时候，我也觉得似乎判得重了一些，但在听了小平同志的讲话，又仔细地想了一想之后，感到确实非如此判决不行。""小平同志紧紧抓住这次事件，亲自出席军人大会，对指战员进行一次深入的教育，这对于整饬全师的群众纪律，是大有作用的。①

当时一二九师独立支队（亦称秦赖支队）司令员秦基伟后来的回忆，还讲到军队纪律的典型事例。他说：

> 小平同志善于抓典型。我们叫做枪打出头鸟，或者叫打一做百。他在这一方面是特别严格的。如果谁犯了纪律，肯定要挨批评。一九三八年，根据地稍微稳定一点时，一些干部开始结婚。有一位高级干部结婚时，派警卫班到一个地主家里搬了一点家具。小平同志把这件事作为一种苗头在干部会上狠批了一顿，说这是资产阶级思想的反映。这一下子就把大家镇住了，没有人再敢重犯。②

---

① 张香山：《印象与回想》，载杨国宇：《世纪伟人邓小平纪事》，上海文艺出版社1997年版，第34页。

② 秦基伟：《战争年代中的邓小平》，《党的文献》1998年第1期，第60页。

对于违反群众纪律的行为，严惩是必须且必要的。以上抓典型的惩罚方式目的在于唤醒在场的组织成员对政治纪律的"恐惧"与"痛苦"，以上抓典型的惩罚方式目的在于唤醒在场的组织成员对政治纪律的"恐惧"与"痛苦"，因而惩罚本身不仅蕴含着强制专断的原则，同时也包含了公平、正义、人人平等的理性化组成因素。否则，就会沦为恣意的报复。然而，惩罚的感官体验并不仅仅只有负面的情绪，而是通过个人在偏离组织规范时感受到良知的呼唤，这种良知的惩罚会促进个体做出补偿性行为。这就证明了对于政治纪律而言，惩罚仅仅是手段，其宗旨在于养成对组织秩序的理解与尊重。正如哈格所言"秩序的要求（功利）必须优先"①，值得注意的是，党内对于违纪的惩罚行为也是为了维护党组织的统一，政治纪律的根本价值基础在于康德式的"人是目的"与黑格尔式的"自由意志"，内心的自我洗礼是外在纪律的真正规约。因此，为纪律赋予权威的，并不是惩罚，但最终保障纪律权威性的，则是惩罚。换而言之，惩罚这一手段并不是经常性实施，它不过是为了让组织成员时刻警惕惩罚的可能发生。当惩罚偶尔出场的时候，意味着将以破灭性的力量撕裂原有的新的不合理，并重建新的权力关系。因而，在组织活动过程中，起作用的主要是惩罚的威胁，而不是真实的惩罚。

通常而言，这种负强化方式是通过公开的场合来建构人们心中的价值序列。这是因为，惩罚总是某种公开行为，就算是惩罚的发生是秘密的，但惩罚的结果必然是公开的。1934年春末，正值麦田抽穗扬花时节。上级命令红二团去执行一项战斗任务，刘志丹率领部队向指定地点突进。一天黄昏，刘志丹召集大家开会，开口就问："同志们，我们是什么队伍啊？""老百姓的队伍呗。"大家回答。刘志丹接着问，大家接着答："老百姓的队伍要是违犯了群众纪律怎么办？""那就处罚吧。""要是领导

---

① 邱兴隆：《关于惩罚的哲学——刑罚根据论》，法律出版社2000年版，第139页。

呢？""领导咋的？一样处罚。"问完以后，刘志丹坚定地说："对啊，爱护群众利益光荣，损坏群众利益可耻，谁破坏纪律都得受到处罚。"正当大家纳闷时，刘志丹来回踱了几步，痛心地说："违犯群众纪律的不是别人，正是我。今天在看地形的时候，我的马吃了群众的麦子。大家讨论讨论吧，该怎么处理？"大家先是一愣，后来就议论开了，有分担责任的，有建议免罚的，有提议赔偿损失的。这些意见刘志丹都没采纳。这个时候，有人建议刘志丹通过帮助老乡挑水来补偿，这个建议受到大伙儿的赞同。于是，在部队进村，大家忙着做群众工作时，刘志丹挨家为老乡挑水，一连挑了十多家。刘志丹严格带头执行群众纪律，自请受罚挑水。① 因为中国共产党是以全心全意为人民服务为宗旨的，全面贯彻群众路线及遵守群众纪律是极其自觉的。这种公开化的惩罚方式，目的在于制造与传播一种表象，即通过他人的痛苦的、不愉快的惩罚经历，使之与"违规惩罚"的符号系统联系起来，进而把这种负面的情绪传递至在场的组织成员，甚至将之沉淀为组织的集体记忆传递给更大范围的潜在违规者。因此，惩罚成为一种在组织成员间进行秩序维护的共同记忆。

另外，除了惩罚手段之外，还存在一种强制性权威的表现方式，即树立"政治禁忌"来换取遵从的群众纪律，也就是说，禁忌作为非正式的规则之一，同样也为中国共产党制度规范提供一定形式的强制，内在地体现了组织道德和社会责任的精神。新民主主义革命时期"三大纪律、八项注意"中与群众纪律相关的规定，如"不拿群众一针一线""不打人骂人""不损坏庄稼""不调戏妇女"等正是基于政治禁忌的强制性权威的根植。在具体实践中，革命领袖更是严格要求。据习仲勋回忆：

> 在陕甘边苏维埃政府成立以后，他（刘志丹）曾提出制定一

---

① 王满仓：《刘志丹挑水》，载《星火·革命回忆录》（第4辑），辽宁人民出版社1982年版，第78页。

条法律，凡一切党政军干部，如有贪污十元以上者枪毙，现在看起来这处分未免太重，但那时老百姓最恨贪官污吏，盼望有为民理政的"清官"，正因为刘志丹了解群众的心情，才制定严格的法规，以警戒自己的同志。而且，那时的十元也是一个不小的数目。有了这条法令，在干部中确实没有发生过贪污案件。①

正是由于刘志丹带领的队伍纪律严明，"不拿群众一针一线"，所到之处，受到群众的拥戴和欢迎。在刘志丹在世时，边区的山梁峁间就深情地传唱着"正月里来是新年，陕北出了个刘志丹，刘志丹来是清官，他带领队伍上横山，一心要共产……"②，表达了人民群众对他的拥戴之情。

可观之，以上规范都是运用"不许""不准"这类否定祈使句，有劝阻、禁止或警告等意思。根据夏衍回忆，入城纪律的规定皆是类似于"如一切要事前请示、事后报告，不懂的事情不准乱动之类，最后一句话是这方面的事一律听潘副市长的指示"③。诚如1949年解放军入城时，陈毅就十分强调入城纪律的重要性，他特别指出："入城纪律是入城政策的前奏，是对上海人民的见面礼，搞得不好，要费很大工夫，甚至挽回不了。"④为此，他规定入城后"一律不得入民宅"，并列入三野的"入城守则"。⑤当然，纪律执行中的强制性权威可以进一步扩大党组织的影响力。当时的红色资

---

① 《习仲勋文集》（上卷），中共党史出版社2013年版，第565页。
② 吕福臣、王振洁主编：《碧血丹心映中华》，大连海运学院出版社1991年版，第186页。
③ 夏衍：《懒寻旧梦录》，江苏文艺出版社2012年版，第438页。
④ 蒋洪斌：《陈毅传》，上海人民出版社1992年版，第625页。
⑤ 总体而言，入城纪律可总结为十条："一是不得捣毁及窃取一切公用建筑、物资、档案文物、图表、账册。二是除战犯、有令逮捕之反动分子、持枪抵抗分子、嫌疑分子外，对其余国民党公务员及群众一律不得逮捕、欺压、损坏及侮辱。三是非有命令，不得搜查民众。四是非有命令或应付紧急事件，不得开枪。五是不得擅取群众任何什物。六是不得以子弹或其他军用品换日用品。七是非经上级机关许可，不得接受馈赠。八是不得随地大小便。九是不得任意逛游、脱离部队。十是不得擅移管营地。"参见中共平果县委党史办公室编：《中国共产党平果历史》（第1卷），广西民族出版社2008年版，第388页。

本家荣毅仁，他听说解放军入城后"不入民宅、睡在马路上"，开始半信半疑。随后，他早起开车到街上视察，到处都有解放军"穿着满是烟黑泥污，汗渍斑斑的黄军装，一个个抱着枪和衣而卧"。在晨曦中，他还发现，"有的地方的解放军已经起身，在吃饭了，吃的是冷馒头、咸菜。旁边站着不少上海老百姓，有的拿着热水瓶、碗筷，在给解放军倒开水，解放军却笑着摆手，摇头……"他感叹道："可谓是胜利之师睡马路，旷古未有；群众纪律为群众，战无不胜。"①

当时中共军队的新气象，也给知识分子留下了较好的印象。冯友兰回忆当时的情景时说：

> 清华的师生也都跑到海甸欢迎解放军，同他们谈话，很是亲热。叔明也到海甸去了一趟，回来说，她看见在校门口站岗的那位解放军同志，是赤着脚穿鞋，她打算送他一双袜子。我说："你去送试试，恐怕他们不要。"她拿了一双袜子，去了不久，回来说："他果然不要。"解放军的这类举动，使各阶层人民都对共产党有了无限的敬佩之心。常看见书上说，某某军所到之处"秋毫无犯"，以为是溢美之词，未必真有那样的军队。可能过去是没有的，解放军可真是"秋毫无犯"。②

综上所述，正强化和负强化是组织纪律较为常用的方法，二者互为补充，前者是组织中的主要强化手段，它主要通过呈现愉快刺激达到行为建构，而后者则辅之以惩罚方式，力图通过厌恶刺激来警醒人们并使之改正不良习气。

---

① 中共上海市委党史研究室编：《陈毅在上海》，中共党史出版社1992年版，第33页。
② 冯友兰：《三松堂自序》，东方出版中心2016年版，第133页。

第三节 保密纪律行为

保密工作与党的成长相伴相生,为党的创建发展与革命事业胜利提供了极其重要的保障。在武装争夺中国革命胜利的时期,党长期处于各方反动势力的压制状态,深陷复杂的斗争环境,党将保守秘密和保全组织作为首要任务,并制定了一系列严格的保密纪律,要求所有成员必须依照各项保密制度在一定时限内(甚至是一辈子)保守所知悉的事项。与此同时,严守党和国家机密,遵照保密纪律依据办事成为每一位党员的基本职责。而这保密习惯早已深入骨髓,也成为诸多党员一生坚守的政治行为。必须说明的是,下述将从制度层面和行为层面深入探讨保密纪律行为的逻辑理路。

一、党的保密纪律文献

建党之初,党的保密工作是党的工作开端。基于成立之初残酷的地下斗争的事实,中国共产党十分重视保密纪律的制定。1921年7月,党的第一次全国代表大会制定的纲领中《中国共产党第一个纲领》第六条明确指出:"党处于秘密状态时,党的重要主张和党员身份应保守秘密。"[①] 可见,保守党的秘密,就是保全党的组织,就是保存党的生命,就是保护党的成员。保守党的秘密成为党安身立命的根本,关系到党员的性命,关系

---

① 中共中央文献研究室编:《建党以来重要文献选编》(第1册),中央文献出版社2011年版,第2页。

到党组织的安危，关系到党的发展和成长。1922 年 7 月，党的第二次全国代表大会制定了党的第一个党章，在《中国共产党章程》中，在第四章纪律部分的第二十五条的第六点指出，凡是泄露党的秘密的党员都要开除出党。① 中共之所以对纪律问题高度重视，是因为党已经意识到："凡一个革命的党，若是缺少严密的集权的有纪律的组织与训练，那就只有革命的愿望而不能够有力量去做革命的运动。"②1923 年 6 月，党的第三次全国代表大会第一次对党章进行修正，在第一章党员部分增加了一条，就是针对自愿退党的人，不仅要收回党员证件和相关文件，其入党介绍人还要担保退党人要严格保守党的一切秘密。因此，党组织要求其入党介绍人要进行担保，如果因为其退党而发生泄露秘密，那么入党介绍人也要承担相应的责任。1926 年，中共中央组织部制定了党内第一份关于保密工作的文件通告，即《加强党的秘密工作》。通告要求所有党员及各级党组织要把保守党的秘密的重心放在组织保密上，不能泄露党组织的信息和组织成员，不能泄露党组织的办公地址和联络方式。③1927 年 6 月，中央政治局会议通过的《中国共产党第三次修正章程决案》中，再次强调党的纪律："严格党的纪律是全体党员及全体党部最初的最重要的义务。"④1927 年 11 月 14 日，中共中央临时政治局扩大会议通过的《最近组织问题的重要任务议决案》指出："现在很严重的秘密时期固然不能实现完完全全的党内民主主义（党部机关自上而下全属选举、重要问题由全党党员讨论等），但是就是在这

---

① 中共中央党史研究室编：《中国共产党第二次全国代表大会档案文献选编》，中共党史出版社 2014 年版，第 165 页。

② 中共中央文献研究室编：《建党以来重要文献选编》（第 1 册），中央文献出版社 2011 年版，第 162 页。

③ 中共中央组织部、中共中央党史研究室、中央档案馆编：《中国共产党组织史资料》（第 8 卷），中共党史出版社 2000 年版，第 77 页。

④ 中共中央文献研究室编：《建党以来重要文献选编》（第 4 册），中央文献出版社 2011 年版，第 275 页。

种严重条件下，引进党的下属群众，使他们去参加党的一切工作与政策的决定，仍旧是非常重要的，应当以比以前更加百倍的努力去实现。"①1927年，八七会议通过的《党的组织问题议决案》指出："现时主要之组织问题上的任务，就是造成坚固的能奋斗的秘密机关，自上至下一切党部都应如此。"②在党的第六次代表大会上，共产国际和联共（布）对中国共产党如何开展秘密工作作出了一些好的指示和建议③，即共产国际执委会组织部代表瓦西利也夫在为会议起草的《中国共产党组织决议案草案》中，关于"秘密党的组织原则"，就有针对性地提出：一方面，"在白色恐怖厉行之下，中国共产党只能极端秘密的存在"；另一方面，"在这种工作方向之中，党不应当立刻忘记，党的机关和一切党的组织的主要作用，是在能帮助党钻进群众中去和在党的口号之下把他们组织起来作革命的斗争"，因此，"党应当站在巩固与扩大工农群众的联系的观点上，去建设适合于在白色恐怖的条件下的工作机关"。④此外，共产国际和联共（布）也十分重视中国共产党的秘密工作制度，对中国共产党如何提高党组织的保密意识以及加强组织的保密纪律提出了中肯的建议，这有利于中国共产党在险恶的环境下化险为夷。1945年6月，党的第七次代表大会通过的党章第一次把党员义务和权利写入，在党员义务的第四个小点中指出，党员要"模范地遵守革命政府和革命组织的纪律，精通自己的业务，在各种革命事业中起模范作用"⑤。因此，遵守保密纪律是每位党员应尽的义务。保密作为一种义

---

① 王贵秀：《党务公开势在必行》，《中国党政干部论坛》2005年第1期，第10页。

② 中共中央文献研究室编：《建党以来重要文献选编》（第4册），中央文献出版社2011年版，第449页。

③ 汤涛：《共产国际、联共（布）对土地革命初期中共自身建设的影响》，《党的文献》2006年第2期，第60页。

④ 中央档案馆编：《中共中央文件选集》（第4册），中共中央党校出版社1989年版，第447–448页。

⑤ 《中国共产党历次党章汇编（1921—2012）》，中国方正出版社2012年版，第98页。

务,是因为秘密对秘密主体生存和利益的保护性作用,对自己、他人乃至国家有着十分重要的意义,也是道德、诚信约束和法律强制实施的重要内容。保密是一种义务,是我国法律规定的公民在保守国家秘密方面应当做出或者不应做出的一定的行为约束。我国《宪法》《保守国家秘密法》《公务员法》都作出了明确规定,需要我们严格执行。值得注意的是,对于所有的秘密,我们都应给予同样的尊重,都应尽保密义务,不能因为秘密主体太小而放弃义务、随意处置。

二、党组织及其活动保密

革命战争年代,党的保密工作机关随党的成长而产生,从无到有,由弱到强,不断为革命事业提供最坚实的支持。起初,为了保护中央领导机关,帮助党组织应对残酷的政治斗争,党中央在上海成立了中央特科。这个组织负责保卫中央领导机关,同时还具体负责党的保密工作,惩处泄露党的秘密的叛徒。中央特科的首位负责人是周恩来。中央特科组织一直保存到 1935 年,在党中央转移到中央苏区后,中央取消了中央特科的组织设置,成立了政治保卫局,延续中央特科的职能。1948 年,党中央对保密机构进行调整,在中央层面成立中央保密委员会,在党政军内分别设立了保密委员会,成为中央保密委员会的对口下级组织,这样保密组织机构就实现了组织上的联通和贯通。与此同时,中央保密委员会制定了党内工作章程,即《中共中央保密委员会章程》。具体而言,根据中共隐蔽斗争的历史经验,地下党活动的秘密工作纪律大致可以总结出如下内容[①]:一是秘密工作制度。(1)经常改换党员干部的姓名,特别是党内领导干部和入党

[①] 中共广东省委党史研究室编:《广东党史资料》(第 18 辑),广东人民出版社 1991 年版,第 221 页。

时间长的同志的姓名;(2)绝对禁止将党员的姓名、地址写在日记本并带在身上,一切姓名和地址都要用密码登记;(3)党员对党的文件要严加保管,对党的联络地址要绝对保密,对遗失文件或泄漏党的机密的党员,要给予严厉的处分;(4)加强各级党组织对秘密工作的检查督促。省委还要求白区党组织各机关应有一个同志专门负责检查秘密工作,并应给同志以一般的秘密工作的训练。二是党员定期报告制度。中共广东省委要求在白区工作的党员都要担负党的工作,并定期将工作情况报告给党的组织。"如无三次以上的报告,又无相当的理由的,便要将该同志提出支部大会实行以党的纪律惩戒。"① 同时还规定每个党员"须得支部许可或请假方能自由行动"②。

党组织的秘密性是保密纪律行为的重要内容之一。起初,对于广大群众而言,中国共产党是一个极其神秘的存在,根本无从得知他们的具体组织情况。这是革命时期的特殊党务工作方式,当时中国共产党皆是通过个别考察与个别吸收的方法确立每一位入党成员,后安排他们实行秘密宣誓和秘密入党。此时,党组织的秘密性也就决定了党组织活动具有隐蔽性和保密性两大特征。

第一,隐蔽性。隐蔽战线,是革命时期特殊的党务工作方式,具体指的是在敌占区进行的秘密斗争。这种隐蔽性体现在隐蔽战线的方方面面,无论是开展隐蔽斗争的组织或个人,还是进行情报工作或保卫工作,都处于秘密状态之下。具体而言,隐蔽战线的保密工作具体包括了断绝联系、办公保密、单线联系、以公开活动掩护"非法"活动等安全措施。(1)断绝联系,即严格保守组织机构的具体工作事宜,不得向任何人透露组织内

---

① 《中共广东省委致香港备支部转党员信》(1928年8月12日),载中共广东省委党史研究室编:《广东党史资料》(第18辑),广东人民出版社1991年版,第221页。
② 《中共广东省委致香港备支部转党员信》(1928年8月12日),载中共广东省委党史研究室编:《广东党史资料》(第18辑),广东人民出版社1991年版,第221页。

部的任何信息，切断和外界的一切联系。例如，1931年五六月间，当潘汉年离开文化宣传工作岗位转入中央特科之后，他就尽量少与友人联系，也较少外出，即便是出行也穿着低调，给人以不明究竟和已经落伍的印象。此时，他在朋友众多的文化界一下子就销声匿迹了。就连同是地下党员，曾和潘汉年在一个支部里活动过的著名作家楼适夷也说："1931年……汉年已是一个完全的地下工作者，再没有地方去找他聊天了。但有时会偶然碰到，笑笑，点点头，三言两语。如果是在马路上，则大家不理，也不知他在干什么。总之，是很机密的。"①（2）办公保密。为确保地下工作者的安全，各级地下机关部门都设有相应的安保措施，严格限定工作场所来往人员，只有指定人员方可得知办公住址和进出警号，甚至连大部分工作人员也并不知道自己所处单位的工作性质。如受访者LWH 2017年6月26日在访谈中回忆其在新中国成立初期（1950年）的工作生活时说道："我突然被组织调走了，把我调到香港地下市委机关情报工作，它对外是什么机关我都不知道，完全不是一个机关，不让挂牌。我当时主要搞情报工作，不是对外，是整理别人送的资料。这个我都没跟别人说过，我妹妹也不知道，只知道我被组织调走。后来搬到广州长堤（沿江路）的一个贸易行，整栋楼都租下来，招牌是一个贸易行，我们就在这里工作。"受访者QCF 2017年6月25日在访谈中介绍，其在新中国成立后的第一份工作就是在大连国营军工厂，他说道，"我的工作内容是保密的，厂址在大连的郊区，上下班进出的地方有人带枪站岗。"②（3）单线联系。革命时期，党员的所有保密活动皆是单线联系，对其活动内容必须严格保密，更加不能向他人（包括亲朋好友）泄密。陈养山在1928年4月加入中央特科情报科，到1935年9月中央特科撤销为止，是在中央特科工作时间最长的一个。有一次他却

---

① 楼适夷：《三德里开始的友谊》，《新文学史料》1982年第4期，第202页。

② 这种保密习惯延续到建国后的工业化建设之中，尤其在一些重要的研发机构中，人们依然需要保密其工作内容。

说过:"当时是单线联系,只知自己的工作情况,连工作单位的名称'中央特科',也是1936年到西安后才知道的。令人听了吃惊之余,更认识到这是一条真正的隐蔽战线。"①尤其是对地下工作的上下、内外皆有详尽的规定,即在秘密机构中上下、内外的联络是单线联络而非会议传达,甚至内与外的联系必须通过第三者传达。如1936年,邓力群回忆在地下组织(区委)的工作生活时说道:"做地下工作都是单线联系,他到你这里来,你不能到他那里去。"②同时,机构内部的党员不得随意加入外面的群众团体,而外面群众团体的工作同志更是不能轻易吸纳入秘密机关中。此后,群众工作不得大肆张扬,由集体运动改为个别活动,一个党员联系两个群众。如1940年益阳白鹿区第一支部在传达中共中央巩固党的指示后,规定同志不得三五成群地活动,亦不准串同志的家,每个党员要结交朋友,同群众生活,串群众的家,秘密工作中的单线联系依赖交通网与通讯网。③受访者LWH提及自己在高中时加入"地下学联"后,都是由她的单线联系人通知她参与相关活动。④(4)以公开活动掩护"非法"活动。革命时期,为了躲避反动特务的搜查,中国共产党地下工作的基本原则是"利用合法掩护非法,合法与非法巧妙结合"⑤,密切联系群众,扩大工作的影响力。受访者LWH回忆道,解放战争时期传阅进步书籍是"非法"的,只能通过校内的读书小组这种合法组织秘密开展革命活动,油印一些秘密刊物和最新战事

---

① 穆欣:《隐蔽战线统帅周恩来》,中国青年出版社2002年版,第15页。
② 《邓力群自述(1915—1974)》,人民出版社2015年版,第42页。
③ 中共四川省委党史研究室编:《南方局党史研究论文集》,重庆出版社1993年版,第72页。
④ 2017年6月26日LWH在接受采访时介绍:"参加前后都需要对成员进行理想前途教育,组织纪律教育,群众路线教育和革命气节教育,同时进行秘密工作条例学习,并要严格遵守。楚轻姐介绍我们参加'地下学联'后,接受任务到游击区去了。我地下学联的第一个单线联系人是关燕如同志(中山大学学生,地下党员),不久我的组织关系转回执信中学,单线联系人是何淑娴同志(高年级同学)。"
⑤ 徐晓红主编:《周恩来生平研究资料》,中央文献出版社2013年版,第257页。

报道，给广州各校学生传递进步信息。① 同样，如果没有严密的保密纪律，中国共产党在国民党的统治区以地下党组织的形式也不可能得到很好的保护，难以继续开展斗争。中国共产党在国统区大学校园里的活动也有这一特点：（1）党的组织、机构、成员是保密的；（2）党支部成员的人数受到限制；（3）每一个党支部与其他党支部避免联系接触，以保护整个组织的安全；（4）在每一个年级的学生中建立它的组织，以确保对学生运动的领导；（5）减少召开党员会议的次数。②

第二，保密性。革命时期党组织都是秘密进行相关活动，因此也在日常办公与生活中形成了诸多保密规定。一是关于秘密会议的相关规定。一般而言，秘密会议的召开都是提前通过秘密的通信手段通知与会人员时间地点，不许保存党员名单、表册、会议记录及开支账目，这样可以避免情报泄露，以防特务窃听和破坏。如1939年4月，何方在蟠龙镇入党后的组织生活过得也是相当隐秘："平时要开小组会，就偷偷地通知我们，然后到山沟里或其他的秘密地方开会。其实，一般人如果注意，从我们鬼鬼祟祟的行动中就能看出个名堂。转正时仍然是把我们一堆人召集到一起开会，也是一个晚上，互相看不清。"③ 甚至有些涉密事务，上级会将之安排成散步会议，即安排几人在散步途中进行交流。例如周恩来的秘书回忆："他（周恩来）交办一些涉密事时，就把我们叫出房间，到院子外面的草坪上散步，

---

① 2017年6月26日在接受采访时介绍："首先，以学联的名目组织秘密读书小组，油印一些秘密刊物。我们在初二以上班级秘密组织了多个读书小组，引导同学阅读进步书刊，在高中以上班级秘密传阅，传阅的资料有《目前形势和我们的任务》《新民主主义论》等，除了利用合法的壁报栏发表短小精干的时事评论和时文外，还以地下学联成员为骨干，在各年级秘密油印小报，以报道解放战争形势，传递广州市各校学生进步活动信息，我们和中大附中、广雅、省女师等校的进步同学都建立了联系，以自办小报传递信息，加强联系鼓舞斗志。"

② 吴国泰：《抗战时期国共两党的校园斗争》，载萧秋等主编：《国外学者评中国共产党》，中国华侨出版社1992年版，第98页；马识途：《在地下：白区地下党工作经验初步总结》，四川大学出版社1987年版，第78页。

③ 何方：《从延安一路走来：何方自述》，人民日报出版社2015年版，第45-46页。

以防泄密。"① 二是关于日常办公的保密习惯。日常办公时候，每个人分属不同工作范围内的事项，绝对不能接触工作范围之外的事务，更不能对外透露半分。邓颖超回忆道："恩来同志的办公室，是他每天工作十几小时的地方。除有关人员外，别人都不得入内，亲属、朋友如果不是来谈工作的，也不例外。他的办公室门上和保险柜的钥匙，一天二十四小时不离身，平时装在口袋里，睡觉时压在枕头下。只有当他出国时，两把钥匙才交给我保管。我像接受保密任务似的把钥匙收藏起来。有次他走得匆忙了，直到飞机场上才发现钥匙还在口袋里，他就封在信封里让一个同志带给我。他回来的时候，我们接触的第一件事，就是把两把钥匙还给他。"② 另外，党组织发出的重要文件同样具有高度保密性，党员严禁私自带文件及违禁物品，必须交由专门的负责人保管。党的文件不得遗失，倘若遗失，需向上级报告，并及时采取措施弥补可能引起的暴露等。三是对于机要须守口如瓶。严格保守党的秘密是党员重要守则，即该知道的就知道，不该知道就不该知道，但若是知道了不该知道的事情，必须向组织汇报。

三、党员身份保密

党员身份的保密性是保密纪律的另一个重要内容。为了保存党组织的有生力量和促进革命战争的胜利，秘密性是组织赋予党员身份的基本要求。作为一名严守党纪的党员，外勤、统战、地下的关系要严格分开，即除了与其他党员交往时不能透露自己的身份之外，也不能对群众公开自己的党员身份，更不能对外公开党员名单和党组织成员，泄露党组织的工作情况。

作为一名普通党员，遵守保密纪律是入党誓言中最重要的内容之一。根据邓颖超的回忆："我们二十年代的党员入党的时候，虽然不像现在这样

---

① 周永学：《党员干部纪律建设学习读本》，中国方正出版社 2013 年版，第 130 页。
② 邓颖超：《一个严格遵守保密纪律的共产党员》，《人民日报》1982 年 6 月 30 日，第 1 版。

挂着鲜艳的党旗，举行庄严的宣誓仪式，但它的严肃、庄重，仍使每个同志终生难忘。我现在还可以清晰地记得守则的内容：遵守党纲党章，参加党的组织，服从党的分配，定期缴纳党费，遵守党的纪律，保守党的秘密，为共产主义事业奋斗到底。因为那个时候的党组织处于秘密状态，对党员遵守纪律、保守秘密的教育特别重视，抓得很紧，至今印象还很深刻。"[1] 即使在邓颖超和周恩来结为夫妻之后，她依然遵守党的政治纪律，在没有获得组织许可的情况下绝不泄露个人身份秘密："恩来同志和我入党的时间不同，地点各异，建党初期也没有在一个地方共同工作，所以那时我们谁也不知道谁是什么时候入党的。我们在通信中间，从来没有提起过党的纪律不许说的事情。我们仅仅谈论自己和朋友们的思想认识，或者倾吐自己的理想，诉说对革命的向往。直到他回国后经过组织的沟通，我们彼此才知道都是党员了。"[2] 在革命战争年代，党员一般都是秘密入党。受访者LWH回忆道："1949年12月27日我被批准加入中国共产党，从此我的历史掀开了新的一页。我那时候入党在香港，和地下入党一样的，一个介绍人，一个监视人，我对着党旗，没有群众，秘密宣誓，就是这样入党。"[3] 受访者JLG在访谈过程中提到自己在1948年4月也是秘密加入共产党，当时勃利县大队和公安队一共400人只有4名共产党员。直到1948年8月才公开自己共产党员身份。他说："当时入党并没有仪式，但牢记几句话'打倒蒋介石、不能泄密，对群众不能公开，不能叛党，一心一意干革命'。"[4] 在如火如荼的革命斗争中，秘密宣誓、严守秘密给每个党员留下难忘的印象。

特别党员，是中国共产党在开展地下工作过程中的创举。特别党员必须更加保密自己的身份，以协助党组织开展秘密工作。这一制度旨在加强

---

[1] 中共中央文献研究室编：《邓颖超文集》，人民出版社1994年版，第274页。
[2] 中共中央文献研究室编：《邓颖超文集》，人民出版社1994年版，第274页。
[3] 2017年6月26日与LWH访谈。
[4] 2016年11月10日与JLG访谈。

精英阶层与普通群众之间的联系,开展一系列合法斗争,进一步扩大中国共产党的影响力。张闻天在中共六届六中全会的报告中指出:"凡党员处于特别地位,而不过一般党的组织生活者,谓之特别党员。"① 可观之,特别党员之特殊性在于其受到党组织的委托,肩负特别工作任务。基于其工作的特殊性与隐蔽性,特别党员由党的专门组织予特殊化管理。他们的入党介绍人一般由党内中高级领导人担任。如邵飘萍(1925 年入党)的入党介绍人是李大钊;杨度(1929 年入党)的入党介绍人是潘汉年。随后,等到特别党员被接受入党后,还需要党内较高级别领导人甚至中央的批准,方能被组织承认。特别党员的吸收和批准大多数是通过党内相应组织中高级领导干部来完成。首先,特别党员的身份对亲人是绝对保密,"对自己的父母、妻子都不得谈与工作有关的事宜,就是经过组织批准,让可靠的同志给家中捎信时,信的内容也不准谈自己是干什么的,只能写在外经商、生意还好等一类的语言,避免一旦敌人发觉后,家中受害"②。其次,特别党员不仅对党外保密,在党内也只有很少几个人知道。如赵寿山(曾任国民党第三十八军军长)于 1942 年由毛泽东批准入党,中央其他领导人都不知情。特别党员一旦不再从事秘密工作转而从事党的公开工作,其党员身份就在党内公开也就成为普通党员。特别党员转为普通党员,有的是直接编入党的支部,有的却仍将其特别党员这段历史保密,直到新中国成立后才公开,如周恩来亲自批准加入中共的地下党员杨度的身份,直到周恩来逝世之前,即 1975 年才得以公开和追认。此前身份的保密是基于政治大局的考量,至政局清明安定,已时隔半个世纪,为了杨氏家族的命运,还杨氏子孙一公道,王冶秋、夏衍、李一氓等遵从周恩来的嘱告,将

---

① 中共中央文献研究室编:《建党以来重要文献选编》(第 15 册),中央文献出版社 2011 年版,第 708 页。

② 乐天宇:《抗战时期冀中机要人员生活片断》,《河北文史资料选辑》(第 8 辑),河北人民出版社 1982 年版,第 115 页。

杨度晚年入党及为党作出的独特贡献,公之于世。①

如上所述,特别党员的管理方式有两项原则:一是不准公开,即中国共产党不将他们编入支部,也不允许他们公开参加党内的组织生活。二是特殊教育,即特别党员的教育活动皆是由较为高级的负责同志与之个别联系并进行。显然,管理方式的特殊化,也是为了在革命时期保守特别党员的身份秘密。一般而言,特别党员皆是化名开展工作。当时面对白色恐怖的威胁,地下党的活动是极端秘密的。此时,在开展地下工作时候,他们为了隐藏自己的真实身份都是时时更换名号,执行任务时候也不曾留下真实姓名,直到若干年以后才被他人重新"相识"。如潘汉年在长期的情报生涯中,先后用过诸多化名,如萧叔安、严陵、胡越明等,代号却只用了"小开"一个。小开,是江、浙、沪地方的一种习惯称呼,意思是指小老板、阔少爷之类。潘汉年进入中央特科时,年方25岁,年轻体面,风度翩翩,故以此代号称之。②

起初,中国共产党在大后方开展组织活动的主要方法属于隐性的、秘

---

① 1978年7月30日,王冶秋在《人民日报》上撰文回忆道:敬爱的周总理在逝世前几个月,有一天,派秘书来告诉我:当年袁世凯称帝时,"筹安会六君子"的第一名杨度,最后加入了共产党,是周总理介绍并直接领导他的。总理说,请你告诉上海的《辞海》编辑部,《辞海》上若有"杨度"条目,要把他最后加入共产党的事写上。我听了以后,一面告诉上海《辞海》编辑部,一面向许多人打听。大家都觉得很奇怪,从来没有听说过杨度加入共产党。但是大家也都一致认为总理重病在身,还记住向有关同志交代这件事,说明他关心同志,不忘为革命做过任何贡献的人,确实是胸襟磊落、处处体现党的政策的典范。参见王冶秋:《难忘的记忆》,《人民日报》1978年7月30日,第2版。

② 游国立:《中国共产党隐蔽战线研究》,中共党史出版社2005年版,第186页。陈养山也有类似的情况。1931年4月,中央特科派胡鄂公、杨献珍前往天津,营救中共顺直(即河北省)省委被捕同志。同年6月,陈养山随陈赓到达天津。陈养山当时化名"老王",由陈赓派到大同公寓和杨献珍住在一起,一起开展营救工作。7月下旬,杨献珍去北平与秘密党员接头时不幸被捕,营救工作停止下来。杨献珍被捕后即被关进监狱,不久陈养山也随同陈赓返回上海,两人从此未再来往、互不知情(当时杨献珍化名杨仲仁)。经过将近半个世纪,直到1978年中共十一届三中全会后,杨献珍才知道当年这位叫"老王"的人,就是其时最高人民检察院的副检察长陈养山。参见杨献珍口述:《入草岚子监狱前后》,载关山编:《杨献珍研究资料》,湖南人民出版社1987年版,第25页。

密的。因为中国共产党在国共第二次合作之前并非全国范围内的合法政党，一直受到国民党的打压和制裁，无法在国民党统治的大后方公开活动。即便在第二次国共合作建立抗日民族统一战线以后，中国共产党在抗战大后方的公开活动也是有限的。中国共产党为了有效争取和调动大后方的各种力量支持抗日、投身抗日，必须要将党组织活动有效开展下去，不能公开就只有秘密进行，如成立秘密的组织。在当时白色恐怖的严峻形势下，"组织社会化"和党员身份的"职业化"是党提出的极其重要的保密工作原则。1930年4月19日，中央又发出了《中央对秘密工作给中央各部委全体工作同志的一封信》，指出："中央对于秘密工作之重要，不断督促全体同志之注意，但一般同志在日常生活中，仍有意无意的忽视，这不仅对机关对工作之安全与推动有莫大的妨碍，并且在宏观上是帮助敌人企图的成功。"[①] 同时，周恩来还一再要求在地下工作的党员同志"尽可能寻找公开职业，以掩护自己，即向职业化、社会化发展，同社会各种人来往，广泛地交朋结友"[②]。因此，广大中国共产党党员按照"隐蔽精干、长期埋伏、积蓄力量、以待时机"的方针，通过"勤业、勤学、勤交友"的方法实现职业化、社会化、合法化，从而达到隐藏自己、在群众中站稳脚步，做到隐蔽而不忘使命，同流而不合污。中国共产党党员借助合法的身份隐藏下来，用自己的行动来影响和感化周围的人；主动与人交往，结交朋友，获取别人的信任，又决不暴露自己的党员身份，在无形中用中国共产党的思想、路线、方针、政策引导别人。[③]

党员干部的地方化与职业化成为革命时期的常态。徐朗曾在手抄本《十年日记》回忆道，地下工作者战斗在没有硝烟的战场，以隐秘的身份

[①]《中央对秘密工作给中央各部委全体工作同志的一封信》，载中共中央文献研究室编：《建党以来重要文献选编》（第7册），中央文献出版社2011年版，第166页。

[②] 穆欣：《隐蔽战线统帅周恩来》，中国青年出版社2013年版，第12页。

[③] 胡万钦：《抗战时期中共根据地与大后方思想政治工作比较研究》，西南交通大学出版社2015年版，第148页。

生活在危险的环境中,除了日常在教导队、游击区的生活外,几乎都是为战争的胜利而收集情报,逐步走上地下工作职业化、社会化和专业化的革命道路。据陈丕显回忆,"为了便于在赤白交界地区和白区进行群众工作,游击队提出了干部群众化和职业化的口号,要求干部战士学会一门手艺,以做手艺为名,深入各地进行串连活动"①。例如,秘密交通员赖文泰是铁匠出身,他经常挑着担子走村庄、赶圩镇,为群众补锅补盆。特委副书记杨尚奎经常背着篾刀,为群众编制竹制品。不会做手艺的游击队员就打赤脚,帮助群众莳田、割禾。游击队员和群众融为一体,国民党军无从分辨。此时,党员身份的职业化有利于掩护党组织的秘密活动或营救被捕的同志和进步人士,或获取各种情报,或统战联络工作。老党员梁佐华回忆道:

> 我们利用社会、朋友关系,打入国民党陈立夫有关系的中国工矿银行,在该银行地下党鲁自诚支持下,我担任了副经理、经理等职。我们利用职务作掩护,从事地下革命活动,接头、联络、接送解放区来往同志,利用银行汽车,为地下党运送文件、物品,没有出过事故。②

而湖南共产党员在这方面更是表现出众,他们多是出身于普通阶层的一般群众(如知识分子、工人、农民),其本身的阶层不仅有助于党员身份的隐蔽,更有利于党员身份的地方化与职业化。例如,湖南省委充分发挥这方面的优势,在农村,利用办学校、教识字进行抗日宣传。在伪政府

---

① 陈丕显:《赣粤边三年游击战争(选)》,载中国人民解放军历史资料丛书编审委员会:《南方三年游击战争·赣粤边游击区》,解放军出版社1991年版,第195页。

② 梁佐华:《一个老共产党员的回忆录》,载中国人民政治协商会议四川省合江县委员会文史资料委员会、合江县县志编纂委员会编:《合江县文史资料选辑》(第11辑),1992年版,第56页。

进行"并保合甲"时,争取共产党员当选保长、甲长,有的还争取了族长、小学校长一类职务。在湘潭、宁乡一带还有个别共产党员竞选为乡长、保长,获得了部分地方权力,既隐蔽了共产党员身份,又做了力所能及的抗日工作,团结了一批开明绅士,扩大了统一战线。在工矿,掌握了两个比较大的工会,一个是铜官窑业工会,另一个是益阳总工会,这两处的共产党员都有了一个合法的工作身份。商业部门更是隐蔽各级领导干部的好地方。省委在常德、湘乡、衡阳、邵阳等地设立了饭店、杂货店,织袜厂、纺纱厂,省委成员及各级党的干部都以行商、办工厂、当教师或其他职业为掩护,从事秘密工作。掩护的身份可以是农民、商人、医生、教师等普通职业。但要谨记,不管是何种职业与身份,化装的服饰、生活言行都要适应掩护身份。正如李方回忆自己 1941 年从清河军区党校毕业后,被组织委派至蒲台县的工作情况:

> 蒲台是个敌我拉锯的地带,为了掩护身份,我们的干部都实行"职业化"。有的卖烧饼,有的化装成农民,直接在村里落户种地。我也挽上了个蒲台妇女的疙瘩头,不是小脚,也穿上了双大花鞋,跟年轻妇女拜干姊妹,学小媳妇样。晚上就睡在老乡家里,和老大娘一个被窝,给老大娘暖脚。在蒲台二区的时候,我还给一个神老婆子当了一段时间的干闺女呢!①

同时,他们的行动范围只能适应"伪装"时的身份,例如以农民身份到一个地方开展工作时,可以帮助老百姓种地、担水、劈柴等杂活。倘若有他人询问,就以"走亲戚"为正当理由回答,这样一般不会引起什么怀疑。如果以医生为掩护身份,只能以看病会诊为基本行为方式:"泾川有个罗家湾,孙存弘就以医生为职业,在这里看病、兼开药铺。他不管到哪

---

① 李方:《鱼水情长》,载惠民地区出版办公室、惠民地区文化局编:《战斗在渤海平原上》,山东人民出版社 2014 年版,第 129-130 页。

里都以看病为名,联络都用暗号,做得很像,当时他化名刘中元,别人都叫他刘先生。"① 如果稍不注意,利用掩护身份时候超过了行为界限,就会有一定的风险。"记得当时省工委给泾川派了一个特派员郭生满,他立了足,给佃了别人些地,让他专门种西瓜。但他没有注意,西瓜开园后,不管谁来吃瓜都不要钱,结果引起了敌玉都镇的怀疑,派人来多次盘问找麻烦,以后我们只好找人具结担保,才免受意外。"②

总而言之,在残酷的革命斗争中,中国共产党处于"非法"的秘密状态,党员也只能在地下活动,基于组织外部环境的严苛性,保密的纪律、保密的工作制度、保密的活动方式,是必然的必须的。高度的纪律性与保密纪律是一致的,减少组织信息内部流转的范围与过程,避免组织暴露。党员必须保密自己的身份及隐蔽自己的行动。与此同时,党员身份的保密性和党组活动的秘密性意味着党组织的领导必须通过其他载体和平台来发挥作用。这种间接领导,体现在对民众团体、工农协会等的思想引领与政治引导,同样有利于秘密状态之下中国共产党革命事业的推进。守纪律、讲规矩、严守党的秘密,是中国共产党的保密工作优良传统,也是一个严肃的政治原则问题。无论革命战争年代还是和平建设时期,保密工作和保密意识都尤为重要。新中国成立初期,由于复杂的国际国内形势以及中国共产党在特定历史条件下从事地下活动所形成的保密惯性,中国共产党依然保持了保密的传统。当然党的保密工作实现了历史性的转变,保密工作不单纯是服务于革命战争和保障革命战争的胜利,而是以维护党和国家安全和利益,保障社会主义革命和社会主义建设事业的顺利进行为根本宗旨。

---

① 张可夫:《平东工委的地下斗争》,载中共甘肃省委党史资料征集研究委员会编:《甘肃党史资料》(第6辑),1984年版,第502页。

② 张可夫:《平东工委的地下斗争》,载中共甘肃省委党史资料征集研究委员会编:《甘肃党史资料》(第6辑),1984年版,第502页。

第四节 工作劳动、生活纪律行为

起初,纪律的框架条例仅适用于革命军队的内部建制,随着革命的深化,纪律的行为触角已经延伸至人们的劳动、生活领域。这一润化转变的实质即是理性化,在此基础之上延展出经济生活、政治生活及意识形态领域的全面理性化。也因此,随着纪律管辖范围越大,个体和组织之间发生冲突的可能性也就越低。纪律行为较之过去粗暴的奴役方式不同,具有某种文明化的教养特征。在工作场所和日常生活中,纪律不再是基于对人身的占有关系之上的野蛮的作用方式,反之,维系支配关系的纽带恰恰是柔和的和自愿性的。劳动、生活纪律作为党组织成员在工作劳动与日常生活中应遵守的行为准则和基本规范,其核心要义是服从。人们非常愿意遵纪自律,自觉把个人生活中的方方面面交组织审查与认可,以示对组织忠诚。服从是一种全面持久、不可分解的支配关系。因此,服从不是主仆关系中的单向性主人意志,更不是存在于主人的个人意志之下"为所欲为"的仆役关系,这种互通友好的多边关系,正是保障个体无怨无悔地遵守纪律的有效支配方式。自主性的民主,基于这种内在臣服的服从行为之上,个体更倾向于通过个体本身的自动驯服和自动运转来实现自主性的民主以及普遍性的自由。事实上,在工作劳动纪律与生活纪律的执行中,服从的自觉有着不同的表现形式。

一、工作劳动纪律

工作劳动纪律是指工作者劳动者在工作劳动中必须遵守的工作秩序和

劳动规则。这种秩序和规则要求每个劳动者或工作者按照规定的时间、程序和方法完成自己应承担的生产任务或工作任务。任何一种社会劳动，只要是多人共同参加的，都需要有一定的纪律，把每个人的行动协调起来，使共同劳动过程能够有秩序地进行。特别是革命的大生产劳动，更需要由劳动者集体有组织、有领导地进行活动。如果没有严格的工作劳动纪律，每个劳动者各行其是，自由行动，劳动过程必然发生混乱，甚至根本无法进行。因此，凡是共同劳动，只有在全体参加者都遵守既定的工作秩序和劳动规则并听从生产、工作领导者的指挥调度的条件下，才能保证生产、工作的顺利进行。在社会主义制度之下，工作劳动纪律所调整的范围，是整个劳动过程和与劳动过程有关的一切方面，包括工作时间、劳动态度、执行各种生产、安全、技术、卫生等规程的要求，以及服从管理、听从指挥、考勤、考绩等方面的全部内容。工作劳动纪律存在于一切社会，凡属集体劳作活动，必有纪律。1939年12岁进入延安的灰娃，在儿童艺术学园长大。她晚年回忆：

> 我从幼年就过的是组织紧密，纪律严明的集体生活，坚定的［地］认为作家、写作、发表、出版以及一切一切工作，都只能是组织领导者才有权指派安排，个人应当服从，个人应当遵守纪律，不经组织指定，自己写，把文字公之于众，那简直是大逆不道。①

原始社会就将狩猎纪律作为身体规训的重点，以此培养后代氏族成员适应狩猎劳动的规矩。而工作劳动纪律行为的政治化，则是红色革命实践中的特殊产物，将工作劳动纪律作为身体规训的重点，以此培养工人们适应劳动节奏、向往劳动生活的崇拜感。这在某种程度上延续了红色革命时

---

① 张仃、陈布文、灰娃：《晚霞依然灿烂》，载郭谦：《走进世纪文化名门》（第3册），海南出版社2006年版，第267页。

代的"牺牲主义",在这种"生产第一要紧"的政治律令面前,与其说"劳动崇拜取代了牺牲主义,劳动美学成了革命的身体最重要标准",不如说"劳动崇拜"延续了"牺牲主义"的逻辑,生产就是革命,因而后革命时代的生产行为,被视为与革命行为同质。

工作劳动纪律的根据是计划指令,生产并不直接对接市场需求,而是遵照革命指令开展。抗战时期一般以乡为单位设立劳动办事处,负责制订劳动计划,传达上级劳动决议。新四军第二师在华中兵工生产会议上决定:"一个厂向领导机关作二次汇报(布置计划及总结计划),并有星期汇报制度,上级随时派人检查。"①

工作劳动纪律的机制是奖惩手段。1943年,太行军区为突出"奖勤罚懒"精神,按生产效率编组,成绩最好的为"飞机组",其次为"汽车组"等,成绩好的就升组,反之则降组。差的被编为"前进组",加以"刺激"。这种编组的精神奖惩机制,极大地调动了部队、机关的生产积极性。②1949年6月1日西北军区后勤兵工部颁发的立功条例,以军功方式奖惩生产效率。

立功标准(按以下条文,根据贡献大小评功):

(一)发明创造,改进生产工具,因而使生产数质量提高,减少废品者。

(二)积极建议,使生产组织配备更合理。因而完成并超过生产任务者。

(三)长期间不旷工。不缺勤,不迟到早退,生产和工作一贯积极努力,成绩过人者(至少超过百分之几由各厂规定)。

(四)长期不废活,不返工。质量合乎标准,经常完成任务者。

---

① 中共盱眙县委党史工作委员会:《新四军军部在黄花塘》,江苏人民出版社1998年版,第341页。

② 中共河北省委党史研究室:《邓小平与河北》,河北人民出版社2004年版,第73页。

（五）经常推动及帮助他人进步，为群众所公认者。

（六）节约原料，利用废品，有显著成绩者（但不能偷工减料，加高成本，降低质量）。

（七）爱护公物及生产设备，爱护机器工具，减少修理，因而延长使用年限，节约经济开支者。

（八）在本身业务学习上进步迅速，成绩超人者。

（九）对保护工厂，保全物质，在紧急情况下，奋不顾身，因而转危为安，减少不必要的损失，有显著成绩者。

（十）积极自动参加职工会各种工作及一切公共事宜活动，经常起带头作用，有显著成绩者。

（十一）除以上规定外，有特殊贡献者。[①]

革命时期，政治全面渗透到人们的工作与劳动之中。如果说，延安时期的群众性的生产运动仅仅只是小范围的试行，自新中国成立以来，它从自发的群众性生产竞赛上升到自觉的全国性的政治运动，每一位劳动者更多是基于劳动愉悦而不甘人后，各个地方都出现加班加点的现象，服从愉悦空前高涨。这种身体政治化的研究，黄金麟在对土地革命时期的身体的政治塑造研究中早有发现。黄金麟认为，在苏维埃革命根据地，通过组织方式与劳动管理的变革，催生了一种劳动自觉化、身体政治化的氛围。借助一定的身体来完成各种的劳动形式，可使政治有效地作用于劳动者的身体。

二、生活纪律

生活纪律是党员在日常生活和社会交往中应当遵守的行为规则，涉及

[①]《西北军区后勤兵工部立功条例》（1949年6月1日），载薛幸福编：《晋绥根据地军工史料》，中国兵器工业历史资料编审委员会1990年版，第355页。

党员生活作风习惯、家庭婚姻品行等各个方面，关系党的形象。

倘若男女知识青年在革命战争过程中陷入了爱河，最稳妥的方式便是征得组织的同意，获得上级领导的承认。1938年11月，罗工柳作为"鲁艺木刻工作团"的成员准备赶赴战场，其女友杨赞并未接收到调令只得驻守在延安。他感到忧心忡忡，恐恋情生变，机智地让杨赞通过在鲁艺任教的李伯钊，找到时任中共北方局书记的杨尚昆，坦白承认罗工柳是自己的爱人，她要和爱人一同冲锋陷阵。最后，获得组织的批准后，他们在革命事业中平衡了自己的爱情。①

党员必须将家庭生活置于党的利益之下，党员的家庭生活时间很少，他的大部分时间都被工作和政治活动填满了。革命者应有革命生活方式，人生目标明确，奋斗牺牲，为实现革命大目标不惜牺牲自己生命，恋爱婚姻要服从革命，革命之下才可能有高尚的情操和圣洁的爱情：

> 1937年，国共合作抗日，陈毅度过了"此头须向国门悬"的最艰苦岁月，担任新四军领导。在南昌遇到了率领上海战地服务团一路宣传而来的团长胡兰畦，二人彻夜倾诉思念，遂订白首之盟。陈毅禀告父母，得到同意。然而组织上却不同意，说二人倘若结婚，则胡的党员身份就暴露了。二人只好痛哭而别，陈毅致信胡兰畦说："马革裹尸是壮烈牺牲；从容就义是沉默牺牲，为了革命，我们就吃下这杯苦酒吧。假如我们三年内不能结合，就各人自由，互不干涉。"②

战事的瞬息万变，意味着革命伴侣不可能过正常的家庭生活。他们的工作流动性很大，随时要服从革命的需要，今天人还在边区，也许明天就

---

① 刘骁纯：《罗工柳艺术对话录》，山西教育出版社1999年版，第81页。
② 《传奇美女——胡兰畦》，载刘本森：《黄埔传奇：黄埔的历史，就是热血飞扬的历史》，江苏人民出版社2014年版，第180页。

会被派去前线或国统区。女知识分子、女干部的家庭最常见的格局是夫妻双方各有各的工作，丈夫或担任部队领导，或在白区化名做地下工作，或两人分别在两个地区工作，夫妻俩经常见不上面，短则几个月，长则几年。"那时候都忙着革命工作，谁还顾得上谁，俩人忙得就没有一个家。"① 即使双方都在延安工作，也是来去匆匆，有时候只能在星期六聚一聚，没有房子，只好在飞机洞过夜。

政治生活是每一个中共党人颇为关注的重心，政治忠诚亦是每一个中共党人性命攸关的大事。政治忠诚要高于爱情忠诚、婚姻忠诚、家庭忠诚。根据韦君宜回忆，因政治忠诚而"划清界限"的夫妻不占少数。

> 来到延安，知道好几对夫妻，都因为这次运动而离异。他们都是青年时代在革命队伍里相恋的好伴侣，可是到了这个时候，一方"听党的话"，相信对方是特务，而且一口咬定对方是特务，自然就把对方的心给伤害了。由此造成的伤痕，比对方移情他人还难弥合，于是事情完了就离婚。②

经历过延安"抢救"运动的革命女同志，也较过往的任何时刻都更加信任组织，更加依赖组织。

> 1938年入党后，孙铮就养成了一个向党组织汇报思想的习惯。尤其是在延安和在华北的战争岁月，哪怕芝麻绿豆也得找组织谈一谈，有什么想法从不闷在心里。③

这种行为既有追求个人物质利益的一面，更有追求获得组织依赖的安

---

① 秦燕、岳珑：《走出封闭——陕北妇女的婚姻与生育（1900—1949年）》，陕西人民出版社1997年版，第212页。

② 韦君宜：《思痛录》，人民文学出版社2013年版，第16—17页。

③ 黄仁柯：《鲁艺人——红色艺术家们》，中共中央党校出版社2001年版，第266页。

全感和政治认同的归属感等多方面的精神需要的一面。在一切物质生活资源和精神思想资源都由党统一分配，按计划供给的社会体制里，她们极力让自己向组织靠拢，一旦家庭生活出现波折裂痕，更向组织主动奉献出自己的全部隐私。

石澜在与舒同共同生活的 40 年中，始终坚信"我们婚姻的政治基础是牢不可破的"，"我常常把在工作中的紧张气氛和原则性带到家庭中，因此与丈夫不断发生龃龉和争吵"。舒同感觉到："在社会上紧张工作，回到家里面也是紧张，这样的家庭，还不如没有。"可是，作为妻子的石澜越是发现家庭生活中有矛盾，越是要将矛盾上交给组织。"对这些矛盾，我采取了错误的处理方法，向有关的组织写信控告了他。这些信又被转到了舒同手中，舒同震怒了，向法院提出离婚。"等到她晚年清醒过来时，事情已经到了一发不可收拾的地步。她在法院给她的离婚判决书上写了八个字："获罪于天，无所祷也。"①

新中国成立后，除了男女当事人择偶时要考虑对方的政治背景之外，所属的组织也要对双方进行审查。有的单位在结婚审查时，不单纯是看男女双方是否符合法定的结婚年龄，还要看对方的职业（专业）和家庭出身，只有获得组织的许可后才能进行结婚登记。婚姻服从组织安排，已成为党组织不成文的行为纪律，恋爱、结婚、离婚等关于婚姻的大小事宜，应不以偏概全或事无巨细向上级汇报。

---

① 石澜：《我与舒同四十年》，陕西人民出版社 1997 年版，第 252 页。

本章小结

　　中国共产党严密的纪律性产生于特殊的战争年代。革命战争年代的中国共产党是一个非常弱小的组织，疲于躲避国民党政府一次次大规模的"围剿"和"灭杀"。没有绝对严明的组织纪律，根本不可能在被包围得几乎没有喘气空间的根据地里获得生存，因为这样既得不到根据地百姓的拥护和支持，又不能形成高度团结的军事组织、产生强大的军事战斗力。可以说，正是战争年代生存的压力逼迫中国共产党建立了具有高度纪律性的党组织和军队。这一特征是中国共产党的标志性特征，它是中国共产党赖以生存的保证。之后，战争年代形成的纪律性延续到社会主义建设时期就成为党维持自身有效运转和健康发展的武器，是庞大的党组织赖以运转的润滑剂。

　　纵观整章的内容，在革命时期，随着组织力量的消长、政治局势的优劣、斗争环境的好坏，纪律行为的具体内容也在不断变化之中，但将各时期关于各项纪律的文件相比较，上述基本原则可以说是一以贯之的。为了对党员进行有效的管理，使之保持对党的忠诚，制定了一系列的组织纪律，其主要原则包括：树立铁的纪律；忠实于党的群众纪律；坚守劳动生活的纪律；保守党的秘密等。党的纪律行为的具体特征有：第一，强制性和严肃性。革命时期中国共产党之所以有战斗力和凝聚力，就在于组织内部形成并实施严格的"铁的纪律"，它具有绝对的权威性，并对每一位中国共产党人具有强制效用。第二，自觉性和服从性。党的纪律是中国共产党基于民主集中制原则通过党员及其代表充分讨论形成的制度，是集中了全党意志的纪律,它要求每一位中国共产党人,都能够自觉地服从并遵守党的纪律。第三,统一性和平等性。党的纪律对于各级党组织和全体党员都是平等的,只要违反了纪律必将受到追责,党内也不允许有超越纪律之上的特权。从党的纪律的制度条文来看,共产党组织的严密程度大大超出同样接受列宁主义若干建党原则的中国国民党。① 更进一步强调的是,纪律是非人性化的,它以严格的程式化的技能训练,取代了英雄主义的狂迷、荣誉崇拜、个人的忠诚和献身。这种程式化的训练,旨在对原始冲动进行理性克制,追求规范化的组织样态。毛泽东强调:"纪律是执行路线的保证,没有纪律,党就无法率领群众与军队进行胜利的斗争"②。所有纪律的一个有效因素,就是强制整合,即通过机械化的操练,将个人整合到无可逃脱、不可抗拒的机制之中。就纪律诉诸坚定的伦理动机来说,乃是以一种责任感为前提。当然,狂热和义无反顾的献身精神,并非在纪律中全无地位。事实上,现代的军队领导者利用所有的情绪性手段,就如中国共产党纪律化手段一样,以鼓舞士气,使组织成员将情感投入到革命的洪流之中。以现实

---

① 王奇生曾将俄共、中共和国民党三党党章内有关"纪律"的条文加以对照,发现国民党党章基本上是照抄俄共党章,而中共党章却比俄共党章规定得更细密、更严厉。俄共党章内有关"纪律"的条文列有 4 条,而中共党章中有关"纪律"的条文列有 9 条。中共在党章之外,还通过了一个组织章程的决议案,内中强调,"凡一个革命的党,若是缺少严密的、集权的、有纪律的组织与训练,那就只有革命的愿望,便不能够有力量去做革命的运动"。并在党章之外复规定了 7 项组织纪律的原则,如"个个党员都要在行动上受党中军队式的训练""个个党员不应只是在言论上表示是共产主义者,重在行动上表现出来是共产主义者""个个党员须牺牲个人的感情意见及利益关系以拥护党的一致""个个党员须记牢,一日不为共产党活动,在这一日便是破坏共产主义者""无论何时何地,个个党员的言论,必须是党的言论,个个党员的活动,必须是党的活动,不可有离党的个人的或地方的意味"。在国民党的党务法规中从未见有类似的严格规定,尽管国民党改组后也强调集权,强调纪律,但与中共相比仍逊色不少。对违反党纪的党员的处分,三党党章的规定也宽严不一。国民党与俄共基本相似,而以中共的规定最严厉。参见王奇生:《党员、党权与党争——1924—1949 年中国国民党的组织形态》,上海书店出版社 2003 年版,第 13-17 页。

② 毛泽东:《论新阶段》,载中央档案馆编:《中共中央文件选集》(第 11 册),中共中央党校出版社 1991 年版,第 651-652 页。

层面观之，关键之点就在于：一是所有的一切都经过理性的计算，特别是针对似乎无法估量的、非理性的情感因素，就好像计算矿藏的产出；二是这种献身通常是非个人性的，是一种经过理性策划的、拥有共同奋斗目标的群体性行为。

第二章

组织行为

  与资产阶级政党组织的涣散成鲜明对比，中国共产党从酝酿建党开始，就明确地提出要成为一个"强固精密的组织"[①]，以党组织紧密无间的组织行为凝聚形成全党坚强的战斗力。组织行为是组织主体通过划定其成员行为边界的方式，来确认其在组织中的责、权、利关系。组织行为与纪律行为既有联系又有区别，纪律行为本质上是组织行为中的一种，是一种强制服从的义务，而组织行为是组织成员在组织生活中的全部责、权、利关系行为，是中国共产党在红色革命实践中逐步形成的组织意识和行为规范，体现组织的性质和宗旨，服务于组织的目标和任务，本章着重于研究与组织角色相联系的行为规范，包含三个方面，即组织意识的基本内涵、组织服从的行为规范，以及组织生活的行为习惯。

[①] 《李大钊文集》（下），人民出版社，1984年版，第444页。

第一节 组织意识的基本内涵

一个党员的组织性，首先体现在组织意识上。组织意识，是反映一个组织的目标、利益的共同意识、共同价值观，即一个组织的集体意识。它是组织形成和存在及发展过程，在集体观念上的反映，是全部组织精神生活及其过程的总概括。组织意识是组织存在的反映，它有着复杂的结构，包括道德、知识及组织历史记忆等。一个个体，只有当他获得了组织意识，才真正成为组织的成员。组织意识，是认识和把握该组织性质的关键。组织意识可概括为三个层次：第一层次是组织归属意识，即党员被党组织正式接纳后，其组织归属和相应的权利义务在该党员观念上的反映和认同，它是最基础的组织观念和集体意识；第二层次是组织依恋意识（情感一体化），即党员不仅在利益，而且在情感上与党组织融为一体，这时党员的组织意识已升华到一个更高的阶段；第三层次是献身组织意识，即党员对党组织无比忠诚，为组织而牺牲忘我，这时党员的组织意识已升华到最高境界。

一、组织归属意识

中国共产党的组织行为深受苏共的影响，这并非仅仅意味着中国共产党的组织体制都是苏俄经验的永久翻版[①]，而是指苏共政权的组织模式是中

[①] 例如，1954 年《中华人民共和国宪法》有一些条款与苏联宪法不同。参见[美]霍恩：《共产主义中国的新宪法》，《西方政治季刊》第 8 卷第 2 期（1955 年 6 月），第 199-233 页。

国共产党建立组织的首要模范。基于苏联模式的影响，中国共产党从成立之日起，就注重加强党的组织建设，尤其强调党员准入的排他原则。在党成立时通过的第一个纲领就明确规定："凡承认本党党纲和政策，并愿成为忠实党员的人……在加入我们队伍以前，必须与企图反对本党纲领的党派和集团断绝一切联系。""党员除非迫于法律，不经党的特许，不得担任政府官员或国会议员。"[1] 这是因为多数代表认为共产党员不能担任剥削阶级政府的官员职务，这样做会影响党的纯洁性，有变成"黄色党"的危险。党员的身份认同在这样的归属与排异中逐渐建构。

　　随着国内形势的变化及受到共产国际的影响，党的第二次全国代表大会认识到"我们共产党应该出来联合全国革新党派，组织民主的联合战线"[2] 的重要性，并根据组织"民主主义联合战线"总政策的需要，中共二大党章对该政策进行了微调，允许党员担任议员，"利用议员不可侵犯的身份权"进行合法斗争，开展革命活动。同时，为防止党员官僚化，脱离党的领导，违背党的政策，又规定："本党国会议员，绝对受中央执行委员会的监督和指挥；省会、市会、县会议员绝对受中央执行委员会特派员和区及地方执行委员会监督和指挥；一切重大政治问题，由中央执行委员会授以方略。""不受中央执行委员会监督或违反中央执行委员会方针时，立即撤销其委员资格，并开除出党。"[3] 党章还加强对多重党籍、兼任政务官行为的约束监管，规定："凡党员若不经中央执行委员会之特许，不得为任何资本阶级的国家之政务官。"[4] 在党未取得政权以前，对党员到现政府去做官或担任国会议员实行严

---

[1] 中央档案馆编：《中共中央文件选集》（第1册），中共中央党校出版社1989年版，第3页。

[2] 《关于"民主的联合战线"的决议案》，载中央档案馆编：《中共中央文件选集》（第1册），中共中央党校出版社1989年版，第66页。

[3] 《关于议会行动的决议》，载中央档案馆编：《中共中央文件选集》（第1册），中共中央党校出版社1989年版，第74-75页。

[4] 《中国共产党章程》，载中央档案馆编：《中共中央文件选集》（第1册），中共中央党校出版社1989年版，第97页。

格的限制和约束，对防止党员官僚化，加强党员归属感而言，是一项有效的有意义的重要措施。至此，归属意识作为第一层次的组织意识得以强化。

1927年6月中央政治局会议通过的《中国共产党第三次修正章程决案》明令禁止党员加入其他任何政治组织："党员不经党的许可，不得加入一切政治党派，其前已隶属一切政治党派者，加入本党时，若不得党的许可，应正式宣告脱离。"① 此后，1928年7月中共六大通过的《中国共产党章程》，对特定人群（曾隶属于其他党派但已脱离）的入党条件进行严格的限定："脱离其他政党（如国民党等）而加入本党的，须经有党籍一年以上之党员三人介绍。若从前为其他政党之普通党员者，则经省委之批准，若从前为其他政党之负责人员者，则须经中央之批准。"②

如上所述，以意识形态为生命的政党，其生存和发展，有赖其独具的身份角色和阶级性格的保存，以及其成员政治信仰的排他性，这种要求以组织意识的形式表现出来，就是关于共产党员不得加入其他政治党派的规定。在共产党的发展历史上，除了第一次国共合作时期全体共产党员以个人身份加入国民党外，一直将党员政治信仰的排他性、党员政治身份的唯一性作为组织归属感的核心准则。抗战期间各种政治势力错综复杂，各种政治团体的名目也极为繁多，因参加党外团体（包括国民党及其外围组织、日伪组织、迷信团体等）而受处分乃至被开除出党者为数相当众多。

二、组织依恋意识

党组织是革命力图代替家族组织部分功能的政治组织。如果说在传统

---

① 中央档案馆编：《中共中央文件选集》（第3册），中共中央党校出版社1989年版，第142–155页。

② 中央档案馆编：《中共中央文件选集》（第4册），中共中央党校出版社1989年版，第468–482页。

社会，人的生老病死、婚丧嫁娶都是由家族所操持，并且具有决定权的话，那么到了20世纪的革命年代，这一切逐渐由组织、单位所决定。在战火纷飞的岁月，有识之士为追求共产主义理想，纷纷奔赴延安，一头扎进"革命大家庭"。当他们历经难关，跨越重重险阻，横穿枪林弹雨的国土，抵达延安，成为革命队伍的一分子，被唤作"同志"的称谓，就变成了最亲密无间的"组织人"。

> 人们骄傲的称呼是同志，／它比一切尊称都光荣。／有这称呼各处都是家庭，／无分人种黑白棕黄红。／这个称呼无论谁都熟悉，／凭着它就彼此更亲密。①

这是曾在延安风靡流行的苏联歌曲《祖国进行曲》中的唱词片段，饱含深情，唱出了一代人的心声，传送出刚刚进入革命队伍里的同志们的真实心理感受。韦君宜回忆：

> "我是抱着满腔幸福的感觉，抱着游子还家的感觉投奔延安的。去延安之前，我有过个人的不幸——我的爱人孙世实同志为党的事业贡献了年轻的生命。但是我觉得到了延安便一切都会好了，党将爱抚我，抚平我的创伤，给我安慰和温暖，鼓舞我拿起投枪来继续战斗。到延安以后也的确是这样的，当时在中央青委，领导干部冯文彬、胡乔木同志放弃自己应当享受的'小灶'待遇，和大家一起吃大灶。"这首歌曲"是我们心里的歌。……我想，那其实不是一个人的，而是我们的民族的精英当时都处在那么单纯到透明的时代的感情啊"。②

---

① 此为苏联电影《大马戏团》（1936年）中的插曲，单独传唱时歌曲名为《祖国进行曲》，姜椿芳译词，吕骥配曲。1941年，该电影音乐和插曲获得斯大林文艺奖一等奖。参见薛范：《苏联歌曲佳作选（1917—1987）》，上海音乐出版社1987年版，第43—45页。

② 韦君宜：《思痛录》，人民文学出版社2013年版，第7—8页。

如果说延安是中国革命的"圣地",由此可推之,"同志"就是来自"圣地"的呼唤,是最为神圣的称谓,最能激起革命信徒对革命理想的满腔热忱。作为同位语或无性别人称代词的"同志"这个称谓,在日常生活中最能表示不分性别、籍贯、职业、民族,一律在崇高的政治信念和革命理想的感召下,从而成为组织大家庭独一无二的身份标识,即只有组织成员(中共党人)才具备使用或被使用的资格。同志之间无论职位高低,遵循着一定的规则,共同执行着革命的工作或战斗的任务。

在集体生活中,人们不仅时刻感受到"组织上"的关心,而且有兄弟姐妹般的"阶级友爱",感到胜过了自己出身的小家,甚至也胜过了亲生的兄弟姐妹。① 著名知识分子陈学昭在奔赴延安后,扑面而来就是革命集体生活的温暖:陈学昭及其家人的衣、食、住、托管皆由边区的供给制提供,并被分配至合适的工作岗位(陈学昭被安排在陕甘宁边区文艺界救亡协会,其夫何穆担任延安中央医院肺科主任),每个月还可以领取 15 元津贴。②1942 年 8 月,当陈学昭与何穆解除婚姻后③,惨遭他人的质疑与嘲笑,是李富春等党内人士帮她正名,周恩来、邓颖超夫妇也及时给予她最真切的帮助,正是这种雪中送炭的行为,让陈学昭重新振作,回归革命集体,并赋诗写下自己最诚挚的感激之情:"边区是我们的家／我们的生命属于它／我们要拿头颅热血来保卫它!"④ 新中国成立后,"温暖大家庭"般的革命组织覆盖了全社会的日常生活,一切社会活动,包括打扫清洁等爱国卫生活动都由组织(单位)统一安排。党组织部分取代了传统家庭和民间组织的功能,践行着为人民服务的宗旨。《柳乡长》中的父亲说:"柳

---

① 邵燕祥:《蔷薇叶子》,青岛出版社 2014 年版,第 12 页。

② 当时毛泽东每月津贴仅有 5 元。参见陈学昭:《延安访问记》,广东人民出版社 2001 年版,第 372 页。

③ 在延安升为中央医院院长的丈夫何穆抛弃了陈学昭,与另一个比自己小许多的女护士结了婚。

④ 陈学昭:《边区是我们的家》(诗歌),《解放日报》1943 年 8 月 3 日,第 4 版。

乡长是俺一家子的再生父母哩！是椿树村一村人的再生父母哩。"①"相信组织相信党"，这是每一个革命者最坚定的信念，又是对组织最依恋的情感。革命者"如果想家那就成为一种落后意识了。——其实不单应该不想家，而更应该破除家庭观念。革命者志在四方，应该以党为家，应该到处为家，决不应该有一丝一毫的家庭观念，这才配得上真正的布尔什维克"②。

三、献身组织意识

坚持党的利益高于一切，是中共中央一直以来提倡的组织理念。1937年9月，毛泽东在《反对自由主义》中指出："一个共产党员，应该是襟怀坦白，忠实，积极，以革命利益为第一生命，以个人利益服从革命利益。"③1942年2月，毛泽东在《整顿党的作风》中指出："以党的利益高于个人和局部的利益为出发点，使党内完全达到团结统一的地步。"④延安整风前后，任弼时认为中共党人的党性修养"就是党的利益高于一切，一切从党的利益出发，一切符合党的利益"⑤。1939年5月，陈云在《怎样做一个共产党员》中指出："革命的利益高于一切。"⑥概而言之，革命事业的利益，无产阶级解放的利益，人类解放的利益，共产主义的利益，社会发展的利益，就是共产党的利益。党的利益高于一切，这是中国共产党组织意识和纪律行动的最高原则。基于这一文化规训，每一位中共党人在党的革命实践和社会主义现代化建设中，都要服从于党的最高利益，并同党的

---

① 阎连科：《革命浪漫主义》，春风文艺出版社2006年版，第12页。
② 欧阳山：《一代风流·万年春》，人民文学出版社1985年版，第1697页。
③ 毛泽东：《反对自由主义》，载《毛泽东选集》（第2卷），人民出版社1991年版，第361页。
④ 毛泽东：《整顿党的作风》，载《毛泽东选集》（第3卷），人民出版社1991年版，第825页。
⑤ 史全伟主编：《任弼时思想生平研究资料》，中央文献出版社2013年版，第119页。
⑥《关于干部工作的若干问题》，载《陈云文选》（第1卷），人民出版社1995年版，第212页。

利益保持一致。必要的时候，也需要个人为组织作出一定的牺牲。

在个人利益和党的利益不一致的时候，中共党人需要毫不踌躇地牺牲个人利益并服从党的利益。献身行为，这本身就是一种崇高的美、殉道的美和斗争的美，其本质属于崇高和阳刚，是党性的最高体现："当个人将出让'自我'理解为实现'自我'的时候，这既不是在社会学意义上也不是在政治学意义上，……所有的内心活动必须翻转成外部行动，'牺牲'不仅仅是道德意义上，'牺牲'成了保全'自我'的绝对律令，'牺牲'是纯洁性的最高体现。"① 作为革命者，其忠贞坚定的品格与身体实践密切相关，"献身革命"之于革命者，不是一种象征性的亢奋表达，而就是身体实践本身，个体的身体筑起了革命的血肉长城，当革命需要的时候，个体将出让自己的身体，甚至包括无畏的牺牲。

---

① 张念：《性别政治与国家——论中国妇女解放》，商务印书馆2014年版，第181页。

第二节　组织服从的行为规范

从建党以来,党对组织建设非常重视,逐渐形成成熟的组织技术和组织结构。与此同时,在党的发展历程中,在一以贯之地坚持党员基本行为规范的同时,也形成了同所处环境和任务相适应的一系列的党员行为规范。除党章外,比较有代表性的重要规范,在抗日战争时期有:《扩大的中央第六次全会关于各级党部工作规则和纪律的决定》[①](1938年11月6日)、《中共中央关于增强党性的决定》[②](1941年7月1日中央政治局通过);在解放战争时期有:中共中央《关于建立报告制度》的指示[③](1948年1月7日)、中共中央《关于健全党委制》的决定[④](1948年9月20日);以及新中国成立以后若干决定与条例。需要指出的是,随着中国共产党的不同历史时期党员行为规范的形成,作为理论先导、根据和说明,也必然产生一批行为规范指导的理论文献,例如毛泽东的《关于纠正党内的错误思想》《整顿党的作风》,刘少奇的《论共产党员的修养》,陈云的《怎样做一个共产党员》等领导同志有关党员行为的论述等,它们既为党员行为规范提供了充足的理论根据,又为这些规范的实施和效用提供了有力的支持和保障。

中国共产党的早期组织是建立在城市的半秘密组织,南昌起义之后党

---

① 中共中央文献研究室:《刘少奇论党的建设》,中央文献出版社1991年版,第57—60页。
② 《中共中央文件选集》(第13册),中共中央党校出版社1991年版,第144—147页。
③ 《毛泽东选集》(第4卷),中共中央党校出版社1991年版,第1264页。
④ 《毛泽东选集》(第4卷),中共中央党校出版社1991年版,第1341页。

组织主要建立在军队中，这一历史背景给中国共产党的组织结构烙上鲜明的军事印记——高度组织化的特征：（1）高度严密的组织纪律性；（2）组织关系是从上到下的金字塔层级体系；（3）高度一致和一元化的组织文化。不能形成高度军事化的组织和强大的军事战斗力，就无法在战争死亡的压迫下生存。战争年代形成的高度组织化，在和平建设时期也体现了高效率的优势。

> 1936年4月，刚入党组织的邓力群被告知组织行为的一般准则是"上面可以问下面，上面问什么都如实讲，不能隐瞒，要忠实；下面不准问上面。所以区委有哪些人，区委的所在地在哪里，这些都不能问，我也不知道"。①

党建立在军事组织中，党中央的命令是军令，下级组织不得违抗，必须执行。中共党员在抗日战争后期的数量已经达到了100多万人②。如此庞大的组织人员体系，就是凭借那种上下级"命令—服从"关系来运转的，这才得以发挥战争功能。最后，有效的组织体系确保了党及军队在历次战争中的胜利。

维持组织运转的，还有高度一致的一元化组织文化，这是中国共产党高度组织化的另一个表现。党的意识形态只有一个，即马克思主义，它是经实践反复检验的真理体系，其根本含义在于它不仅是对客观世界的正确反映，而且是在科学世界观下对无产阶级乃至全人类的解放运动实践方案的有效指导。马克思主义是党的信仰、理想、动力、方法。因此，在这种组织文化和服从原则面前，党员需要服从并遵循以下两点准则：

---

① 邓力群：《邓力群自述（1915—1974）》，人民出版社2015年版，第42页。
② ［美］詹姆斯·R.汤森、布兰特利·沃马克著，顾速、董方译：《中国政治》，江苏人民出版社2003年版，第185页。

一、组织分配刚性

"服从命令,听指挥"是中国共产党建树的优良革命传统。井冈山时期,为实现革命军队的严格约束和有机统一,毛泽东创设了人民军队的"三大纪律、八项注意"①。此时已将"一切行动听指挥,步调一致,才能得胜利"这一纪律的基本观点列入了"三大纪律"的第一条,意指军队对党的绝对服从,充分显现出中国共产党高度的组织原则与服从纪律。换而言之,"军队的纪律要素在服从,只有服从指挥号令行动才能成功。军纪如命脉的重要性就体现出来,平时培养遵守纪律的习惯的意义也反映出来"②。其后,通过践行"一切行动听指挥"的组织原则,整顿了革命军队的组织行为,凝聚军心形成革命的合力,进而取得了革命胜利。原本作为军事行为的组织服从纪律,也随之成为中国共产党的优良传统保留下来。

党的任何工作都是党的整体事业的一部分,党员应当服从党的事业的需要,积极愉快地做好党所分配的任何工作。党组织分配给党员的工作,应尽可能地照顾到党员的志趣和特长,但党员不能以个人的志趣和特长为理由,拒绝接受党组织的分配。1934年10月中央红军长征前夕,中共中央和中央革命军事委员会任命陈云为红五军团的中央代表,负责率领部队渡过湘江,与红八军团实行整编。这是他生平第一次在军队任职,自参加革命以来,他一直从事工人运动和白区工作,从未在部队任过任何职务,对红军情况不熟悉,更无指挥部队作战的经验。但是对中央交予的这个急难险重任务,他以高度的党性,明确表示:"坚决服从组织安排,全力以赴地完成好中央交给的任务。"陈云不惧困难,服从安排,给全体党员树

---

① 中共中央文献研究室编:《毛泽东年谱》(上卷),人民出版社、中央文献出版社1993年版,第241页。

② 《工农红军纪律暂行条令》(1933年8月1日),载总政治部办公厅编:《中国人民解放军政治工作历史资料选编》(第2册),解放军出版社2002年版,第438页。

立了很好的榜样。①党和国家的卓越领导人李先念在红军时期是军政治委员。中共六届六中全会闭幕后,延安马列学院和抗日军政大学的广大学员都陆续安排了工作,走上抗日前线。一日,总政治部副主任谭政找李先念谈话:"先念同志,组织决定你到八路军一二九师当营长,你有什么意见吗?"上级要求他从军政委降到营长,而这种连降五级的方式是一般人难以接受的。可李先念没有想这些,他想的是只要能扛枪打击日本侵略者,干什么都行,因此,他坚定地回答:"坚决服从组织的安排。"②李先念不问职务高低,只求为党工作,坚决服从组织安排的思想境界更是广大党员学习的榜样。

与此同时,若革命与恋爱之间发生冲突,服从革命是第一要务。抗战时期,马识途突然接到上级调令必须赶往武汉做工人工作,此时他毅然决定服从组织安排,与爱人分离,赶往前线:

> 没想到事情会发生这样的变化。我原以为到汤池,就可以和小刘一起入党,一起参加农村工作的培训,将来一起到农村去工作,可现在却让我独自到武汉去。想到即将和热恋中的小刘分开,我心里真不是滋味,但理智告诉我,既然参加了革命,就不能儿女情长,感情用事,必须服从组织的安排。离开汤池的前晚,我和小刘坐在培训班野外的小溪边。我觉得自己有很多话想对她说,却又不知道从何说起,想来小刘的心情和我一样吧。她坐在那里,默默地看着西下的残阳,看着波光闪动的小溪,一言不发。其实我们心里都明白,我们既然为了救国,走上抗日的道路,献身于革命,生离死别的事总是难免的。但是,我们谁也不

---

① 陈云:《随军西行见闻录》,载中央档案馆编:《建党以来重要文献选编》(第12册),中央文献出版社2011年版,第377页。

② 朱玉:《李先念传(1909—1949)》,中央文献出版社1999年版,第317页。

愿将此话说出口。我把小刘紧紧地搂在怀里，今日一别，还有相见之日吗？①

因此，基于革命时期的劳动分配模式，在紧张的革命斗争中，自觉服从革命分工，服从组织的人事安排是必要的："革命时代，革命党的工作就是革命。所以不用讲什么专业对口，更不要说什么个人志愿或个人爱好，挑三拣四就会被认为拈轻怕重或个人意见第一。有了这样的考虑，可不是闹着玩儿的。所以，'服从分配'是唯一选择。"②对此，邓力群回忆：

> （1949年6月）我到安东后，参加了一些会议，听了一些汇报，还没有来得及开展像样地工作，6月初，突然接到中共中央发来的一个电报，内容是限时限刻让我到北平报到。到北平做什么工作，电报中没说。张闻天也没有对我讲。那个时候，组织上调动干部的工作，是不准讲条件、提要求的。③

随着解放区的扩大，革命队伍主体发展成为新政府公职人员，而根据地时期以供给制为代表的一些制度也逐渐被引入到新社会的运作之中。由供给制所体现的组织原则和分配方式，也以各种形式在公共部门中被继承和保留下来。可以说，这一政治体制发轫于20世纪革命战争年代，在社会主义改造时期基本确立，后来在大规模的群众运动和指令性计划得到进一步强化。新中国成立后，中国共产党在继承了被称为供给制的共产党根据地的军事共产主义分配制度之后，就实行"统包统配"的就业制度，这与当时国家建立的"计划经济模式"相适应。

如前所述，"坚决服从组织安排"的服从行为包含着一名共产党员坚

---

① 马识途：《百岁拾忆》，生活·新知·读书三联书店2014年版，第58页。
② 陈四益：《衙门这碗饭》，广东人民出版社2014年版，第192页。
③ 邓力群：《邓力群自述（1915—1974）》，人民出版社2015年版，第167页。

定不移、责任担当、无私奉献的革命情怀。革命年代虽已远去，但是共产党员的这种行为模式，却是永不褪色。共产党员是块砖，东西南北任党搬，"执行党的决定，服从组织分配，积极完成党的任务"①，这是党章对党员义务的规定。因而，共产党员应该把党性放在第一位，时刻服从组织原则、执行组织决定，在组织需要的时候，能够懂得牺牲和奉献，这既是大局意识，也是一名共产党员的不变本色。

二、组织错误最忌

组织错误最忌，即最忌犯组织错误、犯组织错误是大错。党员在党组织关系中所隐含的人格类型，是严格意义上的"组织的人"。自加入党组织那一刻开始，党员就要时刻想到自己是党的人，是组织的一员，始终牢记自己的第一身份是共产党员，第一职责是为党工作。"宁可犯政治错误，也不能犯组织错误"，是党组成员的共识，这也是革命实践中各级干部形成的一个"潜规则"②。《人民日报》的一位副总编辑回忆，当时邓拓和他都主张"宁犯政治错误，不犯组织错误，因为犯了政治错误，主要是根据领导指示犯的，错误就轻得多；如果被认定犯了什么错，而又没有得到领导同意，那就罪上加罪，像'反党'这样的帽子就可能被扣到头上"③。

显然，政治错误和组织错误有着实质的区别。其一，政治错误一般指的是在国家性质、与中央是否保持一致、与国家的信念价值观不一致等方面的错误，违背了统治阶级的意志而发表的言论或者行为就是犯了政治性

---

① 《中国共产党章程》(中国共产党第十八次全国代表大会部分修改，2012 年 11 月 14 日通过)，载《中国共产党第十八次全国代表大会文件汇编》，人民出版社 2012 年版，第 74 页。

② "我犯过政治错误，但从来没有犯过组织错误。"这是周恩来曾对周秉德等说过的一句话。参见余玮：《周秉德深情细说在伯父周恩来身边的日子》，《党史纵览》2014 年第 5 期，第 37—42 页。

③ 张帆：《才子邓拓：一位蒙冤者的血泪人生》，海天出版社 1999 年版，第 281 页。

错误。其二，组织纪律是规范和处理党的各级组织之间、党组织与党员之间以及党员与党员之间关系的行为规则，是维护党的集中统一、保持党的战斗力的重要保证。"犯下组织错误"，即违反民主集中制，使个人凌驾于组织之上或者脱离组织的领导，是对党的组织纪律的严重破坏，是对党的事业的内在损伤。具体而言，违反组织纪律的行为主要有三：一是违反议事规则，个人或者少数人决定重大问题，是明显的越权行为，企图以个人或者少数人代行领导集体的权力，这种决策过程和结论不具有合法性；二是下级党组织拒不执行上级党组织决定的行为，如擅自改变上级组织的决定，暗地里搞"上有政策、下有对策"，或者对上级组织的决定进行层层"截流"，只选择性地执行对本级组织有利的部分；三是个人不服从组织，包括拒不执行组织的分配、调动、交流决定的行为。概而言之，组织错误意指党组成员违反党中央决定的行为举止，显然这触犯了中国共产党纪律之根本，需要受到严厉的处罚。

就党员而言，无论是遵从组织安排的行为抑或是惧怕犯下组织错误的思想，都无疑彰显了个人对政治权威的认可与服从，这种服从现象不仅仅源自对个体行为的规训，也可从更为抽象的个人需求去理解。在政治秩序之中，人的道德感在空间上是疏离的，这些空隙是由各种社会组织、各种特殊团体来充实的，从而使人获得一种切实的更为紧密的伦理印象。革命组织既不同于现代政治社会中受技术与管理科学支撑的联合体，也不同于传统家族式的自然联合体。革命组织超越制度中介与情感界限，直接与个人照面，并对个人做出政治承诺与情感承诺，从而将人的政治忠诚与情感忠诚双双捕获。在对生命个体所产生的效用上，革命组织集合了国家及其次级联合体的优势特点。就理性服从而言，服从不是建立在抽象普遍的原则之上，而是一种"革命大家庭"式的情感依恋中。情感信赖先于价值认同抵临个人，通情即能达理，这种个人信靠的安全感建立起来之后，准军事化的集体生活训练，同时作为一种考查手段，其僵硬的刚性改造反而被体验为一种"积极、诚恳、团结、紧张、活泼"的生活氛围①,完全不同于等级森严的冰冷的旧式家庭。因此,这种服从是发自内心的自由意志,更是直达灵魂深处的自由路径。

---

① 朱鸿召:《延安日常生活中的历史》,广西师范大学出版社 2007 年版,第 226 页。

第三节　组织生活的行为习惯

"有党员的地方就有党的组织,有党组织的地方就有正常的组织生活和坚强的战斗力"①,组织生活是党组织生存和发展的基石,更是组织生机和活力的展现。党的组织生活,相对于党内政治生活来讲,是一个二级概念,即党的组织生活是党内政治生活的重要载体。一般而言,组织生活包括两大部分,即党员都必须参加党的基层组织召开的组织生活会和党员领导干部专门召开的民主生活会。其中,组织生活会是要求所有党员都必须定期参加并积极开展思想交流交锋,严肃认真进行批评与自我批评的专门会议,其覆盖面更广,对提高党内组织生活质量具有基础性意义;民主生活会作为党的各级领导班子开展活动的主阵地,主要是开展"正确的而不是歪曲的、认真的而不是敷衍的"批评和自我批评,面向的是党员领导干部这一"关键主体",因而对提高党内组织生活质量具有决定性作用。因此,两个"生活会"互为补充,是紧密关联的党的组织生活制度。另外,必须说明的是,关于组织生活具体内容的探讨,后面的章节会有所涉及,此处主要探讨参与组织生活的严肃性和必要性。

革命历史的实践证明,组织生活是中国共产党坚守革命理想的重要法宝,是确保党员先进性纯洁性的基本保障,是生成党员优良作风的实践土壤,是维持党蓬勃发展的动力源泉。中国共产党在革命初期就已经清楚认

---

① 习近平:《干在实处走在前列——推进浙江新发展的思考与实践》,中共中央党校出版社2006年版,第428页。

识到只有在健全支部生活的基础上完善组织生活制度，才能实现组织纪律的严密性。1922年，《关于共产党的组织章程决议案》指出："无论何时何地各个党员的言论，必须是党的言论，各个党员的活动，必须是党的活动，不可有离党的个人或地方的意味。"① 积极、主动地参加党内生活，不仅是每个党员应尽的基本义务，同时也是促使党员自觉进行党性修养的保证。1928年，中共六大指出："没有支部生活，便没有党内生活的基础，也就没有无产阶级党的基础。"② 同时，党的《中央通告第七号》强调："支部是党的政治达到群众的枢纽，支部生活是无产阶级党的基础。"③ 1929年，毛泽东在他起草的《古田会议决议》中对党员编组方式提出了明确要求。他要求在红军中以排为单位建立党小组，连队建立党支部，并充分肯定了"干部分子与一般分子，知识分子与劳动分子的混合编制法"④，反对那种单纯地把干部分子编成小组的做法。刘少奇指出党员的义务是要积极主动参加党内生活，以努力提高自己的思想觉悟。"党的一切工作，主要地都是依靠党员自觉性与积极性去进行"，因此，"每一党员必须自己努力，自己学习，不断提高自己的觉悟程度，弄通自己的思想"⑤。具体可以从以下两个方面着手：一是要积极参加党内生活，从政治方面来关心党的一切事务，主动参加党的政治生活，参与党的活动以及党的会议等。二是在任何时候绝不能随意脱离党组织生活。

---

① 中共中央文献研究室编：《建党以来重要文献选编》（第1册），中央文献出版社2011年版，第162页。

② 中央档案馆编：《中共中央文件选集》（第4册），中共中央党校出版社1989年版，第274页。

③ 《中央通告第七号——关于党的组织——创造无产阶级的党和其主要路线》（1928年10月17日），载中共中央文献研究室编：《建党以来重要文献选编》（第5册），中央文献出版社2011年版，第672页。

④ 《毛泽东文集》（第1卷），人民出版社1993年版，第88页。

⑤ 《刘少奇论党的建设》，中央文献出版社1991年版，第465页。

一、组织生活规范化

组织生活规范化是开展党内组织生活的重要前提。坚持和发展党的组织生活规范化,对于加强党的组织纪律建设具有十分重要的意义。其中最为关键的是,党员领导干部,无论职位多高、贡献多大,无论何时,都是党组织中的普通一员,都要参加基层组织生活,这是党章规定的一项马克思列宁主义的建党原则。每一个党员领导干部不但要编入党的一个支部、小组或其他特定组织,而且要坚持参加党支部、党小组或其他特定组织的党的组织生活,这对于巩固党员领导干部的宗旨意识、平等意识,克服特殊化思想、自觉接受党内外监督具有重要意义。革命时期,对于党员领导干部的组织生活,主要是要求他们以普通党员身份参加党支部或党小组的组织生活。

在这个方面,毛泽东、朱德等老一辈无产阶级革命家作出了表率。在大革命时期,朱德就特别有兴趣参加党的组织生活,学习、讨论有关马克思主义和革命的各种问题。随后的井冈山革命斗争时期,朱德身为军长,战事频繁,但仍积极参加组织生活。当时他所在党小组的组长就是他的勤务兵,朱德在党的组织生活中对这位小组长很尊重,向他缴纳党费,若有事不能参加小组会议就向他请假。[①] 又如,1944年3月,毛泽东的炊事员担任了他所在党小组的小组长。在一次党小组会上,毛泽东严肃地说:"党内没有高低之分,都是党员,你是小组长,就是我的领导,今后如果我忘了汇报,你就找我,批评我。"[②]

因此,党的组织生活是党的生活的重要内容,党组织有没有战斗力和凝聚力,很重要的一个方面就是看组织生活正常不正常、健康不健康。党

[①] 中国人民解放军《中国人民解放军高级将领传》编审委员会:《中国人民解放军高级将领传》(第1卷),解放军出版社2007年版,第466页。

[②] 邓文扬、徐建全:《中国共产党优良传统手册》,海洋出版社1991年版,第340页。

的组织生活正常了、健康了，就能及时阻隔不良风气的侵蚀。所以，组织生活的规范化，在任何时候都不能丢。

二、组织生活严肃化

组织生活严肃化是开展党内组织生活的必然要求。党章规定各级党组织必须定期开展组织生活，即"每个党员，不论职务高低，都必须编入党的一个支部、小组或其他特定组织，参加党的组织生活，接受党内外群众的监督"①。反之，凡无故不参加党的组织生活者，给予批评、警告、开除等纪律处分。更有甚者，"党员如果没有正当理由，连续六个月不参加党的组织生活，或不交纳党费，或不做党所分配的工作，就被认为是自行脱党"②。

组织生活严肃化也是由无产阶级政党的基本属性所决定的，自创立以来，组织的严密性就是无产阶级政党区分于其他政党的一个显著标志，也是马克思主义的一个基本建党准则。在与马尔托夫的争论中，列宁表明了组织生活及组织纪律之于一个党组织的重要性。③因此，党员必须自觉地参与组织生活，遵守支部生活纪律，并尽心地完成党组织所分配的工作任务，积极发挥自身的模范带头作用。另外，对于不认真履行党员义务、不

---

① 《中国共产党章程》（2012年11月14日），载《党的十八大文件汇编》，党建读物出版社2012年版，第49页。

② 《中国共产党程》（中国共产党第十二次全国代表大会一九八二年九月六日通过），载中共中央文献研究室编：《十二大以来重要文献选编》（上），中央文献出版社2011年版，第53页。

③ 在这个问题上，列宁同马尔托夫展开过激烈的斗争，马尔托夫主张只要承认党纲和党章，不必参加党的一个组织，就可以做党员，甚至提出每个罢工者都可以"列名"入党。列宁坚决反对这种主张，他认为，党员不仅要承认党纲、党章，而且必须参加党的一个组织，只有这样才能使党员真正成为无产阶级先进的、有组织的部队，形成坚强有力的战斗集体，肩负起伟大的历史使命。如果党员只承认党纲、党章，而不参加党的一个组织并在其中积极工作，党就会成为一个涣散的俱乐部。参见《列宁选集》（第1卷），人民出版社1995年版，第500页。

做党分配的工作、不参加党的组织生活的党员,党组织采取坚决的组织处理和纪律处分。这个方面的典型人物有中共一大代表陈公博、周佛海。1923年,党组织决定送陈公博去苏联学习,而陈公博认为苏联生活艰苦、美国生活条件好,就以自己熟悉英语为由提出要到美国留学。中共广东省委领导人张太雷对其进行了多次批评教育,但陈公博仍不接受。后来陈公博得到汪精卫的支持和资助,坚持要去美国。最终党支部召开会议,开除了陈公博的党籍。[①] 周佛海的自由主义思想严重,以教授自居,骄傲自大,目空一切,对于组织生活高兴就参加,不高兴就不参加,而且事先也不请假。后来,周佛海的共产主义信仰发生动摇,萌生退党之念,拒绝参加党的组织生活。陈延年、周恩来及所在党小组对周佛海进行了多次批评和教育,但他仍坚持要求退党。中共中央执行委员会最后将其清除出党。[②]

因此,严肃的组织生活与严明党的纪律紧密相连,党内坚决反对党员组织意识涣散,也绝不容许组织生活散漫的情况。上述表明,党的组织生活是党内政治生活的基础,是实现党员教育管理监督、贯彻党的路线方针政策和上级党组织决议、推进党的各项工作任务的重要载体和依托。严格党的组织生活制度,有利于提高党员的党性修养,有利于加强党员队伍教育管理,有利于发扬党内民主、实施党内监督,有利于增强党组织的创造力、凝聚力和战斗力。

[①] 陈公博:《我与共产党》,载中共广东省委党史研究委员会办公室、广东省档案馆编:《"一大"前后的广东党组织》,1981年版,第103页;蔡和森:《中国共产党史的发展》,载《蔡和森的十二篇文章》,人民出版社1980年版,第50页。

[②] 蔡德会:《朝秦暮楚——周佛海》,团结出版社2009年版,第31页。

本章小结

　　组织行为是组织内部个体与组织、群众与领导、自由活动与组织结构之间相互作用和影响的过程，以及它们作为一个整体同外部环境之间相互作用和影响的过程。具体而言，党的组织行为的基本特征有：第一，凝聚力和战斗力。革命时期，党组织基于不断强化的组织归属意识、组织依恋意识和献身组织意识，确保其凝聚力和战斗力全面提升。第二，规范化和严肃化。党在革命时期严格制定、完善并落实党章党规、党的组织纪律等制度，推进党组织生活规范化和严肃化。第三，约束力和权威性。党章制度的约束力充分体现了中国共产党组织行为的权威性。革命时期，中国共产党的组织行为同特定的政治文化和价值理念密切关联。在严苛的外部环境之下，确保组织内部的凝聚和团结是中国共产党首要考虑的问题。此时，组织性是第一位，在组织光环的笼罩之下，中共党人紧紧地追随革命组织，积极地参与中国共产党的组织生活，并坚决服从中国共产党的一切要求。这种内部的行为规制，也确保了对外抗争的战斗力。与此同时，组织行为的发展程度，取决于组织成员在革命活动中所具备的适应性、复杂性、自治性和内部协调性。显然，组织严整与行动规范的关系，在革命斗争中有着必然的关联。

第三章
学习行为

中国共产党在革命的生死搏斗之中,创造出中国的红色革命文化,养成一套与革命和战争相适应的文化理念、文化精神、文化行为、文化惯习以及文化训练方法、文化渗透方法、文化整合方法。其中尤有特色的是中国共产党的学习行为,其学习主体、学习过程和学习旨趣无一不展现出政治学习由"个人行为"向"集体行为"的转化,更体现了政治与文化的耦合。在特定的革命文化影响下,稳定的学习惯习有助于中国共产党保证行为模式的维持,并通过根据地农村政治学习,进一步扩大政党的影响力。与此同时,学习行为的涵养是中国共产党文化符号意义潜移默化的渗透过程,即学习行为成为中共党人发自内心的、一贯的集体行为倾向,与政党集体价值观始终保持一致,显示出对政党理论的信仰。

微信扫码,立即获取
☆ PPT总结分享
☆ 更多延伸阅读资源

第一节　学习行为的一般功能

学习行为将政党理念转换为外显的行为符号，使中国共产党在政治学习实践中理解政党文化和革命目标，增强对政党的价值认同和情感趋向。因此，受政治学习的氛围影响，成员的情绪被高度调动，认同并内化行为符号意义，在价值内驱力引导下，产生与革命文化一致的行为反应。其中，作为政治文化意义上的学习行为至少存在两方面的功能：一是政治—文化模式维持功能，二是政治—社会动员功能。

一、政治—文化模式建构与维持功能

就政党内部而言，政治学习具备一种模式维持功能，即通过反复的学习践行养成一种文化惯习。革命环境的不确定性需要中国共产党形成长期稳定的行为模式，面对严苛的斗争环境，自觉产生符合革命理念要求的行为反应，实现自我教育和自我提升。中国共产党经过反复的学习活动，形成固定的、格式化的学习倾向，就是中国共产党的学习行为。"当这种相似性的行为反应反复出现时，经过多次重复，会在认知和反应间建立固定联系，使反应表现为稳定的、自觉的行为过程，从外显认知转化为内隐认知，形成对客观事物的快速反应通道。"[①] 人们通过学习活动而获得的"认知—反应"相似块，在相似条件下，能够对客观环境进行相似激活、相似选择和

[①] 李文勇：《企业文化符号传播工具——理论与实践》，复旦大学出版社2016年版，第200页。

相似匹配，产生相似的学习反应和行动轨迹。学习行为将党的政治理念转化为可操作的外显行为，完成理论向行为的转变，实现政治文化理念落地。与此同时，学习行为通过作用于"自我"的形成过程，对中国共产党的政治文化行为产生影响。自我是在主我（I）与客我（me）的符号互动过程中个体自身的对象化，它遵从于社会的经验，生成、约束和调整行为，人们的行为始于主我的冲动，受到客我的约束；主我提供行为的动力，客我提供行为的规范和方向。[1] 因此，中国共产党在学习行为的符号互动中，方可形成复合的自我形象，并发展出革命对个体要求和期望的一般行为模式。

概而言之，学习行为的模式维持功能一经形成，还具备多种特性。一是构造性，即在对政治学习中的行为要素选择、划分、提炼、完善的基础上，明确各要素之间的时空序列，使之成为一个完整可操作的学习行为模式。二是整合性，即在政治学习中将分散的个人学习行为整合为统一的全党学习行为，以期强化政治意识、培育革命信念。全党学习行为被战略性地结合到未来的组织需求上，即它可以传达更加积极的信号，增强组织适应性，以及在共同参与的行动范围内共享组织情感，提供成员一种排斥局外人的边界。三是解释力，即借助长期稳定的学习行为向中国共产党持续地输出政治文化及政治理念。四是预示性，即预示学习活动的过程和效果，显示活动所能达到的目的和目标。五是控制力，即有效地控制党的管理成本，展现文化动员的强大作用。

二、政治—社会动员功能

就政治—社会关系而言，政治学习还具有纵向的政治动员功能。简而

---

[1] 丁东红：《从社会哲学视角看米德符号互动论》，《中共中央党校学报》2008年第1期，第41-42页。

言之，政治学习可以让政治权力渗透到社会之中。首先，要理解"动员"一词的概念，即政府或政党作为动员主体，组织一系列高强度的、重复性的宣传工作，从而影响动员客体的生活态度与价值观念，并使其产生持续性的、连贯性的行为模式或相关的预期行为样态。① 马明洁的研究表明，在革命时期中国社会的政治体制处于起步阶段，中国共产党只能采取事无巨细的管理方式和声势浩大的运作方式（如劳模运动、群众运动等）来推动整体社会中人力资源的广泛动员。② 可观之，中国社会运作的最基本模式正是"运动式动员"，而这一大规模的运动方式更是推动了中国共产党贯彻和落实每一次的重大决策。"运动式动员"起源于根据地时期中国共产党的基本经验，最为耳熟能详的是延安时期党组织发起了"大生产运动"以期集中群众的力量对抗外敌。实际上，动员模式之所以能成为日常社会管理的重要补充，是因为革命时期中国共产党逐步完成"总体性社会"的建构。③ 在这一基础上，国家及其政党承担着全社会的资源配置工作和行政管理任务，偶尔遇到难以完成的任务时，"运动式动员"自然成为国家行政系统的必然选择。相对于一般的政治活动机制而言，中国共产党的政治学习在"运动式动员"的鼓舞下，集中体现国家社会化与社会国家化的统一，它不仅仅能够凝聚党组织内部精英的政治共识，更重要的是能自上而下地将这种意识形态传递给政府的追随者以及基层民众，并有效调节普通民众的价值观念和行为模式。显然，政治学习沟通了上层与下层、精英与民众、党内与党外的社会关系，动态地完成了国家与社会的纵向互动。

---

① 邓万春：《动员式改革——中国农村改革理论与经验的再探讨》，《社会》2008年第3期；孙立平、晋军、何江穗、毕向阳：《动员与参与——第三部门募捐机制个案研究》，浙江人民出版社1999年版。

② 马明洁：《权力经营与经营式动员——一个"逼民致富"的案例分析》，载清华大学社会学系主编：《清华社会学评论》（第1辑），鹭江出版社2000年版，第76页。

③ 孙立平、晋军、何江穗、毕向阳：《动员与参与——第三部门募捐机制个案研究》，浙江人民出版社1999年版，第66页。

沿着这一理路,中国共产党在党内外开展一系列政治学习运动,其具有以下两点特性:

第一,这种政治学习的动员模式具有纵向的历史延续性。首先,传统中国极其强调社会整合力,虽然效果并不理想,如直到新中国成立才消亡的保甲制度以及用于税收评定和征收的里甲制度[①],这种传统在革命时期成为一种可操作的政治手段。其次,新中国成立后的政治学习借鉴了延安整风时期的经验范式,二者的相似之处在于由统一的学习委员会领导和组织政治学习的开展。另外,新中国成立后的政治学习的影响力较之延安整风运动更进一步。起初,延安整风运动的学习行为仅在中国共产党内部展开,随后,新中国成立时期中国共产党的学习行为不断扩大其施展对象,越来越多的人群(国家干部、学校师生、普通职工、城镇居民、一般农民)被卷入这一政治化的现象中。

第二,这种政治学习的动员模式还具有横向的制度借鉴性。苏联作为世界上第一个社会主义国家,它所建立的政治体制是其他社会主义国家的标杆。因此,中国社会的建制模式更多是以苏联经验为鉴,并相应地融合了自身的历史文化传统。然而,区别于苏联社会动员活动的功利性与单一性,中国式的动员对象不再局限于党员群体,而是把重心放在广大群众的政治教育工作中,即旨在密切联系、积极宣传和教育引导群众。简而言之,"转变道德和意识形态本身就是社会动员的重要目标,有时甚至将这些目标置于其他目标之上"[②]。其后,党的政治学习直接借鉴了苏联的小组学习模式,但又有别于布尔什维克党的学习模式。在苏联,小组学习作为布尔什维克党的"组织武器",推动着政党组织的发展及社会变革的深

---

① 杨丽萍:《从废除保甲制度到建立居民委员会——以新中国成立前后的上海为例》,《党的文献》2010年第5期,第85-90页。

② 孙立平、晋军、何江穗、毕向阳:《动员与参与——第三部门募捐机制个案研究》,浙江人民出版社1999年版,第63页。

化。在中国，革命战争的历史文化在党和民众之间营造一种"鱼水情"的亲密无间的关系，这样的氛围有利于中国共产党将政治学习推广至普通民众中。随后，在这个全民化的学习运动中，越来越多的人主动适应即时性、互动性和常态化的发展趋势，推动落实政治动员各项准备，抓实政治教育、战时教育和生产技能教育，着力培养共产主义精神，完成中国共产党的伟大事业。

第二节　学习行为的规范化：有领导有组织的集体学习

中国共产党自建党以来，一直重视学习，但是这种学习行为并未规范化和组织化、集体化，多是党员的个人行为。自延安整风始，学习行为被毛泽东改造为中国共产党一种重要的规范化组织化的有领导的全党性的政治行为。经由严密的规范与系统的宣介，作为影响学习行为的核心要素：学习主体（主体要素）、学习过程（过程要素）和学习旨趣（目标要素），是如何有机运作的呢？组织学习是一种组织的功能，或是一种活动过程？其中不同的学习主体又是如何开展学习活动？其中不同的学习主体又是如何开展学习活动？事实上，作为一个看似简单的建构性行为，学习行为的背后实则隐含着更为复杂的结构和机理。

一、政治学习主体的二元结构

从整体上看，作为政治学习的行为主体，学习主体的身份结构是二元的，二者学习态度有较大的差异性。即：革命领袖做学习行为示范，普通党员干部做学习行为效仿。以指导革命实践为根本政治诉求的革命领袖们，既拥有政治学习的热情，又不失策略上的灵活应变，还时刻渴求着从政治学习中解读出哲学（方法论）的内容，据以化为指导革命的方针。

在极端艰苦的环境下，中国共产党的学习运动之所以能够持久地进行下去，并且取得了极大的成效，首要的原因就在于中共中央领导同志特别是毛泽东对该运动的高度重视。毛泽东一生都在刻苦学习，是中国共产党的历史上勤于学习和善于学习的典范之一。在毛泽东看来，有了学问，好比站在山上，可以看到很远、很多东西；没有学问，如在暗沟里走路，摸索不着，那会苦煞人。① 为了引导全党学习，1939 年，毛泽东在自己住的窑洞里率先组建了一个哲学学习小组，参加小组学习的有艾思奇、何思敬、杨超、陈伯达、和培元等人。1941 年 8 月，为加强对全党思想上的领导，由中共中央领导同志组成思想方法学习小组，毛泽东任组长。② 此后，在中共中央高级学习组和总学习委员会等学习组织机构中，毛泽东都担任了主要领导职务。尽管毛泽东所掌握的知识已经非常丰富，但他仍然表示："和全党同志共同一起向群众学习，继续当一个小学生，这就是我的志愿。"③ 这并非什么谦辞。例如，仅仅为了搞懂哲学方面的一个小问题，毛泽东就以学生的态度诚恳地写信给当时年龄只有 27 岁的艾思奇，要求亲自登门当面请教。④

可见，毛泽东身兼政治家、理论家、革命家等多重角色，具有将马克思主义理论付诸实践的政治热情。事实上，毛泽东确实反复研读马列经典，并极力将其中有关武装斗争和党的建设等方面的理论和经验，在中国实践化、政策化和行动化。显然，他的学习行为具有典型的示范效应和主体意涵。正是基于独特的政治权威和领袖魅力，毛泽东对政治学习的推崇，也实际拉开了全党政治学习的序幕。

---

① 中共中央文献研究室编：《毛泽东年谱（1893—1949）》（中卷），人民出版社、中央文献出版社 1993 年版，第 109 页。

② 中共中央文献研究室编：《毛泽东年谱（1893—1949）》（中卷），人民出版社、中央文献出版社 1993 年版，第 325 页。

③ 《毛泽东选集》（第 3 卷），人民出版社 1991 年版，第 791–792 页。

④ 毛泽东这封信的原文是："你的《哲学与生活》是你的著作中更深刻的书，我读了得益很多，抄录了一些，送请一看是否有抄错。其中有一个问题略有疑点（不是基本的不同），请你再考虑一下，详情当面告诉。今日何时有暇，我来看你。"参见《毛泽东书信选集》，人民出版社 1983 年版，第 112 页。

若要深入理解毛泽东的学习行为,还需考察其学习观念。毛泽东的学习目的不完全是"回到马克思",而是为了指导中国革命。因此,采用一种政策上的灵活方式也是必要的。换而言之,他的政治学习是"有目的地去研究马克思列宁主义的理论",其目的在于"解决中国革命的理论问题和策略问题而去从它找立场,找观点,找方法"。① 换而言之,毛泽东的学习行为可被概括为"探寻式"的学习,即通过政治学习寻求对马克思主义理论的一般理解,以及对中国现实问题的切实解决。然而,由于理解视域的缺位,在实际的政治学习中,难免会受到"教条主义""本本主义"的干扰,以致陷入理解的误区。不管是出于从政治功利上丰富中共革命战略和策略的考虑,还是希望通过学习理论来具体推进马克思主义中国化,毛泽东的学习行为无疑具有功利的色彩。② 虽说任何学习都是一种"被引导的创造"③,但毛泽东的学习行为却更多表征为是以某种"意义预期"为基础的。

毛泽东等领导者构成政治学习的主导的一元,是全党学习活动的推动者。延安时期以来,以毛泽东为首的革命领袖,既秉承高度的理论自觉,也持有浓厚的实践意图,以身示范推动学习活动的开展,进一步深化马克思主义中国化。

学习主体中被引导的一元,是普通党员干部,他们的学习,是被引导地接受政治规训。如上所述,毛泽东等革命领袖这种持之以恒的、严谨认真的学习行为和学习精神,无疑对全党具有重要的感染力。在毛泽东等人的带领和影响下,党内其他成员也相当重视学习:

> 延安时期,有些年轻夫妇生了小孩,托儿所又不收初生的婴

---

① 《毛泽东选集》(第3卷),人民出版社1991年版,第801页。
② 许冲:《文本阅读视域中的马克思主义中国化省思——以〈联共(布)党史简明教程〉为中心》,《现代哲学》2014年第6期,第55页。
③ [美]费什著,文楚安译:《读者反应批判:理论与实践》,文化艺术出版社1989年版,第17页。

儿。为了能集中精力挤出时间来学习，他们就想出了一个办法，把孩子放在一个筐子里，吊在窑洞后部的横梁上，再用一根长绳，一头系住筐，另一头系在靠窗户的桌腿上，只要孩子一哭闹，正在伏案读书或者写作的父母亲，就用脚不停地踩动绳子，筐子随之摇晃起来。孩子便会进入梦乡，他们就可以继续学习和工作了。①

"认字就在背包上，写字就在大地上，课堂就在大路上，桌子就在膝盖上。"② 正是这样一种锲而不舍的学习精神，造就了延安时期全党政治学习的一道独特的风景，并构成中国共产党永不磨灭的历史记忆。

从表面上看，政治学习中既有强大的组织力量进行引导和规范，还有庞大的知识精英群体进行解释和规训，更有深入的政治运动作为载体和媒介。似乎所有的学习障碍都已被清除，整个学习活动也应该是按部就班、水到渠成的，学习行为自然也就是完全自觉的。只有少数革命领袖能够独立学习，而绝大多数的普通读者只是被教育的对象。究其缘由，正如阿尔都塞所言，革命领袖往往比职业哲学家"懂得从哲学家的角度阅读和理解"历史，也更擅长将其化为"行动中的、'实践'状态的马克思主义哲学"③；更何况，革命领袖以近乎作者式的权威形象，并辅以自身独具的政治领袖地位，充当着文本与一般党员之间的转译者。而至于一般化的学习主体，则成为革命领袖主导下的阅读实践的忠实跟随者。

而作为一种特定历史条件下的实践性的学习，该学习样态无疑具有了如下规定性：核心的学习主体是政党领袖和高级干部，根本的学习目的是直接政治性的，基本的学习旨趣是现实趋向的，一般的学习方式是文本内

---

① 郭世松：《党在延安时期发起学习运动的经验与启示》，《中华魂》2007年第3期，第40页。

② 中共陕西省委党史研究室：《中共中央在延安十三年史》（上），中央文献出版社2016年版，第460页。

③ ［法］路易·阿尔都塞著，李其庆译：《读〈资本论〉》，中央编译出版社1999年版，第226页。

容的横向移植和直接运用。普通成员原本应在学习过程中实现读者与文本、自我与他者、理论与实践的平等对话，却由于自身文化能力问题，只能在严密操作和规范引导下进行学习。个中缘由，不乏主体身份的缺失、文本内容的局限、学习过程的掣肘，更有学习方法与学习旨趣的内在冲突等因素。

二、政治学习过程的制度化建构

全党的学习行为及学习型党组织的初步构建是从延安时期肇始。1941年5月，毛泽东在延安干部会议上所作的《改造我们的学习》的报告，并号召全党改造"学习方法和学习制度"①。其中，学习方法的改造是以理论联系实际的动态学习方法来反对教条主义的和经验主义的静态学习方式；学习制度的改造是进一步规范全党的组织领导制度、学习激励机制和学习规范制度。以上囊括了自高级干部到普通党员的学习任务，并更为详尽地将政治学习的领导机制、学员范围、学习时长、考察制度等考虑到位，最终确立自上而下的集体学习规范。某种程度而言，学习经典马列理论和中央文件报告的集体化、组织化和系统化得益于这些学习方法和学习制度的规定。

第一，自上而下的组织领导制度。基于战时学习任务的阶段性变化，学习机构的名称、职能、权限和人员构成也随之作出调整。1938年，中共六届六中全会后，中共中央成立干部教育部，张闻天、李维汉担任主要负责人，统一在职干部教育的领导。②此后，毛泽东在多次讲话中强调各级领导干部必须起到集体学习的带头作用，并肩负起学习行为的领导责任，这是因为"共产党要领导革命。就要发起学习运动"，其中"干部担任着领导责任，

---

① 《毛泽东选集》（第3卷），人民出版社1991年版，第795页。
② 《陕甘宁边区教育资料·在职干部教育部分》，教育科学出版社1981年版，第13页。

是因为工作中的缺陷需要克服，是因为建设一个有战斗力的大党需要大批有学问的干部做骨干。因此，领导干部必须带头学习"。①1942 年中共中央颁布《延安在职干部学习的规定》，确立整风学习的组织制度，即以毛泽东为领导核心的中央总学习委员会为领导机构，以各级行政系统分设的分学习委员会为具体领导全党各级干部的执行机构，这一组织机构与党中央领导机构具有平行的权威，中央尤其重视全党学习行为。由此可知，在中央总学习委员会和各级分学习委员会领导之下，整风运动中党员的个体学习行为，成为统一布置的学习任务和统一组织的学习行为中的重要环节。

第二，规范化的政治学习。全党的学习行为，一般都会由中央组织动员。1939 年 5 月 20 日，延安在职干部学习动员大会上，李维汉重点强调学习的必要性："研究联共党史，是解决精通马列主义任务的最重要的道路。"②毛泽东亲自到会，号召党员学习要搞好学问，"长期地学下去"③。通过长期的学习行为，中共中央明确了集体学习的具体条件，明确其分组情况，给予其学习任务，落实好学习过程管理规章，形成相应的考试考察的制度，建立一整套由党委领导的行之有效的学习机制，具体情况如下：

其一，关于学习分组情况。1941 年 9 月 26 日，为提高高级干部的理论水平，中共中央书记处决定成立高级学习组，并统一归中央学习组管理和指导。中央学习组即思想方法学习研究组，以中央委员为范围，毛泽东任组长，王稼祥任副组长。④此后，小组学习在全党蔚然成风。1940 年 6 月，延安召开在职干部教育周年总结大会，并奖励了 39 个由各类干部组成的模范学习小组。后来到新中国成立初期，中国共产党更是通过社会各个子系

---

① 《毛泽东文集》（第 2 卷），人民出版社 1993 年版，第 177 页。
② 《陕甘宁边区教育资料·在职干部教育部分》，教育科学出版社 1981 年版，第 5-6 页。
③ 《毛泽东文集》（第 2 卷），人民出版社 1993 年版，第 184 页。
④ 章学新：《推动延安整风的关键性会议——真诚革命者的反躬自省和王明的诿过、倒算》，《党的文献》1997 年第 6 期，第 66-72 页。

统（如企事业单位、城市居委会、农村基层组织等）微观组织实现了社会管控。其中，政治学习小组构成全民学习活动的主要基石和重要场域，它被广泛地应用在城市居委会、农村公社之中。甚至到了"文化大革命"时期，"毛泽东学习小组"这一形式更是深深地扎根在千家百户中。类似于基层党组织，每个学习小组（或称小团体、工作组）的人数一般控制在10人左右，理想的状态是 8~15 人。另外，成员的异质性同样重要，理想的状况是小组成员中最好既有精通马克思主义理论的专家，也有深谙社会实践的革命者。更为关键的是，各个政治学习小组的效能大不相同，这种整合性的差异是因为政治学习小组功能的生成是依托于所在组织的政治氛围。

其二，关于学习时长安排。为保证充足的学习时间，中共中央就简化组织形式，减少业余活动时间等方面作出极大努力。1939年3月，中共中央宣传部根据中共六届六中全会精神制定了《延安在职干部教育暂行计划》，正式确立了每日两小时的学习制度。1939年6月10日，毛泽东在延安高级干部会议上的报告中强调，必须坚持"每日二小时学习制"[①]。1940年1月，中共中央在《关于干部学习的指示》中指出："建立在职干部平均每日学习两小时的制度，并保持其持久性与经常性。"[②]3月颁布《关于在职干部教育的指示》作为对《关于干部学习的指示》的补充，其中规定："全党在职干部必须保证平均每日有两小时的学习时间，非因作战或其他紧急事故不可耽搁。"[③]随后，日常性的政治学习被视为党员干部工作的重要部分。在实际学习中，如何贯彻这一制度成为一个重要问题。中共中央党校曾规定每日上午8时至10时为学习时间，在此时间内全校各部门一律停止办公。[④]陈

---

① 《毛泽东文集》（第2卷），人民出版社1993年版，第224页。

② 中央档案馆编：《中共中央文件选集》（第12册），中共中央党校出版社1991年版，第228页。

③ 中央档案馆编：《中共中央文件选集》（第12册），中共中央党校出版社1991年版，第334页。

④ 《中央直属学校干部学校总检查》，《新中华报》1939年6月16日，第2版。

云领导的中央组织部学习小组每天 9 点前学习。甚至有党员干部超额完成该任务，如绥德分区一级干部每天就花费 3 个小时学习中央文件。①

其三，考试考察规定。中央干部教育部在 1939 年 5 月到 1940 年 5 月一年时间内，对延安的在职干部学习情况进行过三次大型检查，在每次大型检查后，中共中央都会认真总结经验教训，用以指导延安的学习。对此，朱德指出："自从毛主席提出加紧学习号召以后，延安的同志都紧张的学习着，前方的各位同志也响应毛主席的号召，卷入了学习的浪潮里。"除了统一的检查外，一些单位自己也有学习检查制度。如 1939 年 6 月，抗日军政大学干部就成立了学习检查委员会。② 延安时期，除了对在职干部学习马克思主义的情况进行检查外，还进行考试测验。总括之，学习制度的建立，保证、鼓励、激发了广大干部的学习热情，并使全党的学习行为井然有序地推进。

综上所述，中国共产党学习行为的养成，主要发生在延安整风时期，"就组织化的学习而言，整风是一种新发明的体验性学习形式；就整风运动而言，学习又可以作为柔性的整风形式。"③ 简而言之，学习与整风是双向建构，共同作用促使中国共产党形成长期的稳定的学习行为模式。随后，正如朱德所希冀的："今后，延安的学习运动，也要推及于全国。我们学习普遍，成绩影响都很大，今后要做到更深入广泛。"④ 革命时期的尝试促使新中国成立后的政治学习由"个人行为"向"政党团队行为"直至"国家集体行为"转变，"这种学习模式体现权力和知识的结合，原分属于

---

① 延安整风运动编写组：《延安整风运动纪事》，求实出版社 1982 年版，第 394 页。
② 谢瀚文：《抗大干部努力学习建立学习检查制度》，《新中华报》1939 年 6 月 23 日，第 4 版。
③ 周全华、蔡禹：《毛泽东建设学习型政党思想探析》，《中共浙江省委党校学报》2016 年第 2 期，第 55 页。
④ 《宣传教育部召开总结大会》，《新中华报》1940 年 6 月 11 日，第 4 版。

政治和文化两个不同领域的要素结合起来了"①。

三、政治学习旨趣的实践性意涵

中国共产党学习行为的基本目的，也即现在常说的学习"共同愿景"，是直接政治性的，即为解决中国革命和建设中的实际问题。而要完成中国革命的重大任务，必须建设一个有战斗力的党。而要完成党建的伟大工程，又必须确立中国化的马克思主义的指导地位，树立党中央的领导核心，以统一思想、协调行动、团结全党。

第一，学习目的是直接政治性的，即为解决中国革命和建设中的实际问题，而进行理论补充与理论动员、政策移植与政治实践。无产阶级政党以坚持马克思主义作为基本信条，中国共产党也不例外。为了提升党员干部的理论水平，延安时期党所采取的重要方略就是把马列主义作为党员、干部必学的核心内容，党之所以高度重视学习马列主义理论，一方面是由党的性质和指导思想所决定的；另一方面，培养大批熟知并能熟练运用马列主义理论的党员、干部以适应现实革命斗争的需要，无疑是更加重要的原因。因此，革命时期的政治学习必须关注现实问题。张闻天也指出："有一百个至二百个真正精通的马列主义者，中国革命问题就可以说解决了一半；所以必须用一切方法使我们的干部在工作中学习，在学校中学习马列主义。"② 为此，在延安时期的学习活动中，全党集体学习马列蔚然成风，上至中央领导人下至普通党员干部，无不把马克思主义作为指导中国

---

① 周全华、蔡禹：《毛泽东建设学习型政党思想探析》，《中共浙江省委党校学报》2016年第2期，第55页。

② 中央档案馆编：《中共中央文件选集》（第11册），中共中央党校出版社1991年版，第708页。

革命前行的理论武器。整风运动发起后,中共中央规定的 22 个文件[①]作为必学内容,其中多数与中国革命关系密切。

第二,学习方式是将理论知识在中国实践中移植、运用、创新,并与中华民族传统文化融合。中共领导人多次强调延安时期中国共产党学习行为的实用性和适用性,延安干部每天学习两小时,即使在战争的环境中仍能抓紧时间学习,不断提高自己的理论水平,把革命的理论与实际斗争联系起来。这样大大地提高了他们的工作效率。[②]这已然表明:"马克思列宁主义的普遍真理一经和中国革命的具体实践相结合,就使中国革命的面目为之一新。"[③]

第三,学习成果既是为了推动中国实际问题得以解决,又是为了促成共生成果的建构。任弼时指出:"学习理论在苏联亦提出作为党的一个任务。季米特洛夫同志在去年八月对国际党的同志们提出了这个号召。斯大林同志在联共十八次大会上也提出了这个任务。除了每人研究专门技术

[①] 1942 年 4 月 3 日,中共中央书记处会议通过《中央宣传部关于在延安讨论中央决定及毛泽东同志整顿三风报告的决定》(即"四三"决定)。决定共有 18 个文件,即毛泽东的《整顿党的作风》、《反对党八股》,《康生传达毛泽东〈整顿党的作风〉和〈反对党八股〉的两个报告》,《中央关于增强党性的决定》,《中央关于调查研究的决定》,《中共中央关于延安干部学校的决定》,《中共中央关于在职干部教育的决定》,毛泽东的《在陕甘宁边区参议会的演说》《关于改造我们的学习》《反对自由主义》《〈农村调查〉序言和跋》,《苏联共产党(布)历史简明教程·结束语》,斯大林的《论党的布尔什维克化》,刘少奇的《〈论共产党员的修养〉第二章之第二、第三、第四和第五节》,陈云的《怎样做一个共产党员》,毛泽东的《关于纠正党内的错误思想》,《宣传指南》,《中共中央宣传部关于在延安讨论中央决定及毛泽东同志整顿三风报告的通知》。1942 年 4 月 16 日,中共中央宣传部又增加了《斯大林论领导与检查》《列宁斯大林等论党的纪律与党的民主》《斯大林论平均主义》《季米特洛夫论干部政策与干部教育政策》4 个文件。参见中共中央党史研究室第一研究部:《中国共产党第七次全国代表大会研究》,上海人民出版社 2006 年版,第 132 页;中央档案馆编:《中共中央文件选集》(第 13 册),中共中央党校出版社 1991 年版,第 371 页。

[②] 朱德:《在延安在职干部学习周年总结大会上的讲话》,《解放》1940 年第 110 期,第 7—8 页。

[③] 《毛泽东选集》(第 3 卷),人民出版社 1991 年版,第 1093 页。

外，要研究马列主义，在日常学习当中把理论与实际密切联系起来。理论是行动的指南，学习理论就是帮助我们了解革命发展的规律。特别是中国革命的艰苦性，曲折性和长期性，我们更应理解中国革命的规律和发展。"[1] 典型如刘少奇的《论共产党员的修养》《论党》和周恩来的《论统一战线》等理论著述都是在这一时期完成的，都是马克思主义同中国革命实际与党的建设实际相结合的理论成果。概而言之，这是典型的学以致用式的即时性、共时性的学习实践。

---

[1] 史全伟主编：《任弼时思想生平研究资料》，中央文献出版社 2013 年版，第 145 页。

第三节 学习行为的普及化：寓政治学习于文化普及中的根据地教育

根据何方回忆，当时的政治学习"并不限于各学校自己的组织安排，而是带有社会性，全延安都弥漫在浓厚的学习和研究空气中"①。从中央领导到普通人员，从军营到学校，一股浓郁的学习风气弥着整个革命队伍。"边区所有党、政、军、民、学各机关的干部，战士以及伙夫，马夫，勤务，正在热烈地进行有计划的学习竞赛，——从识字到高深的革命理论的学习。"②

一名土生土长的80岁延安老人徐金山，在对采访者回忆当年延安的风土人情时说道："夏天，延河水很大，河边男男女女洗衣服、洗澡。礼拜天很多人坐在河边，把脚放在河水里看书。都是忙忙碌碌，不是工作就是看书，街上几乎看不到有人在闲溜达……"③这便是一个旁观者永不褪色的红色文化印象。

中国共产党在党内推行的政治学习，对于加强党员的管理，统一全党思想意志和行动，起了极其重要的作用，并且形成一整套成功的学习模式。这套政治学习模式，在新中国成立后向全国、全社会推广，而在当时是向根据地社会的民众推广。简而言之，根据地教育是中国共产党领导的

---

① 何方：《从延安一路走来：何方自述》（上册），人民日报出版社2015年版，第64–65页。
② 齐礼总：《陕甘宁边区实录》，延安解放社1939年版，序言第2–3页。
③ 赵耕、唐铮：《山丹花开》，《北京日报》2006年10月19日，第3版。

战时状态下的革命大众动员教育，这种教育形式以政治动员为主要宗旨，以革命战争和后勤生产为核心内容，表现为教育内容的大众化和学习方式的灵活性。根据地教育把广大青壮年农民群众组织起来。通过学习，中国共产党提高了群众的文化水平和政治觉悟，培育了一大批基层干部和各条战线的骨干分子。从这一角度而言，革命根据地群众的学习行为离不开中国共产党学习氛围的正面示范和强势引领，这也为考察党的学习行为提供了一扇新的窗户。

一、革命根据地农村政治学习的形式

根据地大多建立在地瘠民贫、经济困难、文化落后的边远山区，为发动群众、组织群众和教育群众，单靠学校教育远远不行。陕甘宁边区的《施政纲领》规定：对人民群众进行政治教育行为，帮助广大民众摆脱文盲称号，提升边区人民的文化修养和政治水平。[①] 晋察冀边区的纲领中也提到开展群众认字和文化娱乐活动，以服务于战争，因陋就简，因地制宜，努力形成"在晋察冀边区随处都是学校"的局面。[②] 以毛泽东为核心的中共党人，充分考虑农民的需求和意愿，使农民政治学习与其家庭、劳动有机结合，努力推行多种形式的政治学习方式，如冬学、夜校、俱乐部、识字班（组）、读报组、民教馆等。

第一，"冬学"，或称"冬学"运动，是革命根据地农村政治学习中最普遍、最有效的教育组织形式。它是利用冬季农闲季节，大规模地、有组织地、有计划地对农民进行短期识字教育。按照具体情况，"冬学"一般设在村里人口比较集中的地方或小学校里。每年的秋季，政府部门和群众

---

① 陕西师范大学教育研究所：《陕甘宁边区教育资料·教育方针政策部分》（上），教育科学出版社1981年版，第60页。

② 李公朴：《华北敌后——晋察冀》，生活·读书·新知三联书店1979年版，第145页。

团体会发出与"冬学"运动相关的指示,就活动内容开始紧锣密鼓地准备。每年年底,"冬学"教育活动正式开始,每次活动约持续3个月左右,直到次年春暖花开时节结束。"冬学"活动一般都是面向失学的成年人,其形式有小组教学、分时教学和生产教学。

第二,夜校、半日校和数日校,这是革命根据地常年性的群众业余学习组织。学员以成年男女为主,没有年龄限制。其上课时间均根据农民群众的忙闲随时增减,如白天忙碌、晚上有空的进夜校学习,一天之中半天有空的进半日校学习,要数日才有空一天的进数日校学习。

第三,俱乐部,它既是农民群众的娱乐场所,又是根据地宣传鼓动、工作讨论、任务布置的教育机构。其利用或长或短的休息时间,以及各种各样的集合场所,用讲演、唱歌、演戏、开晚会、出墙报等各种不同的娱乐方法,在不违背休息条件的原则下进行组织训练和政治教育,以完成"国防教育"的任务。作为最有效最重要的一种常态化并集娱乐与教育于一身的政治教育形式,各市镇各农村,只要是人口比较稠密的地区都可以组织,十分便利。按照俱乐部的性质和不同的农民群众,它又可细分为识字俱乐部、游泳艺术俱乐部、国术俱乐部、青年俱乐部、妇女俱乐部、老年俱乐部等组织形式。

第四,识字班(组),它是更为灵活的学习组织,可吸收人口稀少不可能组织夜校的地区的人,以及过于忙碌无法进夜校、半日校的人参加。识字班(组)以行政村或集中的几个窑洞为单位,一般直属于当地的教育促进会或区乡教育委员会。识字班(组)采用的教学模式相当灵活,不拘泥于教学时间、教学地点,也不用考虑班级和小组的学员人数,可以随时随地开始教育活动。

第五,读报组,革命根据地大生产运动中,组织了许多劳动互助组,这种集体劳动生活,便于相互学习生产知识、交换生产经验、了解边区内外大事。劳动互助组纷纷成立把读报、认字、生产、时事教育结合起来的读报组。陕甘宁边区的吴堡刘家沟区,每乡订一份《抗战报》,供各村挨次轮流传读。①安塞马家沟村的劳动英雄陈德发建立了读报组,要求全村男女老少参加读听报。他们说:"不读书、不看报,两眼摸瞎脑袋空,读读书、看看报,毛主席的话心间挂,知识学问全不落。"②

第六,民教馆,亦称民众教育馆,与其他的学习组织一样,旨在传播国家政府的政策、科学知识以及卫生知识,组织群众文化娱乐工作。民教馆设馆长一人、干事若干,均由县、市政府或教育厅推荐或委派。馆长主持馆务,干事分任各组工作。每月举行馆务会议一次,计划和检查每月工作。同时每月须向县、市政府呈送工作计划及工作报告。其所需经费,一般由各县、市政府自行筹集,也接受群众自愿捐助。

总而括之,民众可以借助这些学习形式,"接触到文化和政策,并离文化和政治越来越近,使他们慢慢脱下文盲的帽子,步入新时代,过上新生活"③。总之,这些灵活多样的学习形式,是中国共产党和广大群众在战争年代的特殊环境里,充分发挥主观能动性,以饱满的革命和生产热情创造出来的,对于革命根据地农村政治学习的顺利开展起到良好的促进作用和保证。

---

① 《吴堡县一九四四年全年各项工作总结报告》,载陕西省档案馆、陕西省社会科学院编:《陕甘宁边区政府文件选编》(第9卷),陕西人民出版社2013年版,第66页。
② 陕西师范大学教育研究所编:《陕甘宁边区教育资料·社会教育部分》(上),教育科学出版社1981年版,第119页。
③ 据不完全统计,1939年陕甘宁边区有识字组3852个,学员24107人。夜校535所,学员8086人。半日校202所,学员3323人。冬学643所,学员17750人。到1941年,陕甘宁边区共成立识字组1973所,学员12259人。夜校505所,学员7907人。半日校393所,学员5990人。冬学659个,学员20915人。参见齐礼:《陕甘宁边区实录》,延安解放社1939年版,第32页;陕西师范大学教育研究所编:《陕甘宁边区教育资料·社会教育部分》(上),教育科学出版社1981年版,第144页。

二、革命根据地农村政治学习的内容

1927 年大革命失败后,以毛泽东为代表的中国共产党转移至生产力落后、生存环境恶劣的农村,开辟了井冈山革命根据地。基于对农村文化的"反向认同",中国共产党提出要维护和保证劳动人民的基本权益,并大力鼓舞他们参与党的政治和文化生活,并在活动开展中培育新型的社会力量。①1931 年 1 月,毛泽东曾在会议上对苏维埃文化教育建设的方案进行了总结:苏维埃文化教育的核心是利用共产主义伟大思想来教育广大民众,其目的是用文化教育"为我国的革命战争和阶级战争助力"②,为一块块贫瘠土地上的农村政治学习的创办和发展提供了条件。抗战全面爆发后,边区军民面临的是日益激化的中日民族矛盾。然而作为边区建设的主力军和抗日武装后备力量的广大群众,文化水平比较低,要使他们认清形势,充分理解中国共产党的政策,响应边区政府在处理国内外问题上的具体做法,就必须提高他们的政治文化素养。让其怀着一颗"为战争服务、为战争助力"的真心。③对此,毛泽东也强调革命时期学习阅读的目的"不是为读书而读书,而是为达到抗战行动的目的而读书"④。解放战争爆发后,基于战时教育的指示,解放区的农村政治学习打破的教育模式,"一心一意的为中国的自卫战争服务"⑤,以解决战争困难为中心,与战争工作取得联系。

总之,这种建立于革命与战争背景下的农村政治学习,是一种党的社

---

① 中央教育科学研究所编:《老解放区教育资料》(第 1 册),教育科学出版社 1981 年版,第 28 页。

② 《毛泽东同志论教育工作》,人民教育出版社 1958 年版,第 15 页。

③ 《毛泽东同志论教育工作》,人民教育出版社 1958 年版,第 33 页。

④ 陕西师范大学教育研究所编:《陕甘宁边区教育资料·教育方针政策部分》(上),教育科学出版社 1981 年版,第 35 页。

⑤ 陕西师范大学教育研究所编:《陕甘宁边区教育资料·教育方针政策部分》(上),教育科学出版社 1981 年版,第 531 页。

会动员机制，它在动员群众、整合社会、服务战争等方面作出重大贡献。其主要包括两类课程，一是提高广大人民群众政治素养的政治学习课程；二是教授广大民众战争必备的常识的其他课程。

（一）政治学习课程

要想让共产主义的理念深入农村革命根据地，做好政治教育是重要的一环。新民主主义革命时期，中国共产党清晰地认知和高度总结了政治教育"生命线"的重要地位，继而将"生命线"观点扩大至革命根据地建设的各个方面。农村政治学习同样受到这一大气候的影响，并开展一系列政治学习课程。

第一，明确政治学习是主要教育目的。学习目的是基于学习环境而定，革命根据地农村政治学习是在革命与战争的大背景下发展起来的，它的目标不单单是消除文盲，更为关键的是传授革命观念和自卫技巧给群众，让他们可以参与到救国行动。从当时的社会需求出发，为消除工农群众精神上的枷锁，创造新的工农文化[①]，政治课就成为农村政治学习的主要内容。

因此，革命根据地大张旗鼓地宣传政治教育。1937年，边区政府实施了《关于群众的文化教育建设草案》，在文件中提到，在进行政治教育时，要开展政治学习课程，并对这门课程作出了要求：

> 最低要求是让学生认识到抗日的纲领、特区民主自由的特点、特区阶级关系的变化。而最高的要求要做到下列的几点：一是熟悉我国现阶段阶级关系的新结合以及我国国际关系的新改变；二是熟悉国内外的敌人、友人、同情者以及在敌我间摇摆不定的人，还要熟悉相应的解决方法；三是熟悉每一种组织和斗争

[①] 中央教育科学研究所编：《老解放区教育资料》（第1册），教育科学出版社1981年版，第17页。

形式在特区的改变，还有工作方法及作风的改变。①

1938年，又公布了《边区国防教育的方针与实施办法》，文件指出，开展这方面教育的主要目标是提升民众的民族觉悟，提升其取得胜利的自信心，增添其抗战的知识技能，调动民众参与抗战的积极性，训练大量优秀的抗战干部，培养出大量独立自主的中国建设者，力争早日获得民族的独立、自由及解放。所有这些课程尤其是国防教育课程的核心内容应是政治、军事及战时知识，并和抗战紧密联系②，这在抗战后期表现得更为明显，根据浙江义乌抗日根据地一份1945年的学习计划可察看一二：

八大队党总支（1945年1月）（仅摘录政治教育相关）

1. 政治教育目的：①中共及八路军、新四军对抗战成绩及敌后一般建设的概念；②国民党对抗战的态度、我党的态度及对人民的态度与抗战的损失；③国际国内重大形势的一般了解（重大的）；④政治上保证队员对部队集体的热忱，坚定革命意志，不管怎样变动都能跟上；⑤中共对人民的关系（各阶层）。

2. 课程安排：每星期政治课6小时，文化教育5小时，每半年以二十五周计算，政治课150课、文化课125课。

3. 政治教育内容时间比例：①阶级60小时；②时事教育30小时；③思想意识130小时；④一般政治教育30小时。

4. 政治教育内容：

A. 阶级教育：①各阶层在抗战中的态度；②各阶层生活状况；③中共前途与国民党前途。

---

① 陕西师范大学教育研究所编：《陕甘宁边区教育资料·社会教育部分》（上），教育科学出版社1981年版，第4页。

② 陕西师范大学教育研究所编：《陕甘宁边区教育资料·教育方针政策部分》（上），教育科学出版社1981年版，第1–2页。

B. 时事教育：读报 5 小时、政治形势一月一次 5 小时（3 小时报告，2 小时讨论）。

C. 思想意识：①个人利益服从整个利益；②克服地方观念与家乡观念；③克服自由主义，养成集体生活；④革命纪律；⑤发生不良倾向，随时随地进行克服教育；⑥军人大会的生活检讨会进行思想斗争。

D. 一般政治教育：①新民主主义制度、法西斯、苏维埃、资产阶级民主制度；②农村阶级（各阶层分析）；③拿一半时间 15 小时作为机动教育。①

第二，识字课承载政治学习。早在土地革命战争时期，苏区和政府明确宣布教育宗旨是："用共产主义的文化教育，做斗争的工具，同时用斗争做文化教育的工具，斗争和教育，绝对不分离。"② 基于这一教育理念，根据地农村学习活动中处处隐含着政治意图，最为突出的是农村民众的识字课。

党在进行识字课教育的时候，把宣传抗日救亡和讴歌共产党与八路军伟大功绩的材料加入课程内容和救亡歌曲中，使普通群众对团结抗日和共产党有了较为清醒的认识。苏南抗日根据地冬学使用识字课本："东洋兵，毒心肠，'扫荡'时，烧杀抢。看到鸡子都要捉，进村就找花姑娘。大家跟着共产党。团结起来打豺狼。救国人人都有责，奋起抗日来救亡。"③ 米脂印斗三乡编写的基础教材："（1）一盘莲花院里开，我请自卫军听话来。自卫军配合了八路军……（4）自卫军真正好。"书中还提到："扛起武器，共产党领导的好、毛主席提出的计划好。我们只有做到上下齐心，实施减

---

① 《半年的政治文化教育计划（义乌）》，载浙东抗日根据地革命文化史料编纂委员会编：《浙东抗日根据地革命文化史料选编》（上册），1992 年版，第 174–176 页。

② 张启安：《共和国摇篮——中华苏维埃共和国》，陕西人民出版社 2003 年版，第 553 页。

③ 董纯才：《中国革命根据地教育史》（第 2 卷），教育科学出版社 1991 年版，第 526 页。

息、生产，多多注意盘查及放哨，第二年的生产就会很好。"① 晋察冀边区各界抗日救国联合会编的"青救会课本"直接对共产党进行了介绍，把党的共产主义的奋斗目标、维护人民根本利益的政党价值、全心全意为人民服务的政党精神、民主亲民的政党形象展现在人民面前。课本叙述了共产党 20 多年来的奋斗史，指出共产党是最进步的政党，是一个"全是为老百姓谋利益"的政党，"只有社会主义、共产主义社会才是人人做主个个幸福的社会，才会使青年得到彻底的解放"。②

在山东根据地，为了打破佃户贫农的旧道德观念，揭露地主残酷剥削的实质，针对群众具体情况采用提问、启发等方法进行教育，如问："为什么刮大西北风还穿不上棉裤、为什么过年还吃不上包子、为什么春天吃树叶子？"③ 还有运用算账的方法揭露地主剥削的事实，比如算"地瓜账"。一亩地瓜的最低花费是"地瓜种三十元，两车粪四十元，九个工（种锄翻刨）每工十五元，需一百三十五元，饭钱每天十元，需九十元，共花费二百九十五元"；而一亩地瓜地的收获为"起地瓜一千二百斤，平分六百斤，每斤值三角五分，共值二百一十元"。经过花费与收获的对比，"结果种一亩地瓜地，佃户赔上（地主剥削）八十五元"。但二五减租后，"多分七十五斤，虽仍然赔钱，但每亩就可多得五十一元五角"。④ 如此一算，佃户恍然大悟，原来地主是如此多地剥削了他。对于婆婆虐待媳妇的现象，问："媳妇与闺女一样是家里人，为什么不平等？媳妇是人家的闺女，咱

---

① 陕西师范大学教育研究所编：《陕甘宁边区教育资料·社会教育部分》（上），教育科学出版社 1981 年版，第 147 页。

② 王谦主编：《晋察冀边区教育资料选编》（社会教育分册），河北教育出版社 1990 年版，第 354–355 页。

③ 山东省档案馆、山东社会科学院历史研究所编：《山东革命历史档案资料选编》（第 13 辑），山东人民出版社 1983 年版，第 112 页。

④ 山东省档案馆、山东社会科学院历史研究所编：《山东革命历史档案资料选编》（第 13 辑），山东人民出版社 1983 年版，第 111 页。

家闺女也要当媳妇，受了虐待怎么办？自己也是新媳妇过来的，为什么要一代虐待一代？"① 可观之，这些均是寓政治教育于识字教育之中，里面包含了发展生产、减租减息、拥军优抗、缴纳公粮、民兵工作、妇女工作等各方面的政治内容。

在此之外，革命根据地还利用标语、宣传画、漫画、读报、办板报等方式把政治教育融入识字教育，以期提升民众的政治水平，培养他们的民族意识，增添其抗战知识和技能，调动他们参与救国行动的热情。② 某位民主人士在参观边区之后，对当地民众开展教育的情况进行了描述，他提到：

> 在工厂、运盐队等组织中，会有一个识字的人将群众报读给群众听，他还会对报纸进行批评及解释。运用这种方法获得的宣传成效较大，报纸上的那些劳动英雄获得的成绩，总是能激起群众努力工作的热情。③

另外，组织识字教育的人基本上都是共产党员、学校教员和先进的知识分子，他们大部分具有马克思主义的政治信仰，所以在讲话的过程中会把党的意识形态、奋斗目标、政党作风、政治价值等介绍给群众。因此，识字课实质是一种政治动员，把教育与革命动员结合起来。

第三，文化活动配合中心工作。除识字学习之外，民众还会参加群众集会、民教馆、庙会等文化活动。在紧张的战事背景下，所有文化活动都纳入政治教育工作中。

首先，就文化活动的教育宗旨而言，强调教育与革命的结合。1940

---

① 山东老解放区教育史编写组编：《山东老解放区教育资料汇编》（第4辑），1985年版，第326页。

② 陕西师范大学教育研究所编：《陕甘宁边区教育资料·社会教育部分》（上），教育科学出版社1981年版，第28-29页。

③ 赵超构：《延安一月》，上海书店出版社1992年版，第161-162页。

年，山西兴县的农村教育工作实行了"五结合"，即"教育与抗日战争相结合""教学与生产劳动相结合""教学与培训干部相结合""教学与中心工作相结合""教学与通讯读报工作相结合"，一大批淳朴的农民逐步改变了愚昧无知的状态，不少人走上了革命道路。①

其次，就文化活动的内容而言，一般与时事紧密联系。甘泉民教馆利用群众集会进行时事教育和宣传工作，每个月会有6次集会，来赶集的群众会到民教馆来听时事，而馆长在给群众讲解国家时事时，多是运用说书或说故事的方法，且还会面带丰富的表情。另外，群众还会依据当地生产建设的状况来读报，以学习知识及推动工作。②在驿马关的庙会上，群众听了减租宣传后，个别群众向民教馆讲了八件明减暗不减的事。③在革命战争年代，党的政策和新的道德要求就是通过上述诸多方式灌输和传达给广大民众的。密切配合中心工作开展政治教育，使得农村政治教育"与一切抗战工作取得了紧密的联系，成为真正的抗战教育，它对开展抗战工作有较大的助力"④。

最后，就文化活动的现实意图而言，重在培育社会新生力量以服务战争。政治教育对动员工作及文化教育工作都有较大的助力，大部分的教员及学员均参与了具体的动员工作，例如在征收救国公粮过程中，"教员在工作之中指导，而学员在工作之中学习"，切切实实地实施了国防教育。⑤它们对于启发群众民族革命意识和提高政治觉悟，起到了积极而重要的作用，这也是人们常说的："如果那个地方有较好的读报组及黑板报，那么该地方就很容易执行政府政策法令以及上级的命令，且也比较容易开展生

---

① 兴县革命史编写组：《兴县革命史》，山西人民出版社1985年版，第205页。
② 陕西师范大学教育研究所编：《陕甘宁边区教育资料·社会教育部分》（上），教育科学出版社1981年版，第205–206页。
③ 陕西师范大学教育研究所编：《陕甘宁边区教育资料·社会教育部分》（上），教育科学出版社1981年版，第206–207页。
④ 吕良：《边区的社会教育》，《战时教育》1938年第2期，第4页。
⑤ 吕良：《边区的社会教育》，《战时教育》1938年第2期，第9页。

产教育之中的每一项工作。"①

总而括之，革命战争时期农村教育紧密联系群众的实际，跟随形势发展，配合不同时期中心任务，对及时有效地唤起农民政治热情、启发觉悟、提高认知、参与革命起到重要的引领作用。

（二）配合政治学习的其他课程

除了开设识字、政治课程外，革命根据地的农村政治学习还普遍开设了军事和战争技术训练课、常识课、算术、唱歌等课程。在战争的特殊时期，群众有冲锋陷阵的责任和保卫后方的义务，具备相应的军事知识和自卫常识是必要的。为了兼顾革命发展与个人需求，根据地普遍开设了军事课和战争技术训练的课程，主要包含训练自卫军、简单的医药护理、军事知识、防卫技术，构筑战沟、救护慰劳、交通运输、侦探敌情等战时工作训练，并不定期地进行军事演习和操练，使承担战争与生产任务的大批青壮年能够更好地完成他们的神圣使命。

以卫生教育为例，根据地广大卫生人员在对军民诊治过程中，利用各种方法向群众进行卫生宣传教育，说明病因以及隔离、预防的办法等；除对一般群众进行教育外，根据地还侧重对卫生工作者的教育，内容包括思想教育、问题研究、经验介绍（如技术、处方诊断等）及有关工作的调查研究、情况报道等。②根据地还通过在小学民校增设卫生科目③，编演卫生话剧④，利用参加群英大会的机会召开中西医座谈会，交流经验，以及举办

---

① 《关于发展群众读报办报与通讯工作的决议》，《解放日报》1945 年 1 月 11 日，第 3 版。
② 北京军区后勤部党史资料征集办公室编：《晋察冀军区抗战时期后勤工作史料选编》，军事学院出版社 1985 年版，第 549 页。
③ 北京军区后勤部党史资料征集办公室编：《晋察冀军区抗战时期后勤工作史料选编》，军事学院出版社 1985 年版，第 549 页。
④ 河北省军区卫生史料编辑委员会编：《河北省军区卫生史料汇编》，1950 年 9 月内部印行，第 7 页。

卫生公益事业展览等①，向广大群众传授卫生常识，使之逐渐了解预防胜于治疗的道理。

根据地的卫生教育还从侧面宣传了党的方针政策，增加了民众的政治认同。政治认同是人们在社会政治生活中产生的一种感情和意识上的归属感。②根据地的广大卫生人员在疫区各地一面看病，一面宣传，而宣传的内容不仅是关于卫生方面的，也包括政治、军事等，得到了人民群众的拥护和感谢，在政治上产生很大影响。如晋察冀边区万寺院的一个老妇人说，"还是咱们的政府好，八路军和咱们是一个心眼，死也不该忘了八路军"；当医疗组配合地方给病人治病并给予粮食时，老乡们都说，"这可知道谁是亲娘，谁是后娘了"。③可以说，根据地卫生防疫人员通过其不辞辛劳、耐心细致的工作使广大群众紧紧地团结在了党和政府的周围。总之，在根据地党和政府的高度重视和广大卫生人员的辛勤努力下，根据地的卫生防疫工作不仅有效地保障了军民健康，普及了卫生知识，而且提高了民众对党和政府的政治认同，从而为根据地的发展壮大乃至战争的胜利作出了应有的贡献。

三、革命根据地农村政治学习的特点

革命战争期间，中国共产党颁布了一系列关于农村政治学习的指示、条例、规程④，以健全农村政治学习的教育制度。在此之外，革命根据地农

---

① 《检阅战斗生产胜利成果　边区举行首届展览会》，《晋察冀日报》1945年2月17日，第3版。
② 李洪河：《新中国成立初期中南区婚姻制度的改革》，《当代中国史研究》2009年第4期，第45页。
③ 华北军区后勤卫生部编：《华北军区卫生建设史料汇编》，1949年10月内部印行，第55页。
④ 相关的条例有：《关于群众的文化教育建设草案》《陕甘宁边区教育厅指示信——关于社会教育工作问题》《社会教育工作纲要》《关于消灭文盲及其实施办法》《关于办理冬学的联合指示信》《关于社会教育工作指示》《社敦指导团工作纲要》《民教馆简则》《关于识字课本的编法问题》《关于编识字课本的意见》等。

村政治学习在办学方针、办学路线等方面凸显了"战时教育为政治服务"的特性。

第一,农村教育管理与教学中的政治。民族革命室和民教馆是根据地农村政治教育的组织和领导机构,它们的成立对于规范农村政治教育的教学形式、教学内容和教学方法有重要作用。1938年9月,晋察冀根据地发布文件《怎样建立民族革命室》,继而普遍成了革命室。革命室活动的主要内容有:"陶冶国民高尚的人格,铲除堕落浪荡的恶习;推行识字运动,输送政治常识;锻炼国民健全的体魄,讲究清洁卫生;监督村正,养成村民政治兴趣;评议是非,造成正确舆论。"① 其中,"输送政治常识""造成正确舆论"的过程,是党的马克思主义理论、政党意识形态、革命文化理念传播的过程,也就是政治社会化的过程。与此同时,随后成立的民教馆也成为政治教育的县级常设机构,它的主要任务是"消除文盲,宣传政治常识,促进经济建设,提倡卫生,破除迷信,组织群众开展文化娱乐工作"②。通过民教馆的日常活动,党的路线、方针和政策逐渐被人民群众所了解,党的阶级性质、奋斗目标、精神风貌逐渐被人民群众所熟悉,党处理现实问题的基本立场、观点和方法也逐渐被人民群众所接受。

第二,群众办学路线。"一切为了群众,一切依靠群众,从群众中来,到群众中去"的群众路线是以毛泽东为代表的中国共产党在长期斗争中形成的根本工作路线,是发展革命根据地教育的指导方针,也是中国共产党在革命战争时期获得胜利的有力保证。要在艰苦的条件下开展新型的农村政治教育,不仅仅需要自上而下的组织推广,更需要下层民众的积极参与。因此,在创办农村教育的过程中,革命根据地强调贯彻群众路线的原则。早在土地革命时期中共苏维埃政府就强调:要充分的运用群众的力量及物质条件,从而推动教育工作的发展;要运用组织的方法来吸收日夜学校的

---

① 曹剑英、刘茗、行璞、谢淑芳:《晋察冀边区教育史》,河北教育出版社1995年版,第52页。
② 甘肃教育资料编辑委员会:《陇东老区教育史》,甘肃教育出版社1988年版,第121页。

学生及教员参加工作,要保持同群众的密切联系。①此后的革命实践也继承和发展了这一政策。②在实践层面,民办公助(即以群众为主体,政府给予一定的资金和政策支持的办学形式),是教育工作中群众精神的具体体现。1934 年,在新苏区刚开始创办夜校时,学生只需要准备文具、书本及灯火等,其他的办公费由公家出。③在如此艰苦的条件下,革命根据地涌现出一批民办公助办学的典型,如关中岭底村的一揽子民办学校、志丹县的民办学校、米脂高家沟民众学校等。正是由于它们的存在,革命根据地的政治教育事业得到进一步发展。在教学方式上,群众路线(着重诱导启发,采取自由讨论、研究总结经验、示范反省等群众学习方式)是政治学习的核心观念。例如冬学里有"新方法":以群众觉悟程度和现有政治认识作基础,贯彻民主原则,提倡群众自己管理自己,发扬团结友爱精神,使干部教群众、群众教群众,甚至群众教干部,造成一种"即知即传人"的教学空气,多多培养"小先生""十字先生""百字先生"之类的教育助手。④多开座谈会、漫谈会、讨论会以调动学生的主动性、积极性。⑤基于该办学路线,边区形

---

① 中央教育科学研究所编:《老解放区教育资料》(第 1 册),教育科学出版社 1981 年版,第 73 页。

② 1943 年 6 月,毛泽东在发表《关于领导方法的若干问题》中指出:"在我党的一切实际工作中,凡属正确的领导,必须是从群众中来。到群众中去。这就是说,将群众的意见(分散的无系统的意见)集中起来(经过研究,化为集中的系统的意见),又到群众中去作宣传解释,化为群众的意见,使群众坚持下去,见之于行动,并在群众行动中考验这些意见是否正确。然后再从群众中集中起来,再到群众中坚持下去。"参见《毛泽东选集》(第 3 卷),人民出版社 1991 年版,第 899 页。1944 年 10 月,毛泽东又在《文化工作中的统一战线》中指出:"我们的文化是人民的文化,文化工作者必须有为人民服务的高度的热忱,必须联系群众,而不要脱离群众。要联系群众,就要按照群众的需要和自愿。一切为群众的工作都要从群众的需要出发,而不是从任何良好的个人愿望出发。"参见《毛泽东选集》(第 3 卷),人民出版社 1991 年版,第 1012 页。

③ 张美琴:《论中央苏区扫盲教育的历史经验》,《成人教育》2009 年第 12 期,第 14 页。

④ 中央教育科学研究所编:《老解放区教育资料》(下),教育科学出版社 1986 年版,第 199 页。

⑤ 董纯才、张腾霄:《中国革命根据地教育史》(第 2 卷),教育科学出版社 1991 年版,第 409 页。

成了父教子、妻教夫、小孩教大人的群众性的教学热潮。"据记载,当时有个叫离石九根条的村庄里,一个叫李振全(在外村教学)的,每次回家把字教给他父亲,他父亲又教给他女人,他女人再教给全村的妇女。当地的煤炭工人没有时间上学,但他们的女人上了冬学,回去就教给自己的男人。另一个叫离石刘家山的村庄里的七十几个小学生,几乎没有一个不参加小先生运动的,使全村差不多三分之二的群众参加了识字。"[1]基于此,农村群众上学大大减轻了经济负担,且是自愿的、愉快的。

革命根据地政治学习是在抗日战争的环境下,在过去中共瑞金时期战时共产主义教育体制的基础上发展的,它有三个鲜明的特点:一是教育立足于抗日和革命的政治鼓动,特别面向根据地的知识分子和基层民众;二是在政治动员的同时,强力推动社会改革措施,注重对底层民众进行生产技能和生活知识的灌输;三是展开对中国文化的试验性改造。总而言之,革命根据地农村政治学习是中国共产党领导的战时状态下的革命大众主义的动员教育,这种教育是一种强化意识形态灌输的教育,具有鲜明的阶级性和政治鼓动性,它以革命政党的世界观和路线、方针、政策为教育的宗旨和依归,突出教育的政治思想训练、基本生活和生产技能学习的实际功能。不可否认的是,革命根据地农村政治学习是在残酷的战争环境、落后的农村地区、薄弱的文化教育底子等极其艰苦的条件下进行的,因而存在着实践过程的偏差性、教育方式的嵌入性、教育工作的非持续性等诸多不足。但农村政治学习取得的成就又是不同寻常的,如数量巨大的干部队伍的培养、相当程度群众的政治教育普及等,有力地支援了土地革命战争、抗日战争和解放战争,积极推动了根据地政治、经济、文化的建设和社会风气的转变。

---

[1] 中央教育科学研究所编:《老解放区教育资料》(下),教育科学出版社1986年版,第176页。

本章小结

革命时期，中国共产党的学习行为展现政治与文化之间的张力和互动关系，其发展轨迹也体现了从"个体学习"向"政党学习"的嬗变，并以普及农村教育的方式向根据地农民输出政治学习。概言之，这一时期党的学习行为的基本特征有：第一，实践性和应用性。革命时期，党的学习行为有较强的现实指向性，即为解决中国革命实际问题，而进行理论补充与理论动员、政策移植与政治实践。第二，常态化和制度化。中共共产党学习行为的养成，主要发生在延安时期，在政治学习的领导机制、学员范围、学习时长和考察制度的设置下，逐步趋于常态化和制度化。显然，中国共产党的学习行为带有较强的政治实践性，既适应中国共产党理论联系实际、理论服务现实的需求，又可以创造一个相对和谐的政治传播氛围。

重视和善于学习是中国共产党的优良基因，延续至今仍葆有极大的活力。具体而言，一是继承和发扬传统学习行为的优势，例如中国共产党多次召开中央领导人集体学习与工作会议，大力推动党校教育事业的蓬勃发展，进一步推进基层党组织学习行为。二是重视和强调学习行为的重要性，2004年党的十六届四中全会正式确立建设学习型政党的战略方针，并号召"全党同志一定要有学习的紧迫感，抓紧学习、刻苦学习、善于学习、善于重新学习"[①]。三是完善和创新领导人集体学习制度，中央政治局先后

[①] 中共中央文献研究室编：《十六大以来重要文献选编》（中册），中央文献出版社2006年版，第622页。

进行了多次集体学习①,为全党做出了榜样。另外,还建立了各级在职领导干部的理论研讨班,创新发展省部级主要领导干部的学习制度。

---

① 十八届中央政治局集体学习共43次,十九届中央政治局集体学习已有19次(截至2020年5月30日)。资料来源:中国共产党新闻网资料库,人民网中央领导机构资料库。

第四章

会议行为

　　会议，从字义上说，"会"是聚合的意思，"议"是讨论、商议、议事的意思。① 概而言之，会议是一种有组织、有目的地把众多的人聚集起来，一起商讨问题的社会活动方式。没有组织的聚合和议论，不能称其为会议。党的会议通过长期反复履行一系列有意义的规定性行为组合和政治仪式，向党员传达政党理论，表明政党所要求的集体行为活动。会议行为，包括工作会议、组织生活会、群众大会、庆典大会等类型，是统一思想、统一意志、统一行动和集体决策、发布政策、部署工作、阐明领导意图的主要活动形式。为了获取更广泛的群众支持并夺取革命事业的最终胜利，中国共产党作为一个政治组织，必须不遗余力地将自己的革命理念和政治理想广泛传播，即通过类型不一的政治会议来"传播政治信息，以推动政治活动过程、影响受传者态度与行为"。②

---

① 邵培仁：《政治传播学》，江苏人民出版社1991年版，第25页。
② 周鸿铎：《政治传播学概论》，中国纺织出版社2005年版，第7页。

第一节　政治会议的功能

会议同其他社会现象一样，是人类历史发展的产物，早在原始社会就已存在。那个时候，各部落里的人们在处理重大问题时，都是共同商议解决问题。恩格斯在《家庭、私有制和国家的起源》一书中写道："氏族有议事会，它是氏族的一切成年男女享有平等表决权的民主集会。这种议事会选举、撤换酋长和军事首领，以及其余的'信仰守护人'；它作出为被杀害的氏族成员接受赎金或实行血族复仇的决定；它收养外人加入氏族。"[1] 与此同时，他还描述了氏族成员参加部落议事会的场面："我们在易洛魁人中间已经看到，当议事会开会时，人民——男男女女都站在周围，按照规定的程序参加讨论，这样来影响它的决定。在荷马所描写的希腊人中间，这种'围立'（这是古代德意志人的法庭用语）已经发展成为一种真正的人民大会。"[2] "围立"即人类社会早期的一种会议形式。

随着社会生产力的不断发展，人类社会进入到奴隶主专制的社会，此时的会议也只是奴隶主之间相互勾结或者借以谈判、解决矛盾的一种形式。在封建社会，在封建统治阶层中，实行的是"金口玉言"式的独断统治。比较开明的君主，偶尔召集文武官员商议一些军政要事，但也只是例行公事。当然，农民在起义中也通过会议进行组织动员工作。在资本主义社会，由于社会化大生产的出现和发展，工厂生产按工序划分车间，车间

---

[1]《马克思恩格斯选集》（第4卷），人民出版社1995年版，第84页。
[2]《马克思恩格斯选集》（第4卷），人民出版社1995年版，第101页。

的工作联系，常常通过会议方式进行。同时，企业经理与股东也会定期召开联席会议。与这个经济基础相适应的上层建筑也随之庞大复杂起来。资产阶级建立起相应的管理机构，即"议事机关——国会，行政机关——内阁"①，政治会议成为国家管理的重要形式之一。

在社会主义社会，国家机关是代表全体人民利益的新型机关。借助政治会议开展组织工作是必要的，这是因为"我们中国共产党无论进行何项工作，有两个方法是必须采用的，一是一般和个别相结合；二是领导和群众相结合"②。对此，毛泽东提议将会议形式制度化、规范化："每年要开一两次大会，中型会可以多开一点，每年可以开四次。"③在长期的革命实践中，中国共产党通过政治会议布置任务、贯彻政策、调查情况、统筹协调、作出决策、推动工作，形成了一套较为完善的会议制度，涵盖会议的具体目的、举办时间、运作方式和参会者的资格等。除了决策型的工作会议之外，民主生活会、群众大会、庆典大会亦是民众革命化生活的日常图景，也是民众认同革命文化的重要场景。以上的会议不仅仅是党的工作阵地，更是党的政治传播的常见机制，这主要通过会议过程和会后媒介得以实现。之于党的建设和革命事业，政治会议发挥着不可估量的重要作用，具体表现在组织运行和政治仪式两大方面。

一、会议的组织运行功能

会议是一个集思广益的渠道，是一种群体沟通的方式，更显示了一个组织的存在价值。红色革命时期，高效的政治会议是加强和改善组织工作

---

① 王辉、李林山：《行政管理学概论》，天津人民出版社1990年版，第228页。
② 《关于领导方法的若干问题》，载《毛泽东选集》（第3卷），人民出版社1991年版，第897页。
③ 中共中央文献研究室编：《建国以来重要文献选编》（第11册），中央文献出版社2011年版，第34页。

必不可少的手段之一，其具有以下组织运行功能：

实现组织领导。政治会议是实施组织领导的手段之一。中国共产党对党员的组织领导，主要通过会议来传达精神、布置工作、统一认识、统一步调，从而推动工作的顺利开展。与此同时，许多决策的实施、工作的开展，往往要涉及多个组织。这就需要通过一定的会议进行组织协调，以保证决策的顺利实施。这不仅能够深化党员对党的政策纲领和路线方针的理解，更进一步强化党员对中国共产党的组织认同。

进行科学决策。决策的形式很多，其中较为有效的形式是政治会议。如毛泽东所言："过去我们学会了一种工作方式，就是开会。这个方式各处盛行，多年以来我们就没有放弃过这种工作方式。"① 中国共产党通过调查会、汇报会、研讨会、咨询会、决策会等工作会议，收集情况，发现问题，分析原因，确定目标，制定方案，征询意见，作出决策。

传达政策信息。会议不仅仅是中国共产党集中思想和科学决策的形式，更是快速传播政治决策和政治意识形态的重要途径。中国共产党通过会议传达政治意识形态和政策，加深党员对党的思想理论和政策方针的理解。对此，会议内容和传播途径的有效监控有利于加深党员对党的政策方针的理解和强化对党的组织认同。正如《中国共产党党员权利保障条例》规定："党的代表大会、代表会议和党的委员会全体会议以及其他重要会议召开后，党组织要按照规定将会议内容和精神向党员传达、通报。党组织作出的决议、决定，按照规定及时向党员通报。"② 与此同时，通过召开会议，可以收集信息、交流经验、沟通感情、征询意见、表彰批评等，起到上情下达、下情上达、左右联系、相互沟通、协调矛盾的作用，便于取得上下左右各方的互相理解与支持，充分掌握有关信息，为决策的制定与

---

① 《毛泽东新闻工作文选》，新华出版社 1983 年版，第 113 页。
② 《中国共产党章程及相关党内规章》，人民出版社 2006 年版，第 85 页。

实施奠定基础。此时，会议的在场感给予参会者更深刻的参会体验，也促使他们成为会议精神的传播者。

加强党的建设。党内生活会是党内政治生活的重要组成部分，它既是发扬党内民主、保证党员充分享受党员权利的场所，又是对党员进行管理、教育和实施监督的基本形式。可观之，定期召开党内生活会，党内同志养成批评与自我批评的行为习惯，有利于革命时期中国共产党加强党的建设，开展批评与自我批评、党员自我监督反省、党员互相监督揭发、群众监督举报等活动。

实行动员教育。中国共产党还可以通过发布会、报告会、动员会、群众大会等会议形式来宣传动员群众，提高他们的思想认识，消除疑虑，使其自觉地贯彻执行相关的方针、政策，更好地完成工作任务。革命时期的动员，新中国成立后的土地改革运动、农业合作化运动、"文化大革命"的动员，都是利用群众大会进行动员的范例。

实现基层领导。这主要表现为基层党组织对于政治会议的有效组织，从而一方面实现党对基层社会有效领导，增加党的执政资源和增强领导能力；另一方面有效吸纳和规范基层社会的新变化，维护基层社会的稳定和发展。在具体实践中，中国共产党还在群众工作中广泛运用会议形式，在各个根据地定期召开群众大会传递会议精神、通报党内信息、讨论并解决当地问题："各级代表会、干部会、座谈会、群众会，是进行群众宣传的重要方法，应当充分地有系统地利用这种方法进行工作。"①

简而言之，党组织通过会议活动实现党对基层社会的面对面领导，在群众工作中广泛运用会议形式，频频召开群众大会传达、宣传、解释党的主张和政策，讨论并解决当地问题。面对面的政治会议有时是唯一可行的

---

① 中央宣传部办公厅编：《党的宣传工作会议概况和文献（1951—1992）》，中共中央党校出版社 1994 年版，第 32 页。

传播方式，中国共产党在革命时期进行群众动员的历史经验，也影响了它现在的作风。除了这些具有特殊社会性的影响之外，面对面的政治会议事实上也是任何社会高度有效的传播方式。无论如何，要求所有党员干部与自己工作单位的群众保持经常的非正式接触，并向他们论述党的政策。有两个因素可说明中共党人为何强调政治传播中直接的个人接触。其中一个因素是当时民众文化程度不高，声音与影响较之文字有更强互动性，因此实践中亦更多采用电台或电影形式而非印刷媒介。另一个因素是直接面对面的政治沟通更有利于政治作息的传达，如苏联每个工厂都配备宣讲队，以便向工人面对面地宣传党的指示。这些因素结合在一起，使中国的政治传播系统偏爱直接的人际交流。

二、政治会议的仪式功能

在当代国家权力体系之中，"开会"是受中国政治文化支配和影响的一种模式化的集体互动形式[①]，更为关键的是，会议也是一种仪式，"从构成会议的时空场景布置、会议参加者的身份差异、会议程序的操演、会议本身的形式化、会议所追求的潜在目的以及会议所实现的真正功能等方面都与仪式等同"[②]。因此，要将政治会议中的仪式功能作为政治社会化的重点领域来对待，这也是追求政治文化研究的重要路径。

仪式具有象征性意义，早期的仪式是借助神秘物质或神秘力量（如神灵、天意等超自然的神圣）完成超越现实的控制，其意义表达需要彰显象征意义、观念信仰等，且不运用技术程序的规定性正式行为。而在进入现代社会之后，仪式便分化成"神圣—世俗"两大领域，而在世俗领域，仪式已经成为一种

[①] 刘光宁：《开会：制度化仪式及其对当代社会观念和政治文化的影响》，《当代中国研究》2005 年第 3 期，第 38 页。

[②] 闫伊默：《仪式传播与认同研究》，知识产权出版社 2014 年版，第 100 页。

政治化行为，人们之于仪式有多种理解，其中较有影响的三种理解分别是：最为普遍的是庄严肃穆的、神圣特殊的传统典礼，其次是世俗的、功利性的现代仪式，当然也可以被理解为传统的、约定俗成的由国家意识形态所运用的一套权力技术。仪式以其特有的规定性布置和标准的动作方式逐渐将意义指向了仪式倡导者的政治意图。在现代社会，仪式尤其是政治会议已经成为日常生活之中的政治形式之一。

在政治会议上，人们脱离于现实的时空，沉浸在仪式情境中。此时，组织价值和政治文化借助于仪式的力量以一种潜移默化的形式渗透到组织成员的内心深处。与此同时，组织以其强大的组织力量和毋庸置疑的政治权威将社会所有成员纳入其中，完成组织整合，实现政治认同。在此意义上，姆贝认为："会议之所以重要，并不在于其内容，而在于它为构成组织结构的各成员提供了讨论各种问题的环境。会议的象征意义也就在于组织的等级制度中握有权力的人可以用它来展示其权力，从而加强其地位。"① 这是一种较为隐蔽的组织统治策略，也是政治会议作为仪式之于组织的意义所在。

政治会议对政治文化的有效传播，根源于集体意识和事业信念的建构。这种信仰源自成员对于个体与政党、政党与社会关系信念的假设。涂尔干认为，仪式是为维护信仰的生命力服务的，而且它仅仅为此服务，仪式必须保证信仰不能从记忆中抹去，必须使集体意识最本质的要素得到复苏。政治会议不仅是信仰的载体，还是信仰建构的有效途径。对成员的信仰教育，是政党施展文化行为的一个重要方面。政治会议中重复性的行为模式，即会议行为，能够满足成员的群体聚集性要求，让成员在特定的文化氛围中，强化身份意识，捕获心灵慰藉，产生组织归属感，形成政党凝

---

① ［美］丹尼斯·K.姆贝著，陈德民译：《组织中的传播和权力：话语、意识形态和统治》，中国社会科学出版社 2000 年版，第 77 页。

聚力。成员共享的情感是维持组织符号权力秩序的重要保障，这些情感制约着党员之间的相互关系和集体行为。会议行为作为政党情感符号的象征性体现，能够起到塑造、调整、稳定、维持和传递组织情感的作用。

此时，政治会议的仪式分析主要体现于两个向度，一是要素的仪式性。从仪式的角度看，构成会议的各个要素作为符号同样充满着象征意义，例如会议的时间、空间、人物、频率及其内容。二是功能的仪式性。组织者遵循人们在会议的互动沟通中所隐含的一致性，创设具有共同要素的文化情境，并通过规范秩序的意义建构，让参会者高度认同会议精神。

以要素的仪式性视角探之，构成会议的各个要素（时间要素、空间要素、主体要素、频次要素）作为符号同样充斥着政治社会化的意涵。

会议的第一个仪式性要素是时间。时间是传统仪式的重要维度之一，甚或在一定意义上讲，仪式天然地与时间相关。在会议这种仪式中，时间是重点考虑的重要方面，会议性质、重要程度及参会人员的身份都是会议时间安排和确定的重要依据。与传统仪式展演时间安排一样，会议时间的安排也会考虑到特殊的纪念性，比如在周期性纪念日举行大型会议。再如，中国共产党全国代表大会一般都在固定的时间举行，这种周期反复性本身又构成了会议的仪式性。

会议的第二个仪式性要素是空间。空间是传统仪式的另一个重要维度，与时间维度之于仪式的意义一样，空间也是仪式展演所要考虑的重要方面。空间是仪式展演存在的前提，也是形成仪式氛围的决定性要素。在这种情况下，仪式只有在特定的空间进行，其效用才得以彰显。政治会议在举行时，同样要考虑会议地点的选择。除此之外，组织者通过对会场进行布置从而使政治会议更具仪式氛围也无形中加深参会者的符号记忆。尤其是在革命时期，最常见的是贴满会场的革命标语，这些都彰显了组织理想和行动意义。

会议的第三个仪式性要素是人物。没有参会者，仪式无以展演，也谈不上存在。仪式中参与者有着身份上的差别，正是这种差别言说着仪式所蕴含的特殊关系和意义。政治会议正是沿用这种身份区隔作为规约手段，"来维护和协调人伦、等级关系，从而达到社会的稳定和统治的牢固"①。在政治会议中，主讲人、主持人、一般讲话人的顺序安排及参会者的座位排次等，都会根据参会者的官阶、地位等量度来安排，并尽可能地不出差错。主要参会者的身份决定了会议的级别和重要程度。对待高级别领导，组织方往往也会采取"神秘化"策略，以塑造其权威性，建构一种"神秘化作用下的认同"。在日常会议中，高级别领导不是每次都要莅会，否则会议本身的仪式价值会大打折扣，组织领导的权威也会招致损害。而普通的参会者，作为一种相对意义的存在，不得不沦为政治仪式的配合者。

　　会议的第四个仪式性要素是会议的频率。如前所述，仪式的一个突出特征就是其周期性和反复性。仪式所象征的意义世界，在仪式的这种周期性展演中得以实现。仪式有其发生逻辑，一是周期性的反复，二是为应对某种变故和困境所进行的缓解和抚慰。米歇尔斯指出："很可能有许多仪式行为是这样产生的：有一些很好的理由促成了某些行为必须被重复，并被当成文化的或是习惯的模式传承下去。在许多情况下，重大问题或冲突可能曾是仪式的起源，因为有必要由个人或是集体来解决这些问题。"②前一种情况是正统的仪式行为，后者则是基于应急情况而出现的仪式行为。就政治会议而言，常规例会以及临时会议都具备仪式的特征性，尤其是革命战争时期召集的紧急会议，更具有明确的现实指向性和革命仪式性。

　　仪式作为象征性的行为符号，不仅是表达性的，而且是建构性的；它不仅可以展示观念的、心智的内在逻辑，也可以是展现和建构权威的权力技术。政治会议主要通过行为符号，辅以话语符号、实物符号、偶像符号、音乐符号等，建构出一个具有象征意义的文化场域，多次反复强化，

---

　　① 杨志刚：《中国礼仪制度研究》，华东师范大学出版社2001年版，第2页。
　　② ［德］阿克瑟尔·米歇尔斯：《仪式的无意义性及其意义》，载王霄冰主编：《仪式与信仰：当代文化人类学新视野》，民族出版社2008年版，第45页。

使之成为成员固定的行为模式。① 会议的仪式性功能，借助象征性行为符号，有力推进会议的政治社会化功能。首先，赋予神圣价值，在意义建构中赋予会议仪式神圣价值。通过神圣符号的建构，可以引发参与者带有强烈认同趋向的情绪和动机，巩固政党的价值与行为符号系统。其次，建构象征共同体，即在会议过程中塑造象征结合体，如群众大会或动员会创生的偶像符号。象征性符号唤起参与者的集体意识，提升参与者对政党集体行为的心理倾向。再次，凸显行为的表演特质，这在群众大会和庆典大会中表现得尤为明显。大会赋予参与者不同的角色，使其进入会议建构的虚拟文化场景，通过超常规的虚拟行为扮演，激发真实认知情感，建立认知价值与行为之间的稳固联系。最后，意义场景的反复重现。周期重复性的政治会议，能够训练和强化参与者对特定文化场景的行为反应，使其行为趋于格式化、稳定化。

---

① 薛艺兵：《对仪式现象的人类学解释》，《广西民族研究》2003年第3期，第28页。

第二节　政治会议的类型

党的政治会议作为一种工作方式和行为方式，同世界上一切事物一样，无论内容和形式，都是十分丰富的，可以从不同的角度、采取不同的方法进行分类：从会议规模来划分，有大、中、小三种类型会议；根据会议的组织形式或会议产生的必然性和偶然性，可以划分为常规性会议（例会）和临时性会议；从会议的作用上划分，有立法性会议、行政性会议、动员性会议、咨询性会议、纪念性会议等；从会议形态划分，主要有工作会议、组织生活会、群众大会和庆典大会等。在此，工作会议、组织生活会、群众大会和庆典大会的组织形态基本反映了革命时期中国共产党组织行为的基本逻辑。本节仅选取有中国共产党特色的若干会议加以描述。

一、工作会议

党的工作会议是指组织领导人或负责人所召集的，解决全党的或本系统、本单位、本部门的工作任务和问题的会议。工作会议类型按工作内容可分为重大决策会议和一般的工作会议。

重大决策会议，即对思想、政治、经济、文化和社会等制定新的纲领、路线、方针和政策的会议，对全局有重大影响的会议。

一般的工作会议，即在特定管理层次的人员中就职权范围之内的工作问题，共同商讨、互通情况、作出一般决定的会议。具体包括：传达性工作会议，这种工作会议主要是向与会人员传达党和国家的各项法令、政策、方针，以及上级机关的会议精神和工作指示等内容，以期为本系统工作指明方向。部署性工作会议，其内容侧重于对下一阶段的工作进行动员和部署，以使全体与会人员明确下一阶段的工作内容和任务。总结性工作会议，这种工作会议主要是就一定时期内开展的各项工作向与会人员进行总结汇报，以确定下一阶段工作重点和目标。

工作会议是中国共产党最重要的会议形式。中国共产党的各类决议基本上是通过会议完成的，即决策者和执行者在会议过程中完成各自的政治使命和政治职责。工作会议的一般流程可分为三大阶段[①]：第一阶段，大会的准备阶段。一般由上级党政机关以内部文件形式通报具体的开会时间和地点以及参会人员的名单。随后，参会者提前一至两日到达指定地点报道，并领取相关的会议材料和会议日程表。通常情况而言，开会的议程严格按照会议主办方提前设定好的程序进行。第二阶段，会议的正式启动。大会现场经由会务组人员精心安排，大致分为主席台和听众席。其中，排列主席台上的座次，我国目前的惯例是：前排高于后排，中央高于两侧，左座高于右座。凡属重要会议，在主席台上每位就座者身前的桌子上，应先摆放好写有其本人姓名的桌签。排列听众席的座次，目前主要有两种方法，一是按指定区域统一就座，二是自由就座。一般来说，由职位次高级别的人担任大会主持，并邀请职位最高者作大会启动仪式的发言，其发言进一步落实此次会议的基本框架。随后几天里，发言者根据预设的框架内容作有分寸的发言，并尽量与既定的观点保持一致。第三阶段，大会的总结陈词。由职级最高者作大会的总结发言，他将汇总和筛选各种会议发言，对讨论的问题作权威性的解释。最后，在完成会议的预定程序后，主持人对会议成果简要概括，并宣布会议结束。

工作会议的传播不仅需要通过自上而下的纵向会议群来实现，还有决

[①] 刘光宁：《开会：制度化仪式及其对当代社会观念和政治文化的影响》，《当代中国研究》2005年第3期，第38页。

策性会议所制定的"文件",俗称"红头文件"。在中国政治生活中,这些文件的具体形式主要有公报、决定、意见、条例、规定、通知等。文件制度是当代中国政治运转的一种基本形式,它与革命战争历史形成的惯性、国家制度化建设滞后以及权力过于集中三个因素有着直接或间接的关系。[①]文件承载着会议精神,不仅是中国共产党制定和推进政策的主要手段,也是一种重要的政治传播方式,文件经过各省级会议的仪式展演,完成其政治指导性和群众影响力。在革命时期,中央的红头文件更是国家意志的表达载体,拥有不可抗衡的政治权威。

二、组织生活会

组织生活会是基层党组织以交流思想、总结经验教训、开展批评与自我批评为中心内容的组织生活制度。基层党组织生活会的基本内容主要包括:每个党员不论职务高低,都必须编入党的一个支部,参加党的组织生活,接受来自党内党外的监督;每季度召开一次支部党员大会,讨论研究支部重要议题;每月至少召开一次支部委员会议;每季度安排党员接受一次党课教育;每半年召开一次组织生活会,支部书记和委员除了参加党小组党员组织生活会之外,还要专门召开支部委员会的民主生活会。

在延安,中共党人认真履行本单位"组织人"的职责,定期参与"组织生活会"或"民主生活会",切实开展公开的批评与自我批评,解决自身在革命激情、革命作风和革命效率等方面的突出问题,将自身塑造成为大公无私、公而忘私的形象。因此,各单位都普遍召开了"组织生活会"和落实民主监督制度:

"延安大学建校以来坚持每礼拜一次班组生活会,时间在星

[①] 谢岳:《当代中国政治沟通》,上海人民出版社2006年版,第116–117页。

期天晚上,内容是检讨每个人一周来的言行,首先自己汇报,然后大家评议,点名道姓地开展批评与自我批评。这样的班组会,各级领导都必须参加。"①

对此,尼姆·威尔斯高度评价:"红军有一种特殊的性质,因为它不是从土地而是从土地革命产生的,它的组织坚强得惊人。"② 这种"坚强得惊人"的组织特性,其中一个重要的形成因素在于组织生活会充分发挥了"批评与自我批评"的巨大优势。位于延安城南门外杜甫川的自然科学院,是个男女兼招的战时高等学校,曾经在该学院生活学习的同志回忆说:

每周都有一次生活漫谈会,分组进行,开展批评与自我批评。大家都本着革命同志间团结互助的精神,有啥说啥,不讲客套,偶尔也有争得面红耳赤的,但并不强加于人,争完就过去了,不存什么事。这种直率的批评与自我批评反而使同志间的关系更为融洽。③

另外,安吴青训班的核心理念是培养学员的精诚团结、吃苦耐劳、克服困难、自我批评等精神。其中的"批评与自我批评"具体指涉:"无论谁,缺点和错误都是在所难免的。我们既然不明知故犯,犯了错误,也不害怕,更不隐瞒。而要能鼓起勇气,立下决心,细心检讨,认真纠正。特别是能虚心接受别人对自己的批评。这样诚恳地提出和接受批评,互相帮助,共同发展,才是真正亲密团结的基础。"④ 一般而言,安吴青训班的组

---

① 王云风:《延安大学校史》,陕西人民教育出版社1994年版,第188页。
② [美]尼姆·威尔斯著,陶宜译:《续西行漫记》,解放军文艺出版社2002年版,第269页。
③ 胡琦、何华生、许明修:《延安自然科学院创办的经过》,载《延安自然科学院史料》,中共党史资料出版社、北京工业学院出版社1986年版,第396-397页。
④ 刘路龙:《战工团下乡实习工作的总结》(1953年2月),载共青团中央青运史研究室、共青团陕西省委青运史研究室编:《安吴古堡的钟声——安吴青训班史料集》,中共党史资料出版社1987年版,第140页。

织生活会包括班排和连队两种类型,在班排小规模上,每个人都能畅所欲言,各抒己见。谈话的内容主要聚焦于个体的命运史,因而更易休戚与共,彼此感召共同的命运:

> "当同学们谈起过去那不幸的小史时,大家总是热烈地倾听着,好像每一个故事都是在诉说自己的命运一样,也许是这么一个缘故,女同学们能最亲密地团结起来。"①

尤其在女生连队的组织生活上,"批评与自我批评"这一利器发挥着强大而又高效的同化功能,教化每一位女学员纠正错误,改正娇气,完善意识,涵养个人革命道德,坚守集体组织纪律:

> 在每星期开始的时候,新同学们从外边带来许多新消息和经验来,也带来了许多不好习气。有些人喜欢"自由自在"地和她的爱人卿卿我我地碰在一堆;有些人和男同学认识了几天就大谈起恋爱来,甚至破坏了生活纪律,不按照作息时间,引起落后的群众的误会;有些人爱出风头,整天吹牛,迎奉别人;有些人自以为癖性天生,高兴一个人躲在一个角落里不声不响地"独立门户",抱着各人自扫门前雪的心理……真是各具一格。可是这些浪漫的古怪的等等习气,不久便"沦亡"了。因为在每个星期六的晚间,她们经常地举行一个生活检讨会,大家拿出自我批评的武器,消灭各种不良倾向。积极、诚恳、团结、紧张、活泼、严肃的精神大大的[地]发扬了,渐渐地大家团结得像一家人一样。②

---

① 夏青:《青训班的女同学》,载共青团中央青运史研究室、共青团陕西省委青运史研究室编:《安吴古堡的钟声——安吴青训班史料集》,中共党史资料出版社1987年版,第114页。
② 夏青:《青训班的女同学》,载共青团中央青运史研究室、共青团陕西省委青运史研究室编:《安吴古堡的钟声——安吴青训班史料集》,中共党史资料出版社1987年版,第115页。

上述是和风细雨式的组织生活会，但不排除也有特殊情况，倘若会议过程中出现歪曲事实、诽谤污蔑抑或是私藏武器、打架斗殴等恶性事件，势必会加重组织生活会现场气氛的紧张程度。此时，学生自治团体便会采取团体制裁的强硬措施，即事态调查，理清线索，发现目标；个别谈话，发动群众，集体报告，组织生活会上专题思想斗争，公开制裁。实践证明，"除了极少数最顽固的汉奸土匪，这几种方法都能收到很大的感化的效果"①。

这种组织生活会，让奔赴延安的有识之士或多或少从严肃规整的集体生活中体会到了民主理想和活泼朝气。与蒋介石强调"我们要求国家民族的自由平等，就要牺牲个人的自由，以求国家的自由；牺牲个人的平等，以求民族的平等"，要"服从家长"，"服从队长、排长、班长"，"服从各级政府"，"服从领袖"②，强化专制统治，造成国民党统治的大后方毫无民主备受压抑的状况，形成鲜明的对比。延安与重庆，泾渭分明，高下立判。从大后方奔赴延安的爱国青年们对此感触颇深，由衷地表达了对中国共产党政治领导的内心向往。

革命时期，组织生活会因时而变、因势而化，组织生活内容一般是革命形势与任务讨论，党员的学习与自我教育、批评与自我批评。组织生活会也会讨论"如何建立没有剥削和压迫的社会主义新中国"③此类理想性的话题。1938年2月15日中共汕头市工委工作报告，透露了抗日战争时期中国共产党的组织生活的一些信息。

1. 市工委的组织生活

> 每月会议六次，议事日程：第一次宣传部工作布置；第二

---

① 张琴秋：《生活指导处是怎样工作着的》，载共青团中央青运史研究室、共青团陕西省委青运史研究室编：《安吴古堡的钟声——安吴青训班史料集》，中共党史资料出版社1987年版，第93页。

② 蒋中正：《中国青年之责任》，《陕西青年》1941年第2期，第38页。

③ 李动：《信仰的力量》，《新民晚报》2011年7月1日，第4版。

次组织部工作布置；第三次检讨妇女工作；第四次检讨工人工作；第五次检讨文化工作和印刷工作；第六次总检讨一个月的工作，规定下个月份的工作大纲兼批准各支部计划。会议都能按期举行，每次会议时间四点钟左右，会议情绪，个别同志疲倦和个别执委忘掉经常会议时间。过去讨论过"抗战军事失利原因"（参看战时文化第一期）和目前抗战形势与任务。

2. 各支部的组织生活

（1）印刷部。每月会议四次，会议程序：①时事报告。②工作检讨。③印刷工作布置。④问题文件讨论或自我批评。平均每次会议时间三点钟左右，同志都能按期出席。过去讨论的问题有：①民族统一战线的基本原则。②抗日统一战线的诸问题（凯丰）。③目前抗〔战〕的形势与任务。

（2）青年支部。会议每月八次，平均会议时间三点钟左右，个别同志曾缺席和迟到，原因是群众工作的关系。讨论过共产党是什么、民族统一战线的基本原则、目前抗战形势与任务和开展"左"倾关门主义的斗争等。会议的精神不好，不会严肃和紧张，个别同志在会上开玩笑。

（3）工人支部。每月会议四次，会议议事程序和上同，支部书记对工作不负责任和个别同志常常流动，因此会议常没有召集。讨论过码头、铁路工作，公开工作与秘密工作，与职工运动，怎样做一个党员。

（4）妇女支部。会议每月四次，议事程序同上，会议时间平均二点钟左右，会议能按时开会，不过有一次因为个别同志没有认清会议地点而流产。讨论的文件有：①抗日救国十大纲领。②日寇侵略的新阶段和中国人民斗争的新时期。③论全面抗战。

④什么叫做新的领导方式。⑤民族统一战线的基本原则。⑥目前抗战形势与任务。①

报告表明基层组织生活会议的议程一般涵盖时事报告、工作布置、自我检讨等环节，会议周期基本上是每周一次，会议时间基本安排在两点钟到四点钟（半小时到一小时之间）。有时组织生活会有"会议的精神不好，不会严肃和紧张，个别同志在会上开玩笑"②等情况。

党检查下级工作的一个重要方面，是组织生活会的开展，1944年的一个检查报告，批评胶东军区不少干部不参加党的会议，有的干部几个月不开小组会、不汇报，一些干部或党员自由回家，组织亦不加追究。③

三、群众大会

中国共产党的优势在于党同群众的密切联系。中共党人来自群众，也生活在群众之中。新民主主义革命时期，党的革命任务归根到底是集中群众愿望，也只有依靠广大群众的实践才能实现。因此，中国共产党行为模式不仅仅体现在中共党人行为模式的展演中，也深深地影响并塑造着每一个人民群众的日常行为，这同样也能成为印证党的革命文化和红色行为的重要素材。农村老百姓普遍传诵着"国民党税多"④这句老话。显然，在生活艰难的革命年代，国民党的税政必然遭到百姓的反对，而这一反抗情绪

---

① 《中共汕头市工委工作报告——汕头党的组织及市工委组织问题》（1938年2月15日），载中央档案馆、广东省档案馆编：《广东革命历史文件汇集》（中共潮海地区党组织文件和报刊资料选辑）（1937—1941），1987年版，第20页。

② 《中共汕头市工委工作报告——汕头党的组织及市工委组织问题》（1938年2月15日），载中央档案馆、广东省档案馆编：《广东革命历史文件汇集》（中共潮海地区党组织文件和报刊资料选辑）（1937—1941），1987年版，第22页。

③ 《胶东军区组织工作总结》（1944年），山东省档案馆，卷宗号：G050-01-0012-003。

④ 顾国华：《文坛杂忆》（全编五），上海书店出版社2015年版，第189页。

更是被共产党的群众大会动员起来，集合起来成为革命的力量。这种群众会议是革命动员的最基本形式，其类型也是丰富多彩，包括诉苦会、动员会、斗争会、代表会等。群众大会声势浩大，具有极强的行为鼓动性和政治宣传性。这些会议希望通过口号标语等话语动员，直击参会者的思想观念，要求参会者在一般行动上必须符合会议要求和会议精神。

简而言之，群众大会是将复数的个体集聚到同一空间进行商讨的一种政治活动，对于发布政党信息、传达政府决策和形成群众目标都有重要的作用。一般而言，群众大会主要由三个主体结构构成：一是会议组织者，一般由党组织委托的下级组织机构；二是会议内容，通常是党和政府的意志；三是会议对象，指的是众多农村民众。与工作会议不同的是，群众大会主要承载着宣传教育的功能，将党的政策方针传递给农村民众。前者展现的是权力运行的制度化，一般给人严肃、理性、规范的印象；而后者更为强调情感动员的策略性，由部分参会者发挥示范效应，带动整场会议的情绪走向，力争参会者融入其中。这就是群众大会的政治社会化功能，即在特定的政治关系中，社会成员在会议行为中逐步获得政治知识与政治技能，形成政治意识和政治立场的过程。一方面，从社会个体成员角度来看，群众大会可以促使民众习得其政治取向和养成革命的行为模式。同时，这也是"人们把自己所属的社会团体对社会的信仰和观念融合到自己的态度和行为模式中去的过程，是社会的一代向下一代传递其政治文化的方式"[1]。另一方面，从社会角度来看，群众大会还可以塑造社会成员的政治心理和政治思想，在这一过程中，中国共产党通过不间断地灌输某种特定的政治价值、政治价值和政治习惯。在群众大会中，参会者会有强烈的心理暗示，在这种压力之下，自然更容易接受党和政府所传达的意志。因此，只有通过反复进行的"开会"行为，灵魂深处才能闹革命。

---

[1] K.P. Langton. *Political Socialization*, Oxford University Press, 1969, p.4.

因为群众大会这一活动形式，在土地革命时期就广泛地使用过，那时群众大会上对"土豪老财"的批斗场景，甚至是当场处决"地主反革命"的情形，作为一种"集体记忆"仍旧深深刻在合作化时期农民的心中。①正如哈布瓦赫所言，过去是由社会机制存储和解释的，只有通过阅读或听人讲述，或者通过周期性的集会仪式，使人们能够聚在一起，共同回忆共享群体成员的事迹和成就时，集体记忆才能被间接地激发出来。群体正是在这样的记忆反复重构的过程中，不断地强化了其群体认同。因此，群体成员不断交流而形成的关系纽带构成了再现集体记忆的前提，只有在群体成员对连接他们彼此的关系纽带有所意识的情况下，人们日常的生活记忆才能以集体记忆的形式呈现出来。

演讲是群众大会动员群众和宣传主张的最主要手段，群众大会的发言者享有其他书面传播无法比拟的话语权威，会场的话语场域让置身其中的参会者，不自觉地跟着发言者的话语走。发言者所演讲的内容贴近听众生活实际，广为民众熟悉理解，能构建一个与听众情感分享的共感空间。另外，他们的话语叙述带有强烈的情感号召力，或基于苦难过去的回溯，亦有对幸福未来的憧憬。抗战时期，贝特兰生动地描述一场别开生面的演说会：

> 那天演讲得最出色的当推一位生平第一次登台的山西农民。起初，他的神态和低沉的口音引起了一些笑声。但是老百姓却仔细倾听着他讲的每一句话，因为这是他们可以理解的语言。这位农民讲演者说话不加任何修饰。"强盗来了，占咱们的地，烧咱们的房。"他大声吼着，"哪个说我们打不过日本鬼子和他们的走

---

① 关于群众大会的情形，新中国成立前后的一些文学作品中有着细致的刻画。参见《人民群众大会申冤，汉奸恶霸当场伏法（第四十四回）》，载马烽、西戎：《吕梁英雄传》，人民文学出版社 2009 年版，第 183 页。

狗？打倒日本帝国主义！打倒汉奸！"他举起紧攥着的拳头高呼口号时，汗水顺着他花白的头发直往下淌，群众也跟着高呼起口号来。这是一种发自内心的举动。①

这正好印证了集会演讲所产生的巨大的情感感召力和政治动员力，原本疏于国家远离政治的传统农民也激发出强烈的斗争情绪，发出了抗日的怒吼声。1937年，在广东普宁地区，基层党组织发动的群众大会也彰显了情感动员的功能，朝气蓬勃的政治生活，热情澎湃的运动风潮，让身处大会中的人们受到强烈的感染：

> ××学校发动开"五卅"纪念露天群众大会，参加群众有三千人，（一半是学生，一半是农人）开会时，由十多个学校代表演讲，群众情绪很高潮，虽然在雨〔中〕站着，大家通通异常静寂的听讲，后来呼口号时，群众也尽力提高嗓子跟着大嚷，最后，在救亡歌声飘进每个人的心坎里时，大家才慢慢地离开了会场。虽然这时已是黄昏，但绝对没有一个人表现出疲倦和颓丧。②

让群众代表诉苦，是土改时期群众大会中发明的一种情感动员的高效方法。群众大会所营造的面对面互动，制造了一种情境的共同体验，让参会者高度认同会议主办方的精神。戈尔曼的"剧场理论"有助于解释这一互动情境，即在会议的"演出"中，会议组织者是"演员"，他们操作着会议的"脚本""道具""舞台"展示自己，以期与参会者建构起一个关于当下共处同一时空的"我们"的意识。其中，最为重要的是，通过焦点互

---

① ［英］詹姆斯·贝特兰著，李述一译：《不可征服的人们——一个外国人眼中的中国抗战》，求实出版社1988年版，第205页。
② 《中共普宁特支工作报告——半年来的组织情形、工作情况》（1937年8月2日），载中央档案馆、广东省档案馆编：《广东革命历史文件汇集》（中共潮海地区党组织文件和报刊资料选辑）（1937—1941），1987年版，第43页。

动完成会议的情境设置，而诉苦控诉成为这一步骤的关键。沿袭解放战争时期根据地的土改经验，群众大会一般会安排"苦大仇深"的农民上台忆苦思甜，控诉反革命分子。"诉苦"主要是通过发动和推动情绪的方式来增加广大人民群众对剥削阶级的仇恨，提高人民群众的阶级意识和参与意识。它以揭发封建压迫为主，"挖苦根，吐苦水"，以诉苦者自己的痛苦，说明穷人为什么穷，富人为什么富，以启发阶级仇恨。"控诉"也会"发动地主富农出身的干部，揭发反动社会制度的没落与黑暗，从反面来教育群众，使群众知道封建阶级的本质及没落的前途"①。诉苦必须在民众聚集的场合公开进行，规模可大可小，家庭会、小组会、贫农会、中农会、村民代表会、村民大会乃至乡（区）农民大会，开会"可以使人们从人数上产生一种安全感"，而且"一个人的话可以启发另一个人"。对于谨慎而从众的个体农民来说，人数上的安全感和优越感足以消除他们的种种顾虑，促使其"走向行动"。②在组织诉苦的过程中，个人诉苦、家庭诉苦、小组诉苦、大会诉苦，一层层扩大范围，"形成运动"。不同形式、不同场合的诉苦各有其特点和功效，以个人诉苦和家庭诉苦提高觉悟、打消顾虑，以小组诉苦扩大范围、激发仇恨，以大会诉苦营造氛围、促发行动。③简而言之，小会打通思想，大会鼓励情绪。

县、区一级的领导方式，一般先以基点村为单位，召开贫农诉苦大会，并大量发现和培养新积极分子，使之成为领导诉苦运动的骨干，回村后即开展家庭诉苦、会员诉苦运动的教育。乐陵县就是这样层层推开，在绝大部分村庄开展了算账诉苦运动。只有这样，才能将苦主个人的苦和对

---

① 中国人民解放军政治学院党史教研室编：《中共党史参考资料》（第11册），1979年版，第187–189页。

② [加]柯鲁克著，高强等译：《十里店——中国一个村庄的群众运动》，北京出版社1982年版，第33页。

③ 冀中十一地委：《如何开展新解放区的诉苦运动》（1946年8月30日），河北省档案馆，卷宗号：20-1-137-1。

地主恶霸个人的恨，转换为整个贫农阶级的苦和对整个地主阶级的恨，将斗争从有具体对象的"某某人斗某某人"转变为抽象的"贫苦农民斗争恶霸地主"。① 又例如，冀中九地委提出，"诉苦是群众翻身运动的导火线"②。他们看到，"受苦最深的群众开展诉苦运动，对启发阶级觉悟帮助最大"③。冀中区党委在介绍推广宁晋县等地经验时高度评价了诉苦会的作用："由小组诉苦做起，到农民大会诉苦，各色各样的会议上诉苦"。只有这样才能做到"越诉越痛、越痛越伤、越伤越气、越气越起火、越起火越大"。④ 经过诉苦后，群众情绪高涨，"斗争自然易于掀起"⑤。由于诉苦的政治功效显著，有的地方甚至号召"在各种工作阶段各个环节各种大小会议上，必须结合着诉苦，使诉苦成为运动"⑥。诉苦作为一项重要的"发散性权力技术"，是中国共产党行之有效的动员策略。

四、庆典大会

"先有革命观念后有革命行动"的观点，是机械的，实际上行为与观念是相互循环建构的，观念引导行动，而革命实践也反过来不断重构（甚

---

① 例如冀南三地委《复查中的诉苦问题》中提出，要反对单个苦主对单个地主诉苦（"××人对××地主有意见"）的"老办法"，改用穷人整体对地主整体诉苦（"是穷人的苦就是对地主的意见"）的"新办法"。二者的区别在于，前者范围较小、针对个人、注重事实；后者范围较广、针对阶级、注重情绪。参见冀南三地委：《复查中的诉苦问题》（1947年7月），河北省档案馆，卷宗号：33-1-77-27。
② 李放春：《苦、革命教化与思想权力》，《开放时代》2010年第10期，第29页。
③ 李放春：《苦、革命教化与思想权力》，《开放时代》2010年第10期，第29页。
④ 李放春：《苦、革命教化与思想权力》，《开放时代》2010年第10期，第30页。
⑤ 李放春：《苦、革命教化与思想权力》，《开放时代》2010年第10期，第30页。
⑥ 李放春：《苦、革命教化与思想权力》，《开放时代》2010年第10期，第30页。

至修正)原有的观念。① 革命庆典集会,是观念与行为双重修正与重构的关键平台,也是党的行为模式与群众行为模式交织与互动的重要仪式。

各种各样的斗争和庆典仪式,包括大规模的示威巡行和游艺大会等,则是不断掀起革命运动的狂潮并传递政治运动的美学。"这几种行动形式在苏区的规模之大、次数之多和群众的热情之高,都颇为惊人。"②20 世纪 30 年代以后,庆典大会越来越成为苏区经常性的社会活动方式,举凡攻占胜利分田地、斗地主、各级苏维埃政权成立、庆祝新年、欢度节日、欢迎行军、慰劳红军、追悼死难者、成立各军(团)、出征、反帝,等等,每个月至少有四五次至十余次大型群众集会或示威游行。"苏区的社会工作乃至生产建设(例如春耕运动、积肥运动、秋收运动、合作社运动等),基本上是通过运动的形式进行的。"③

在延安,更有接连不断、周而复始的节日庆典,举凡苏联的十月革命节、红军节、中国的"五一"节、"七一"节、"双十"节,以及妇女节、"四四"儿童节、五四青年节、"五一二"护士节、"七七"抗战纪念日,还有各种寿辰命名日,等等,每个节日都要举行大会报告,宣传纪念活动,借此他们沉浸在热血沸腾的集体情感中。

现代心理学研究表明,处于庆典大会的人们,其行为"主要不受大脑支配,而是受脊椎神经的影响"④。在热情亢奋的庆典中,个人小我融会到

---

① 从德立克关于共产主义在中国的起源研究中,让人对于观念(ideology)与组织(organization)的互动关系,有了全新的视野。由于过去绝大多数人对早期中国马克思主义的认识,都把主义与党的活动分开,且认定主义比组织较早为中国人所接受,也对中国共产党的组织具有决定性的影响;德立克认为两者间的关系是辩证性的,而他主要想阐明的,是"主义是一种前进性地,而非完成的理论系统;组织则为建设中的,而非完成的结构"。参见 Arif Dirlik, *The Origins of Chinese Communism*, New York: Oxford University Press,1989, p.10.

② 何友良:《中国苏维埃区域社会变动史》,当代中国出版社 1996 年版,第 158 页。

③ 何友良:《中国苏维埃区域社会变动史》,当代中国出版社 1996 年版,第 160 页。

④ [法]古斯塔夫·勒庞著,冯克利译:《乌合之众》,中央编译出版社 2000 年版,第 25 页。

集体大我之中，享受革命胜利或即将胜利的喜悦。此时，"当无数个个人的声音融入（也即消失）到一个声音时，同时也就将同一的信仰、观念以被充分简化，因此而极其明确、强烈的形式之类注入每一个个体的心灵深处，从而形成一个统一的意志与力量。处于这种群体的意志和力量中，个人就会有统一的意志与力量。处于这种群体的意志和力量中，个人就会'身不由己'地作单独的个体所不能（不愿或不敢）作的事。这是一个'个体'向'群体'趋归并反过来为群体控制的过程"①。这些庆典大会，往往聚集了数万至数十万的参与者和更多的围观者，具有强烈的宣传效果。这是一场集体的互动仪式表演，行为的动力机制在于广场空间聚集与群体兴奋的激发、群体团结的生产、参与者的道德想象和情感能量的交换。对于许多的参与者而言，在其过程中所感受到的紧密团结和万众一心，其意义已超越任何他们原本想要达成的实际目标。在革命时期，正是这些庆典大会，有效地撼动着人们的心灵、鼓舞着人们的热情，同时宣传着中国共产党的革命纲领。各界人士融合为一个集体，化合成一个情绪、意志和精神的整体，"使他们将理想与现实合一了，道德与政治合一了，文化与革命合一了"②。庆典大会所散发的无与伦比的魅力，从欧若弗对于法国大革命期间所出现的节日研究，不难寻出可资佐证之处："革命节日需要区隔它与宗教节日的不同，因此它必须建立一个象征'新生'的开始，从节日的历法、仪式和语言上都要灌注新的内容；但另一方面，过去宗教节日的一些深入人心的作法，革命节日必须加以'模仿'，于是'神圣化'就变成是一个重要的转换过程，目的是要藉由节日将革命建立成一种'信仰'。"③

革命节日凭借神圣的国家时间进行周期性庆祝。周期性庆典通过"日

---

① 钱理群：《一九四八年文学》，载朱鸿召：《延安文人》，广东人民出版社2001年版，第57页。
② 朱鸿召：《延安文人》，广东人民出版社2001年版，第42页。
③ Mona Ozouf, *Festivals and the French Revolution*, Cambridge, Mass.: Harvard University Press, 1988, pp.1—9.

常时间—神圣时间"的二分时间区隔,构建了革命节日集休宣誓的盛大场面。换言之,革命节日意味着日常时间的戛然而止,神圣时间的掀开帷幕,其中也蕴含着制作者对构建时间秩序的精心巧思,也是塑造民众政治认同的重要方式。中国的革命节日有国庆节、五一劳动节、三八妇女节、五四青年节、八一建军节等。

其中,国庆节就是这样的一个周期性庆典,它既是一个节日,同时也是一个"圣日",因为它和民族国家的起源紧密地结合在一起。以1949年10月1日的开国大典为例,其流程包括:(1)奏国歌。(2)毛主席发表国家独立宣告。(3)升国旗。(4)鸣炮。(5)毛主席宣读《中华人民共和国中央人民政府公告》。(6)朱德宣读《中国人民解放军总部命令》。(7)阅兵仪式。(8)群众庆祝游行。① 这样的程序也成为日后国庆大典所一体适用的标准。"中国真正的现代型的节日是一种全新的现代政治发展的产物。这些我们再熟悉不过的节日的现代政治色彩是如此的浓厚,以至于所有传统的节日的传统政治背景被很大程度上冲淡了。"② 因此,革命节日作为政治的产物,自成立之日起,就意味着是一个"国家—物件",每个人通过这一"国家—物件"而建立起一种认同的政治共同体。在以后的每个10月1日,这个日子被重新呼唤出来,周期性地进行庆典。每个人都认同这个日子的特殊性和神圣性,并想象着与其他人共同分享这个日子的特殊性和神圣性。

历史的幽灵和事件的记忆需要不断地被召唤和重复,而这个召唤的仪式就是现代节日,共和国的历史在超越时空的国庆节这一天,将世俗的时间结构赋予一种神圣的政治意义。国庆节作为一个庆典节日,是一个革命胜利后享有的世俗时间,这也是革命所给予的日常生活的许诺。而正是在

---

① 当代中国研究所:《中华人民共和国史稿1949—1956》(第1卷),当代中国出版社2012年版,第26页。

② 郑鹏:《节庆与节日的循环》,《上海文化》2008年第1期,第34页。

这个节日中,恰恰却是最需要有革命意识的一天。通过这种时间叙事,日常生活的身体再次被革命时间和神圣的政治"辖域"化,身体不仅属于日常生活,更属于国家。

在此之外,革命节日还有三八妇女节、五一劳动节、六一儿童节、七一建党节、八一建军节等。1949年12月23日的政务院(即今国务院)会议通过的《全国年节及纪念日放假办法》,就规定了全民休假的节日是新年(笔者注:元旦)、春节、五一节、国庆节,部分公民放假的是妇女节、青年节、儿童节和建军节。[①] 从中不难看出"节日总是事件性的,它与国家文化的整体叙事密不可分地联系在一起。我们的各种节日也是如此,从以前的国家性节假日的时间分配来看,它们更注重讲述共和国的历史"[②]。

[①] 2007年12月14日《国务院关于修改〈全国年节及纪念日放假办法〉的决定》第二次修订中,在全民休假的节日中增添了清明节、端午节和中秋节这些强调中国民族性的节日,当和国际接轨的国家政治节日已经成为共识的时候,传统的节日所呈现出的文化性浮出表面,成为国家的一个表征。

[②] 郑鹏:《节庆与节日的循环》,《上海文化》2008年第1期,第34页。

本章小结

革命时期，中国共产党惯常以各类会议形式（诸如工作会议、组织生活会、群众大会、庆典大会等），完成革命实践的决策性工作，组织和动员党员及普通群众参与革命共同体的生活。党的会议行为的基本特征有：第一，组织运行性。新民主主义革命时期，党组织通过政治会议加强党的领导和改善党的工作效率，具有组织领导、科学决策、传达信息、动员教育、基层引领等组织运行特征。第二，政治仪式性。新民主主义革命时期，党借助象征性行为符号，多次反复强化，使其会议行为趋于仪式性和制式化。在这一过程中，党的会议营造出浓厚的文化氛围，向成员提供体现政党目标的行为榜样，通过反复展演，促使成员形成行为定式。会议行为，是统一思想和科学决策的过程，它同时也是政治思想和科学决策得以向外扩散的传播渠道，更是革命政治的重要助推器。概而言之，会议本质上是一组行为意义符号的聚合体，党的会议借助象征性的行为符号，对政党文化进行价值重构，促使个体政治行为稳固化、集约化。

微信扫码，立即获取
☆ PPT总结分享
☆ 更多延伸阅读资源

第五章
非政治领域行为的政治化

自诞生之日起，中国共产党就通过政治意识形态的号召力及组织能力，进入中国社会并自下而上实现对中国社会的有效领导与动员。与此同时，革命的特殊环境要求中国共产党采取特殊的革命策略，诸如集体化生活及革命化大生产，获取各方势力的支持，从而形成革命的合力。随着革命的推进，中国共产党成为中国社会的核心领导力量，革命时期对社会的有效嵌入和动员，满足了新民主主义革命的需要。因此，在革命文化影响之下，社会全体都卷入革命的洪流，其日常生活的行为模式也尽可能被革命化、被政治化了。本章节选取社会经济文化日常生活行为被政治化的若干案例进行描述和研究，不仅涉及中共党人行为模式的刻画，有时也涉及群众行为模式的描摹。需要强调的是，这里提及的群众行为并非自动的、自发的个体行为，而是由中国共产党行为模式所塑造的革命群众行为模式，它的作用是从侧面反映中国共产党行为模式的影响力和深刻性。

第一节　社会生产行为的政治化

在革命态势的影响之下，根据地经济实则是一种高度集权经济模式，人们的经济行为也随之呈现政治化、革命化、运动化的态势。党成为所有经济要素的支配者，集体民众在生产领域和消费领域的大部分行为，只是革命意志的贯彻者和执行者。在此层面而言，经济行为表现出政治化的特质，并为之服务。因此，本小节以经济生活为研究视域，主要探讨的是生产行为与政治文化耦合的部分，即人们在经济生产生活之中所呈现的政治化行为特征。简而言之，下文以一种微观视角来窥探革命时期中国共产党革命文化整体发展之趋势，对于研讨中国共产党行为模式具有一定的参考价值。

一、生产协作的政治化

根据地社会生产为政治革命服务，是党在革命时期形成的传统。党在根据地农业生产领域进行革命动员的有效方式，是组织民众建立以个体经济为基础的农业劳动合作组织，开展生产竞赛，奖励劳动英雄，使得大生产运动不仅成为提高生产效率的手段，还兼具行为改造的规训方式。长期以来都认为唯有公有制才能产生无私利集体劳动，而合作经济是公有制的实现形式之一，党积极在根据地推进以协作为特征的农民互助运动，作为将来集体生产的准备。私有制虽能产生有效率的社会协作，但容易导致资源分配不均等问题，而唯有公有制才能产生无私利的集体劳动。合作经济是公有制的实现形式之一，因而，党和政府决定在农村中积极推进以集体协作为特征的互助合作运动。

劳动互助，发展农村合作组织，改变农民个体劳动习惯，改进农业生产关系，是一场更大的农村社会变革的前奏。

1942年春耕时节，延安县为了完成开荒8万亩（1亩≈666.67平方米）任务，利用陕北农村传统的"变工"方式，组织487个变工，吸收4937个强壮劳动力参加集体劳动，占全县劳动力的1/3，在开荒期间的1/3时间里，就突击完成了58%的开荒任务[①]，显示出农民集体劳动比个体劳动的明显高效率。

劳动互助组是革命根据地最常采用的一种生产模式，它是在农村个体经济上发展演变而来的，将人力和物力以及劳力有机结合的一种互助方式。这种方式与当时的农村实际情况是相适应的："在季节性需要最紧迫时，短期共用他们的土地、劳力或农田资本。这种形式的合作出现在朋友和亲戚之间，时间短，通过相互同意而终止；在乡间每个地方都有这种形式存在。"[②]

变工，又称换工，是几家农户之间单纯关于劳动力相互调剂、相互帮助的初级合作形式。边区旧有的变工又可以分为若干种类型，有人工的变工、人工变牛工、伙喂牲口、伙格牛、牛犋的变工、搭庄稼、"并种地"、"抽牲口"、"伙种"等形式。参加变工队的农民，各以自己的劳动力或畜力，集体轮流地为本队各户耕种，结算时，一工抵一工，多出了人力或畜力，由少出的补给工钱。出于自然状态的农村变工，一般只限于本族、亲戚、朋友之间，规模很小，人员不固定，多为临时性互助合作。苏维埃政权时期，中共

[①] 中共中央西北局研究室：《陕甘宁边区的劳动互助》（1944年），载陕甘宁边区财政经济史编写组、陕西省档案馆编：《抗日战争时期陕甘宁边区财政经济史料摘编》（第2辑），陕西人民出版社1981年版，第423页。

[②] ［美］费正清、费维恺著，杨品泉译：《剑桥中华民国史》（下卷），中国社会科学出版社1993年版，第283页。

中央曾根据江西的经验普遍创建了"劳动互助社""耕牛合作社""农民生产小组""优红代耕队"①等劳动互助的组织，尝试探索革命导师列宁所论述的农村集体化组织实现途径。边区政府将陕北农村传统社会资源，从自在自为状态转化为积极倡导，有组织、有领导地把农民们组织起来。

实行劳动互助，可以更好地调剂使用有限的人力和畜力，减少浪费，延长有效劳动时间。如山东滨海等地，运用这个方法，农民较好地处理了人力、牛力及工具的问题。对此，有群众反映，以前较难借到牛力，在加入了变工组之后问题就迎刃而解了："以前三界首要20天才翻完地，而变工后，仅需6、7天，很明显提升了劳动效率"。②安塞农民说："一个人上山锄地，要一个人送饭，变工五人锄地，一人送饭就行了。一犋牛犁地，要一个人播种，变工后两犋牛犁地，一人播种就可以。"③据三边分区统计，1945年春耕期间，由于组织农民变工，每天节省206个工，一个月就可以节省60180个工。"实行互助的效果，一般的两人劳动可抵三人，个别最好的一人可抵两人。"④通过劳动互助，农民们在集体劳动中，可以开展比学赶帮超的相互竞赛活动，形成一种轰轰烈烈的劳动热潮。新正县三区二乡别岭村唐将班子领头人李长青对《解放日报》记者描述集体劳动的情景：

> 有时还比赛骂，唱着骂，我们到堡子湾做活时，和堡子湾的班子赛过。第一天赛锄得快，一人一天锄二亩，太阳还有两竿，我们就锄完了。第二天赛骂，你骂过来，我骂过去。到第三天，

---

① 中共中央西北局研究室：《陕甘宁边区的劳动互助》（1944年），载陕甘宁边区财政经济史编写组、陕西省档案馆编：《抗日战争时期陕甘宁边区财政经济史料摘编》（第2辑），陕西人民出版社1981年版，第320页。

② 李占才：《中国新民主主义经济史》，安徽教育出版社1990年版，第211页。

③ 《介绍陕甘宁边区组织集体劳动的经验》，《解放日报》1943年12月21日，第3版。

④ 西北局调查研究室：《边区经济情况简述》（1948年2月），载陕甘宁边区财政经济史编写组、陕西省档案馆编：《抗日战争时期陕甘宁边区财政经济史料摘编》（第2辑），陕西人民出版社1981年版，第421页。

我们声都哑了。赛骂的好处,是少歇,一天只歇一次,有时连饭都不愿吃,"他们不回去,我们回去不是给人家骂下啦!"真是热闹,简直不觉得疲倦。①

这是乡村粗野的生活热情,是民间淳朴的劳动娱乐,老乡们正是在这种山呼地动、打情骂俏的集体劳动中,尽情享受着被解放了的冲天干劲和喜悦。

变工互助节约了劳动力,既能够深耕细作,又交流了生产经验,提高了生产技能。在生产运动中,农户的经营方式从个体经营开始转变到集体生产方式,为进一步发展生产变工互助打下了基础。②

这种变工互助组发展的最高阶段,是全村组成一个大变工队。如吴家枣园,全村22个全劳动力,全部参加变工,按劳动力强弱及相互关系分为三个小组,从春季开荒,夏季耘草,到秋季收割,全年变工不散。③ 这为农村自然经济条件下的农民个体劳动转变为集体劳动,实现农业生产方式变革,提供了一次有益的尝试。这也是即将到来的农村土地改革运动后,迅速走上合作化道路的直接诱因。

除了变工互助组之外,当时就已经出现了合作社④和集市贸易的经营模式,这种经济形式在新中国成立后尤为盛行。第一,兴办合作社。为了开展反封锁斗争,发展生产,活跃经济,满足人民需要,各根据地开始兴办合作社。例如1940年在美合根据地,中共琼崖特委、澄迈县民主政府兴办起消费合作社、供销社,经营以改善军民生活的日用品,主要是为部

---

① 《新正三区二乡别岭村唐将班子》,《解放日报》1943年12月19日,第2版。
② 《山东滨海区莒南一带变工互助的成绩种类和经验》,《新华日报》1944年8月21日,第2版。
③ 《吴家枣园式变工》,载陕甘宁边区财政经济史编写组、陕西省档案馆编:《抗日战争时期陕甘宁边区财政经济史料摘编》(第7辑),陕西人民出版社1981年版,第42页。
④ 顾膺:《胶东农业合作社创办的经验》,《大众日报》1945年3月15日,第4版;《临清县刁庄合作社概况介绍》(1945年10月),山东省档案馆,卷宗号:G051-01-0037-027,第1—5页。

队、机关、群众服务,属公办性质。但有的合作社是群众自发组织的,经营形式多为供销。这样的合作社,价廉物美,便利群众,有买有卖,对稳定物价、活跃市场起了较好的作用:

> 据李英敏同志回忆:"1940年在美合根据地中心地区,接待我们的是供销社(我们也叫合作社)茶馆,这里供应咖啡、红茶、米粉,还有糯米鸡饭,可以办酒席,我们把它叫'迎宾馆',来往人员都在这里坐下来歇息,等候谈话,虽然是一间简陋的茅草房子,大伙都很喜欢它。"①

> 据王月波、吴坤宽同志回忆:"1940年初,文昌县宝芳乡兴办的大众合作社,是发动群众入股投资,每股光洋五元,大约投资四、五百元。这个合作社,经销小百货、布匹、文具、副食品等。在经销方式上,主要是分散经营,采取货郎担的形式,走村串户推销,这样群众都很满意。群众说我们不敢上市(敌占市)买东西,现在有合作社,担货上门来,多方便啊!"②

第二,发展集市贸易。根据地的商贸工作目的在于打破敌人封锁,繁荣农村市场。如1940年至1942年,海南省文昌县宝芳乡在宝贤坡开设了农村集市,主营农副产品、日用品等,每两天赶集一次,每次赶集达上千人,其场面热闹,颇有轰轰烈烈之势。

> 符孟雄同志回忆:"一九四三年至一九四五年八月,在六芹山抗日根据地开设的集市,是党和政府鼓励和保护商人来往根据地与根据地外围之间做生意,沟通商品流通,增加收入,海口市

---

① 李英敏:《海峡情》,载海南省儋州市政协文史资料委员会编:《儋州文史》(第11辑),1999年版,第391页。

② 王月波:《琼崖抗战初期财经工作的片断忆》,载中共文昌县委党史资料征集研究领导小组办公室编:《文昌党史资料》(第6辑),1986年版,第8页。

的大商家都派人到根据地墟场购买槟榔、红白藤、生猪,沿南渡江用船运往海口,销售岛内外。沿南渡江运往根据地外经销的土特产有:木材、益智、土烟叶、兽皮等,而又从海口运进来根据地销售的有布匹、火柴、煤油等人民群众所必需的物品。这样交易的方法,好处甚多,可以促进城市和乡村物资交流,便利群众,繁荣农村市场。"[1]

简而言之,合作化经济为抗日战争和解放战争的胜利起到了积极的作用。一则,农村集体经济的规模效益。在与国民党争夺政权的过程中,共产党为了能赢得广大农民的支持和拥护,在利益诉求上尽量满足农民的基本需求,农民群众能够从中共的承诺中获得实实在在的利益。这样,当中国共产党在广大农村推动农业合作化时,农民理所当然地被社会主义美妙的前景所吸引,农民发展社会主义的生产积极性空前高涨。农业合作化的推进和农业合作组织在农村的建立,具有一定的历史合理性,它可以避免小农经济和个体农业的弊端,按照国家计划和需要,大规模种植国家所要求的农作物,推动农业技术改革,进而促进农业的规模性增产。二则,农村集体经济的战时补充。生产是边区的中心任务,同时也为革命战争提供扎实的后勤支援。要完成这个任务,单单依靠革命战士是不够的,还需要发动边区农村中 30 多万青壮年劳动力和 30 多万妇女、儿童、老人等半个劳动力。上述的劳动力一经整合,势必会成为一支雄健的生产大军,并能发生雄厚无比的革命力量。[2]

---

[1] 符孟雄:《忆美合革命根据地的财经税收工作》,载中国钱币学会广东分会、海南钱币学会、汕头钱币学会、珠海钱币学会筹备组编:《华南革命根据地货币金融史料选编》,1991 年版,第 118 页。

[2]《把劳动力组织起来》,《解放日报》1943 年 1 月 25 日,第 2 版。

二、劳动行为的意识形态化

劳模评选活动，是边区工作中一项新的组织形式和工作方法，在革命时期普遍推广与健全。为此目的，中共中央制定了劳动偶像和模范工作者选举与奖励的办法①，并公布施行之。

革命根据地要求生产为革命服务，劳动也就是政治，因此理应以政治荣誉来奖励劳动业绩，用劳模评选活动来强化"劳动最光荣"②的信念。在传统中国社会，广大的劳动人们普遍持有"劳动下贱"和"穷是命里注定"③的宿命论观点。这种想法最直接的后果，就是抑制了生产的发展，打击了生产的积极性，丧失了生产的自信心。像这些思想，在封建社会中是必然的，但在封建剥削制度基本被打垮消灭了的根据地，这些思想必须予以纠正。边区政府倡议劳模运动，就是希望改造原有根深蒂固的观念，表扬奖励劳动偶像，使人民在思想中认识到劳动的积极作用，即"劳动可以致富发家"④。正在进行或已经基本上消灭了封建剥削制度的地区，表扬及奖励劳动英雄是一种思想上的革命，是纠正旧社会里存在的不正确的劳动观念，而建立新社会的新劳动观念。

其中，政治荣誉较之经济奖励更能调动劳动的积极性，"学习劳动英雄运动提供机会来让中共发现、训练和鼓励那些乡镇和县里选出的劳动英

---

① 《劳动英雄和模范工作者选举与奖励办法》，《解放日报》1944年9月4日，第3版。

② 中共中央西北局研究室：《陕甘宁边区的劳动互助》（1944年），载陕甘宁边区财政经济史编写组、陕西省档案馆编：《抗日战争时期陕甘宁边区财政经济史料摘编》（第2辑），陕西人民出版社1981年版，第565页。

③ 中共中央西北局研究室：《陕甘宁边区的劳动互助》（1944年），载陕甘宁边区财政经济史编写组、陕西省档案馆编：《抗日战争时期陕甘宁边区财政经济史料摘编》（第2辑），陕西人民出版社1981年版，第565页。

④ 中共中央西北局研究室：《陕甘宁边区的劳动互助》（1944年），载陕甘宁边区财政经济史编写组、陕西省档案馆编：《抗日战争时期陕甘宁边区财政经济史料摘编》（第2辑），陕西人民出版社1981年版，第565页。

雄,以及那些有幸参加延安劳动英雄大会的劳动英雄们,都情愿带着新观念回到他们的工厂或村子里去,以新的姿态促进生产运动的发展"①。

塑造革命的劳动模范、政治进步的劳动偶像,成为中国共产党进行革命生产动员的有效方式,也是引领大众身体政治化、行为革命化的样板。自从边区有组织有领导地发动劳模运动之后,的确在各个生产工作中都起了作用,说明了劳模运动对于提高生产是有贡献的。例如,在农村,劳模运动逐渐地把散漫的农民组织起来,发展生产,增强文教,创建模范村,实行民间调解,推广社会福利事业;在工厂中,产品质量的提高,量的增加,工业上许多发明和创造;在部队大生产运动、大练兵运动、文化运动、拥(政)爱(民)运动等模范班、排、连的创造;在机关中发展生产、实行节约、改进作风、建立制度、加强团结及提高效率等,上述的成绩,都是领导与群众共同努力的结果,同时也是劳动英雄和模范工作者运动的产物。正如毛泽东在1945年劳模代表大会明确指示出的,劳动偶像和模范工作者在这些运动中起了带头作用、骨干作用和桥梁作用。②一是带头示范作用。劳模在生产运动中,创造了超过一般人的劳动标准和工作标准,影响和推动其他群众向他们学习,向他们看齐,把更高的标准逐渐普及,把较低的标准逐渐提高,使生产工作不断进步。在淳耀县白原村有个石明德当了劳动英雄,附近几个村子的群众就纷纷说:"石明德能当状元,我们为什么不能呢?""石明德能干好,咱们也能干好。"③在这种良性竞争的刺激下,附近村落的劳动生产总值亦有所提高。二是组织骨干作用。无论在工厂、农村、部队、机关中,劳模正逐渐形成为团结群众的核心,有了

---

① [美]马克·赛尔登著,魏晓明、冯崇义译:《革命中的中国:延安道路》,社会科学文献出版社2002年版,第250页。

② 毛泽东:《两三年内完全学会经济工作,一月十日在劳动英雄模范工作者大会上演》,载《中国工会运动史料全书·陕西卷》,2006年版,第534页。

③ 陕甘宁边区财政经济史编写组、陕西省档案馆编:《抗日战争时期陕甘宁边区财政经济史料摘编》(第7辑),陕西人民出版社1981年版,第487页。

这一核心，各项生产工作就能不断地改进和发展，没有劳模做骨干，就不会有模范变工队、模范村、模范班、模范排、模范连的创造。只有当每个地方的劳模，他们保持与群众的密切联系，获得群众的一致认可，他们就会成为群众的领导核心。因此，劳模去组织群众、领导群众，把各种为群众的工作发展起来，在这些工作中又从群众中培养出积极分子。如白原村不仅有一个石明德，还有周围的若干积极分子。城壕村有张振财，同时还有"四张"，形成了骨干[①]。此时，积极分子不断涌现，团结在劳模的周围，则各项生产工作就能不断地进步，这些积极分子就成为新民主主义建设的无穷后备军和源泉。三是党群桥梁作用。劳模是领导和群众结合的桥梁，因为他们是群众的骨干，又起带头作用，他们可以把群众的意见和经验向领导集中，又可以把领导方针贯彻到群众中去。除了沟通领导和群众的意见以外，还能交流各地生产及工作经验，使好的经验能普遍地推广到各地区。由此可见，劳模运动就是改进工作、培养干部和联系群众的运动，是边区生产和各项工作发展的重要力量，是典型示范、推动群众、突破一点、影响全局，把一般号召与具体领导相结合，把广大群众与领导骨干相结合的一种有效方法。

吴满为就是陕甘宁边区树立的红色劳动偶像，多次获得生产标兵称号。当上"劳动英雄的工人也很自豪，虽然个人劳动报酬不多，但政治荣誉很高，政治地位也不错"。"这种劳动观念的背后，是将工人放置在军事化和政治化的历史语境下进行人生改造和重新塑造的。"[②] 人们的物质生活虽没有多大的改善，但依然兢兢业业地完成工作，享受着政治荣誉所带来的精神愉悦。

[①] 陕甘宁边区财政经济史编写组、陕西省档案馆编：《抗日战争时期陕甘宁边区财政经济史料摘编》（第7辑），陕西人民出版社1981年版，第371页。

[②] 朱鸿召：《延安日常生活中的历史（1937—1947）》，广西师范大学出版社2007年版，第55页。

劳动英雄所塑造的行为模式，皆以"国家""民族""革命""阶级"等宏大的政治话语及其衍生语境为导向。

新中国建设时期的社会主义式的工业革命，是基于革命时期的斗争运动为逻辑起点，因此不可避免地延续了此前的革命习惯。同时，计划经济体制之下的革命式动员也需要强调传统革命的"服从纪律"及牺牲精神。这种服从意识体现在工作劳动和日常生活的点滴之间，中国共产党善用军事化的手段动员人民群众，形塑新时期人们的行为习惯，诸如"争做社会主义劳动英雄""奋战在劳动战线""生产斗争"。将劳模运动放置在社会主义工业化体制中，是中国与苏联区别于西欧工业革命的关键点。然而，在现实的生产战线上，中国与苏联采取了不同的动员手段。"在苏联体制中，政党组织只是在有限的范围内发挥作用，经理人员被赋予更大的奖惩权力，通过将生产成果与物质利益挂钩而实现经济刺激。而在中国的企业中则成功建立起一个基层的党组织。大批退役军人和政工干部加入并组织工厂，他们不但试图展开在苏联不能组织起来的群众动员，而且试图依照管理农村与军队的经验管理工厂，推进劳动纪律的建立、塑造社会主义的工作伦理。"① 劳动作为革命场景中最为神圣的活动，超越了劳动自身所拥有的生存手段、谋生工具的价值，劳动被赋予人类未来社会"第一需要"的目标意义。此时，劳动政治化不仅可以强化人们对组织或对领导的服从，而且可以将革命的意义嵌入人民的劳动之中，从而形成对社会主义劳动的政治认同与情感依赖。

---

① ［美］华尔德著，龚小夏译：《共产党社会的新传统主义》，牛津大学出版社1996年版，第125-126页。

第二节　消费文化行为的政治化

消费活动有多重社会属性。经济学着眼于货币的流通，把消费看作是与生产、投资一样的经济行为。社会学着眼于社会生活的样式，把消费看作是生活世界的基本活动。文化学着眼于人类人文行为与自然行为的区别，把消费活动与生理活动区别开来，把消费方式看作是一种文化。因此，我们只能把消费放在某一个属性位置上来分析。本小节着重探讨消费活动与政治文化的耦合，即深入剖析革命时期人们特殊的，即政治化的消费行为习惯。

在革命文化影响下，"趋低消费"成为人们日常生活的行为习惯。整个20世纪的消费行为都与国家意识形态紧密相连，此时中国的消费制度一直都是国家经济体制的一部分，每个公民都只能在国家允许的范围内进行消费。尤其是在革命时期，主流意识形态坚持倡导崇尚革命的低消费观念，严厉批判奢侈的消费行为，国家对消费的制度安排既满足了革命的需求，又体现了主流消费观念和国家意识形态，抑制消费成为国家对个人的基本要求之一，消费禁忌同样成为一代人的共同记忆。

一、欲望的革命化

在强大的革命叙事影响之下，革命者"更容易以一种宗教式的狂热，去追求各种社会政治理想；而在这一追求过程中，很多人又确实保持着一种近乎禁欲主义的道德观念和自律意识"[①]。节欲使革命者的能量集中在革

---

① 龙瑜宬：《巨石之下——索尔仁尼琴的反抗性写作》，浙江大学出版社2015年版，第20页。

命斗争中展示，节欲主义的预设是：人的能量是有限的，革命队伍的力量一定要发挥在革命中，而不是在私人生活的空间内。

在中国，道德实践从来不是个人的私事，节欲的背后始终蕴含着教化他人的目的。众多道德严格主义者的一个愿望就是成为楷模，或者被视为崇高。也如布兰查德所言："将个人德行的追求与严格的自我克制、自我否定，甚至自我摧残结合在一起，是圣人、殉道者、社会改革者和革命者的共同特征。"[①] 节欲促使革命者放弃个人的享乐、放弃个人的趣味甚至放弃个人的生命而参与革命事业。[②] 因此，在对待苦与乐的问题上，革命者坚决反对趋乐避苦、贪图享乐的享乐主义行径，并用实际行动践行以苦为荣、以苦为乐的担当，他们的一举一动是以革命事业和人民利益为原则的，凡是革命事业和人民利益所需要的，不管付出多大的代价也心甘情愿。

在发生学意义上，革命者的节欲行为有其生成逻辑。基于紧张的革命斗争，自觉服从革命分工、甘愿吃苦耐劳是必要的。特别是在武装割据的条件下，"边界政权割据的地区，因为敌人的严密封锁，食盐、布匹、药材等日用必需品，无时不在十分缺乏和十分昂贵之中，因此引起工农小资产阶级群众和红军士兵群众的生活的不安，有时真是到了极度"[③]。那时候，革命政权不可能对其公务人员实行正规的工资制，只能根据当时所能筹集到的财力和物资量力分配。具体是采取实物计算和实物供给的办法。按照大体平均的原则向公务人员免费供给最基本的生活必需品，这就是根据地的军事共产主义分配制度——供给制。这种制度的基本特点是，根据地

[①] ［美］布兰查德著，戴长征译：《革命道德——关于革命者的精神分析》，中央编译出版社 2004 年版，第 16 页。

[②] 南帆：《文学、革命与性》，《文艺争鸣》2000 年第 5 期，第 28 页。

[③] 毛泽东：《中国的红色政权为什么能够存在？》，载《毛泽东选集》（第 1 卷），人民出版社 1991 年版，第 53 页。

政府按平均原则向个人分配基本生活必需品,个人的物质生活完全依赖于集体。毛泽东指出,"我们的干部过去是享受供给制待遇。他们的一切费用都由公家包了"①,"我们的党是连续打了二十多年仗的党,长期实行供给制……当时是几万人、几十万、几百万人一直到解放初期,大体是过着平均主义的生活"②,"什么人都一样苦,从军长到伙夫,除粮食外一律吃五分钱的伙食。发零用钱,两角就一律两角,四角就一律四角"③。早期供给制包括的项目主要是食物和服装,后期供给项目增加到衣、食、住、行、学、生、老、病、死、伤残等各个方面,并最终发展成为一整套制度。当时,人们很欢迎这种军事共产主义分配方式。

严格的欲望克制和强烈的改造愿望,塑造了中国共产党正统的革命道德形象,并与强烈的为信仰献身的牺牲精神互为表里。"大多数认同于苦难者的革命家愿意忍受痛苦,甚至以寻找痛苦作为对自己力量的考验。"④更有甚者,革命者"倾向于公开寻求肉体上的痛苦,以这种形式来达到对自己的罪恶感——一种为别人的苦痛而负责任的罪恶感——的解脱"⑤。在他们看来,"痛苦只是一种善的表征、一种为其他人的利益而对自己的快乐作出的牺牲"⑥。因此,在 20 世纪三四十年代,于中国共产党领导建设的革命根据地已然形成了区别于国统区的道德生活和行为模式,其精神风尚是奋发向上与团结互助。相应地,中国共产党的行为准则表现出

---

① 《毛泽东文集》(第 7 卷),人民出版社 1996 年版,第 154 页。
② 《中共党史教学参考资料》(第 23 册),国防大学出版社 1986 年版,第 278 页。
③ 《毛泽东选集》(第 1 卷),人民出版社 1991 年版,第 65 页。
④ [美]布兰查德著,戴长征译:《革命道德——关于革命者的精神分析》,中央编译出版社 2004 年版,第 12 页。
⑤ [美]布兰查德著,戴长征译:《革命道德——关于革命者的精神分析》,中央编译出版社 2004 年版,第 64 页。
⑥ [美]布兰查德著,戴长征译:《革命道德——关于革命者的精神分析》,中央编译出版社 2004 年版,第 12 页。

甘于牺牲和以苦为乐、不计名利等特点。当时传诵的一首歌谣正好印证了革命战士不惧艰险、斗志昂扬、精神饱满的革命乐观主义精神:"红米饭,南瓜汤,秋茄子,味好香,餐餐吃得精打光;干稻草,软又黄,金丝被儿盖身上;不怕北风和大雪,暖暖和和入梦乡。"① 这种苦乐行为甚至在 30 年后得到推崇与效仿,陈蔚梁回忆当年参加"全国大串联"时,其中步行途中的境遇与长征之路的艰辛甚是相似:步行四十公里,露宿礼堂舞台,大部分人以天为毡,以草为席,瑟瑟索索到天明,所幸自己随身携带一张薄棉被,三四个人资源共享,抱团取暖,勉勉强强熬整夜,期间也多少体会到当年无数先辈在长征路上饥寒交迫、草行露宿的艰辛。在漫漫长征之路,中共党人食不果腹、衣不御寒、风餐露宿、日夜兼程、长途跋涉,却凭借着坚强的革命意志完成了人类史上的一项壮举。"经过草地恶劣环境煎熬的指战员,一个个虽然面黄肌瘦,但喊杀声还是那样洪亮,斗志还是那样旺盛,作战还是那样奋勇。看着这些生龙活虎的战士,谁能想到他们是在肚皮紧贴着脊梁骨的情况下与敌人厮杀的呢?!"② 革命乐观主义使红军战士们战胜了饥饿等身体极限,保持了昂扬的斗志,冲破了国民党的围追堵截,沉重打击了反动派的嚣张气焰,真正展现了"敌军围困万千重,我自岿然不动""红军不怕远征难,万水千山只等闲""不管风吹浪打,胜似闲庭信步""为有牺牲多壮志,敢教日月换新天""独有英雄驱虎豹,更无豪杰怕熊罴""要消灭一切害人虫,全无敌""世上无难事,只要肯登攀"③ 这些革命英雄主义和革命乐观主义的豪情壮志。延安时期,由于国民党曾实行经济封锁,中国共产党带领边区人民施行大生产运动,坚决抵制动摇,顽强拼搏抗争,艰

---

① 中国民间文学集成全国编辑委员会、《中国歌谣集成·河南卷》编辑委员会:《中国歌谣集成·河南卷》,中国 ISBN 中心 2003 年版,第 449 页。
② 徐占权:《中国工农红军长征全史》(第 3 卷),军事科学出版社 2006 年版,第 100 页。
③ 刘广东:《毛泽东伦理思想》,山东人民出版社 1987 年版,第 324 页。

苦奋斗，自力更生，展现了令人向往的精神面貌，也使得延安迅速成为众人皆追崇的革命圣地。"在这些山沟里有什么秘密，把它们向世界宣布吧——我们的政府不进行财政的偷窃，没有购买外汇的官吏，没有侵吞公款的职员，没有私带金条乘飞机到外国去的人，没有因大家削瘦而肥胖起来的家伙……所有的人们团结在信仰的周围，一切的技术组织在共同的目的里，人人获得了自由、博爱与平等。"①在革命苦乐观的熏染和砥砺下，涌现出成千上万的志士仁人，如张思德、刘胡兰、董存瑞、江雪琴，他们成为红色革命的示范与标杆。对此，方志敏在《可爱的中国》一书中就曾这样写道："为着阶级和民族的解放，为着党的事业的成功，我毫不希罕那华丽的大厦，却宁愿居住在卑陋潮湿的茅棚；不希罕美味的西餐大菜，宁愿吞嚼刺口的苞粟和菜根；不希罕舒服柔软的钢丝床，宁愿睡在猪栏狗窠似的住所。"②这就是无产阶级苦乐观的深刻表述，自我牺牲使革命者感到精神愉悦，其中还蕴含着某种"团体意识"：这就是无产阶级苦乐观的深刻表述，自我牺牲使革命者感到精神愉悦，其中还蕴含着某种"团体意识"：个体通过追逐向善激发出内心的美好情感，让人的内心捕获一种精神与情感的自我满足，让人渐渐地感受到人之情感与精神世界的奇妙与美好，使自己的情感与精神境界得到升华。除此之外，个体的自我牺牲甚至与群体的力量结合起来，此时人群与群体之间凝聚成为一个统一且具有一致目的的整体。这种献身意识、这种触及他人生命的意识和这种表达意志的意识甚至达到兴奋和愉悦的极致。总而言之，自我牺牲的喜悦是与善共存的。

节欲并非否定欲望，而是转化欲望和延迟欲望的满足。身体的欲望转化为一种宏大的集体诉求，其最高形态是共产主义。从某种意义上说，中

---

① 《艾青诗选》，人民文学出版社1955年版，第195–197页。
② 方志敏：《可爱的中国》，中国友谊出版公司2014年版，第157页。

国革命的伟大胜利是无产阶级道德和共产主义道德的伟大胜利，是共产主义人生观、价值观和道德观的伟大胜利。共产主义事业，是要最终在世界上消灭人剥削人的制度，解放全人类。这是史无前例的壮举，需要若干代人经过艰苦卓绝、前赴后继的斗争来实现。只有付出辛苦的代价，亿万人民才能享受到革命成果的甘甜和幸福。无产阶级坚持辩证地看待苦与乐，认为快乐是从艰苦奋斗中得来的，快乐寓于艰苦奋斗之中。只有经过劳动，经过奋斗得来的快乐，才是真正的快乐。

可观之，红色革命倡导的苦乐观，主张正确处理个人利益和人民利益的关系，摆正个人幸福和人民幸福、个人享受同他人享受的关系。坚持人民利益高于一切，正如刘少奇在《论共产党员的修养》所言，一名共产党员精神境界的最高体现在于"吃苦在前，享受在后，不同别人计较享受的优劣，而比较革命工作的多少和艰苦奋斗的精神，为了党的、无产阶级的、民族解放和人类解放的事业，毫不犹豫地牺牲个人利益，甚至牺牲自己的生命"①。毛泽东更是要求一切革命者吃苦在前，享受在后，拣挑重担，以"百折不回的毅力"②，"一往无前的精神"③，"排除万难，去争取胜利"④。吃苦在前、享受在后的精神是革命者在苦乐关系上的最高表现，是毫不利己专门利人的高尚情操。当然，无产阶级并不是只讲吃苦不讲享受的苦行僧主义者，享受并不是剥削阶级的专利权。但是，无产阶级的享受是以为人民而劳苦作为前提的，是"先天下之忧而忧，后天下之乐而乐"的。CZY 在回忆当年革命行军路途时，老兵时常会过来询问是否"背不动"，更会主动表示"我帮你背"，而且每次吃饭的时候"老兵都让小鬼先吃，

---

① 刘少奇：《论共产党员的修养》，载《刘少奇选集》（上卷），人民出版社 1981 年版，第 104 页。

② 《毛泽东选集》（第 4 卷），人民出版社 1991 年版，第 1160 页。

③ 《毛泽东选集》（第 4 卷），人民出版社 1991 年版，第 1039 页。

④ 《毛泽东选集》（第 3 卷），人民出版社 1991 年版，第 1101 页。

干的让小鬼吃,湿的自己后吃"①。

自我牺牲的重要源泉,来自"圣人所追求的至高无上的顶峰"。在此,革命者要求自己的"起义动机要绝对纯洁,一旦发现自己所起的作用中有着自私的成分,他就对自己加以克制并进行自我谴责"②。

革命时期,中国共产党的经济行为以节欲主义为主导,形成"生产第一"的政治型生产和"勤俭节约"的抑制型消费的行为特征。政治型生产行为,是以革命政治动员经济生产行为,以政治运动方式推动生产进步。抑制型消费行为,强调节俭的消费习惯,"一旦限制消费与谋利行为的解放结合起来,不可避免的实际结果显然是:强迫节省的禁欲导致了资本的积累。在财富消费方面的限制,自然能够通过生产性资本投资使财富增加"③。

二、发型的革命化

在革命战争时期,革命妇女的剪发行为更多是为了服务革命的实际需要。毫无疑问,此举对解放女性尤为有利,亦对壮大革命队伍有益。在山路蜿蜒,交通闭塞的赣东北根据地,成千上万的男性战斗力基本都参与前线的革命斗争,留在根据地的大半都是妇女群众,而在兴国、瑞金、上杭等地,甚至出现了妇女群众占总人口三分之二的情况。可见,妇女群体是苏区不可或缺的生产力和战斗力,而根据地之中大量的后勤保障工作(如担架队、慰劳队、生产队)便自然而然落在妇女身上。根据战略布局的需要,动员妇女更是保卫革命根据地、建设革命根据地的重要一环。反观,

---

① 2017 年 6 月 22 日与 CZY 访谈。
② [美]布兰查德著,戴长征译:《革命道德:关于革命者的精神分析》,中央编译出版社 2004 年版,第 16 页。
③ [德]马克斯·韦伯著,彭强等译:《新教伦理与资本主义精神》,陕西师范大学出版社 2002 年版,第 165 页。

传统的梳长辫耗时长，戴头饰，费财力，皆不利于革命工作的开展，短发革命相对而言更为妥当。方志敏多次在会议上号召女性起来打碎封建枷锁，投入阶级斗争，争取自身解放。① 为了顺利开展这项工作，方志敏在干部会议上亲自动员，称："你摸摸你的头发，要不要剪掉它？"先锋队副队长饶玉鸾二话没说就答应了，当场剪掉了长发，得到了到会干部的一阵热烈掌声，随后还有四位女性也跟着剪了发。② 此后，妇女剪发运动在土地革命中发挥了重要的作用，妇女成为"革命战争中的伟大力量"。③ 剪发之后的苏区妇女展现出前所未有的姿态，她们充分发挥革命的自主性，"学会自己劳动，自己管理自己的生活，做苏维埃强有力的拥护者和拱卫者"④，她们开始做担架、送粮食、运军需、筑堡垒，积极参与根据地的经济建设、文化宣传、军事防卫。即便如此，妇女对发型革命并不是一味地褒奖，也表现出不同的看法。

第一，行动的屈从性。剪发运动是为了帮助妇女群体挣脱男权之压迫与旧礼教的束缚，但也有妇女从一开始就对这种"解放"进行了抵制，她们大多数保持了沉默的态度，这是由于"社会动员是一个过程，它意味着人们在态度、价值观和期望等方面与传统社会的人们分道扬镳"⑤。革命妇女在剪发行为方面所做出的差异性选择，与苏维埃革命对传统乡村社会的冲击是分不开的。长久以来，中国是一个发展相对缓慢的乡土社会，其稳定的运行结构在于宗法礼教与传统习俗的维系。近代中国革命催生了社会

---

① 江西省妇联上饶地区办事处编：《赣东北苏区妇女运动史料汇编》，1983年版，第114页。
② 中共江西省委党史资料征集委员会、中共上饶地委党史办公室编：《民族英雄方志敏：纪念方志敏诞辰100周年研究文集》，中共党史出版社2000年版，第191页。
③ 毛泽东：《长冈乡调查》（1933年11月），载《毛泽东文集》（第1卷），人民出版社1993年版，第314页。
④ 王首道：《模范红军家属运动》，《斗争》1934年第70期，第16页。
⑤ ［美］塞缪尔·亨廷顿著，王冠华、刘为等译：《变化社会中的政治秩序》，上海人民出版社2008年版，第26页。

的急剧变动，但维系乡土社会几千年的宗法礼教与传统习俗并不能在一朝一夕之间就能被破除。从身体解放的角度来看，中国共产党需要破除传统思想与封建迷信，提倡妇女剪发运动，这无疑是对解放女性十分有利。然而，倘若社会风尚不变的话，剪发之于革命妇女仍然是一项极难的抉择。当时苏区就流传着剪发的严重后果："头好一半身，脚小一条裙，放了脚，剪了发，日后公家都找不到。"① 不仅做丈夫的反对自己的女人出门，公婆反对得更厉害，许多年轻媳妇因为坚持剪发与革命，回家后便遭到毒打。② 而剪发的影响不仅仅是美不美的问题，东晓给中央妇委的信中说得很清楚，这在当时是赤化的一个标志，关系到妇女能否在赤白对立的严峻形势下生存下去。因此，在湘鄂西苏区根据地，妇女一开始并不愿意剪发，因为她们的头发使她们在白区无容身余地。③ 即使中共政府已经给予革命妇女可见的实惠，然而，这些保护女性权益的措施并不能完全补偿残酷复杂的革命斗争之下妇女所遭受的财产损失，对自由的期望更不能抵消对死亡的恐惧。共青团湘鄂西特委发现，青年妇女因剪了头发，反动派一见便大杀之。④ 鄂豫皖苏区的霍山县一度失陷以致"各区剪头妇女未活一人"。据皖西苏区创建者舒传贤报告，到1930年12月止，仅霍山第三区被害的2000多名群众中，剪发的妇女占了大半。⑤ 由此可知，革命斗争之中，生活习俗的改变同样隐藏着新旧势力的抗衡，徘徊在十字路口的苏区妇女，

---

① 江西省妇女联合会编：《女英自述》，江西人民出版社1988年版，第104页。

② [美]韩丁等著，韩倞等译：《翻身——中国一个村庄的革命纪实》，北京出版社1980年版，第179页。

③ 《东晓关于湘鄂西妇女运动情况给中央转中妇委的信》，载全国妇联妇运室编：《中国妇女运动历史资料（1927—1937）》，中国妇女出版社1991年版，第187页。

④ 《团湘鄂西特委给团中央的报告——关于湘鄂西政治形势与团的工作情况》（1931年4月29日），载中央档案馆、湖南省档案馆、湖北省档案馆编：《湘鄂西苏区革命历史文件汇集（1930—1932）》，1985年版，第67页。

⑤ 《舒传贤关于六安中心县委工作情况给中央的报告》（1930年12月10日），载中共英山县委党史资料征集编写领导小组办公室编：《英山革命史资料》（第4辑），1988年版，第2页。

她们渴望改变自我，却因背负的传统礼教和社会伦理而压抑自我，不得不在神权、族权、父权的多重控制之下变得更为传统与保守，再加上个体的选择差异和认知区隔，这诸多因素导致了苏区妇女难以下定决心。

第二，身体的抗争性。婚前长辫、扎红头绳，婚后结髻即盘起长头、插上簪子，乃传统妇女的基本发式。单纯以审美评判结髻或剪发行为，很难比较出二者的优劣。倘若将剪发运动置放在社会变革的大背景下，就能凸显剪发的象征性意涵。结髻反映的是旧时代的痕迹，而剪发成了新时代新女性的象征。当时，根据地流行一首剪发歌：

> 正月里来是新春，初出娘怀到如今，喜得今年红军胜，剪了头发来革命。二月里来是花朝，剪发妇女又来了，年纪生来十七八，剪了头发好快乐。三月里来是清明，剪发妇女来革命，但愿革命成功时，剪了头发好事情。四月里来是立夏，剪发妇女真快乐，留着头发无用处，剪了头发当英雄。五月里来是端阳，蓄发妇女莫思量，自己要剪自己剪，反动笑我用枪毙。①

另外还有一些歌谣，如"剪掉辫子缠头巾，着起短装当红军"，则颇能窥见妇女的开朗心态和革命志向。剪发首先在青年妇女中流行，这是因为她们勇于同旧意识决裂，乐于倡导新风尚。敢于标新立异；同时，她们又是包括"实行剪发运动"②在内的社会变革运动的主要发起者和参加者。因此，妇女剪发很快在苏区形成风尚，早在1929年3月，闽北根据地"那一带的青壮年妇女在三天内就全部把出娘肚留长的头发也都剪掉"③。在

---

① 邱荷秀：《铅山县苏区妇女工作情况的回忆》，载江西省妇联上饶地区办事处编：《赣东北苏区妇女运动史料汇编》，1983年5月，第194页。

② 《青年妇女工作决议草案》（1931年5月21日），载全国妇联妇运室编：《中国妇女运动历史资料（1927—1937）》，中国妇女出版社1991年版，第163–167页。

③ 童慧贞：《闽北苏区妇女斗争片断回忆》，载中共建阳地委党史办公室、福建省建阳地区文化局编：《战斗在闽北》，1983年10月，第98页。

1929年11月，闽西特委在给中央汇报中，即对"到处农妇剪发之多"大生感慨，认为"真是妇女进步之表现"。①青年妇女剪发也迅速影响到中老年妇女。1933年在兴国长冈乡，不但中青年妇女一律剪掉了长发，老太太也有剪发的，"老妇未剪的约占女子百分之二十"②。这就是说，大多数的妇女都改变了发式。此时，文化身体的建构不仅体现在社会文化影响下身体惯习的改变，也在于身体作为符号象征承载着新的社会文化意义，即身体是一种社会存在。如前所述，身体的地位是一种文化事实，无论在当今世界的何种文化系统中，身体关系的组织模式都反映了事物关系的组织模式及社会关系的组织模式。因此，身体不单是政治规训的产物，更成为一种表述社会结构的象征符号，表征了社会体系（社会、文化）和符号系统（作为表述媒介的身体）之间内在的关联。那么，在身体政治的规训之下，革命妇女只能居于屈服之位，或是在政治身体的形塑过程中产生了另外一种超越自我当下情感与内在原始驱动力的自我冲撞。在这文明的进程中，身体在屈从性与抗争性之间反复进行调试，原本因他人强制所产生的压制会逐渐发展成为一种自我强制的自律性伦理，最后完成文化身体的再生。对于革命妇女而言，她们通过"外表男性化"来破除男权主义之下资源独占的迷思，以期获得男女平权的政治解放。

发型问题在中国百年革命中一直是激进与保守的文化斗争议题之一，但也只是在某时某地成为革命与反革命生死较量的严重政治问题。和平建国时期，发型问题渐与政治脱钩，回归到日常审美的生活世界。简而言之，文化身体是通过符号化过程来完成的，其实现过程包含两个基本要素：一是身体的被遮蔽，二是身体在被改造后的重新出场。在建构符号的过程中，

---

① 《中共闽西特委报告——闽西斗争形势和组织状况》，载中央档案馆、福建省档案馆编：《福建革命历史文件汇集·闽西特委文件（1928—1936）》，1984年版，第135页。

② 毛泽东：《长冈乡调查》（1933年11月），载《毛泽东文集》（第1卷），人民出版社1993年版，第313页。

身体的自然特征被分类处理，凡是在原来的文化传统中曾经被审美的惯习，如女性身体的长辫或发髻样式均被迅速淘汰，而短发革命则受到推崇。

由此可知，妇女剪发运动一直被身体政治书写，全然忘却自然身体的装饰作用。在此过程中，身体政治将妇女剪发作为新权力运动的表现，成为区分"革命"与"反革命"的标志。然而，在妇女剪发运动中，革命行为与性别空间形成了一种吊诡的关系。一方面，革命将身体解放视为理想，大刀阔斧的变革改造了乡村社会，卸下了女性身体之上的部分枷锁，褪去了传统礼教的限制，在一定意义上为女性自我解放搭建了绝佳的舞台。另一方面，革命将身体形塑视为动员策略，女性身体更多是为革命战争所服务。可见，在革命时期，女性解放的议题始终被革命话语所挟持，呈现泛政治化的特征。女性的革命行为难免以男性世界作为参照，刻意效法男性行为，将自我压抑至权力与自我认知所交织的脉络中的身体。简言之，这一剪发行为不仅仅拓宽女性的行为层面，难免会挤压女性的生存空间，或多或少地影响女性的性别意识。

第三节　社会生活的政治化

由于20世纪中国政治发展与中国共产党肩负的社会整合历史使命，中国共产党在各根据地采取了集体化生活方式，实现着对社会各阶层的全面整合，使社会全体都卷入革命的洪流。此后，各地的生产得到迅速恢复，其社会整合功能也得到空前强化，并开创了中国革命的胜利之路。因此，本小节将主要考察中国共产党在社会整合过程中所展演的具有鲜明革命特征的行为模式，并将其概括为生活集体化、行动军事化、婚恋革命化。

一、生活集体化

社会生活集体化的形成，先是在基层革命组织这样的社会单元发生，并向整个革命根据地社会推广。它是中国共产党组织动员基层群众，促进革命发展和经济生产发展这一战略的产物，也反映了毛泽东早年关于"群众政治"的思想理论，这一整套理论和技术操作后来命名为"群众路线"。单位生活政治化、集体化，成为中国共产党最核心的治理手段。革命队伍及根据地社会的管理问题，最早在江西苏维埃时期，随后又在延安时期，都是中国共产党于军事斗争和革命策略之外的另一个重要问题，党不能不管理一定规模人口的日常事务。[1] 适应革命战争和社会变革、高度动员性

---

[1] 江西苏区规模达到最大时，拥有300万人口；中国共产党所管辖的陕甘宁边区，1942年人口达到150万左右。参见 Chesneaux Jean, Francoise Le Barbier, and Marie-Claire Bergere. *China from the 1911 Revolution to Liberation*, New York: Pantheon, 1977, p.232.

的社会管理模式、政治组织模式和社会组织模式，在江西苏维埃政权时期已经成形，而在延安时期充分发育，为新中国的社会组织模式奠定了基础。这一政治的和社会的组织模式，为与日本侵略者和国民党政权的斗争取得胜利作出了贡献，为新中国改造旧社会提供了一种高效、有影响力的组织模式。

基层组织的集体化生活模式及其社会福利功能，源自战时拮据的经济状况以及随时爆发的财政危机。1932年在中共苏维埃区域，中国共产党根据中央军委的决定，确立了由中央控制资金来源和预算分配的"供给制度"。这一财政制度代替了基本的工资制度，目的在于向党、政、军的所有人员提供基本生活需求，如食物、衣物、医疗、住房等。然而，1939年后发生在延安的财政危机则意味着情况并不有利于维持这一集中分配的模式。当时中共党人认为解决财政困境的办法主要有两个方面：生产管理权的下放和每个个体单位自己负责维持生存。因此，在共产党政策的鼓励之下，几乎所有的基层单位纷纷加入生产大军。参与主体不仅包括政府、政党、部队单位，也包括医院、学校和文化组织。接下来一系列的生产动员为根据地带来工业产量和商业贸易额的大幅度增长。例如当时的棉花产量，因国民党封锁政策而锐减。基于这一困境，中共延安政府迅速建立起自己的工厂，并开展相关的生产合作。这一政策的效果迅速显现出来，在1938年至1942年间，当地生产的棉布占总需求的比例，从5%提高到50%左右。[①]

此时，生产的地方分权显示了产品供应系统运行方式的变化。以前是中央统一为党、政、军人员供应配给，现在是地方生产单位自己负责

---

① Selden Mark. *The Yenan Way in Revolutionary China*, Cambridge Massachusetts: Harvard University Press, 1971, pp.255–257.

其成员的生活，也包括从中央机关下放到地方的干部。① 另外，如果一个生产单位的产品超出了其自身生活所需，它可以保留部分额外收入用于投资扩大生产。许多单位利用这一自主权建立自己的商店、合作社，甚至是贸易公司。通过这种方式，他们建立起一个独立于中央政府的相对自治的生活王国。这一生活集体化模式得到了官方的认可，被誉为与中央政府的"大公家"相对应的"小公家"。新出现的自给单位的首要利益，变成了保护和扩充自身的资产，为单位成员提供福利和利益。在形成中的社会主义社会里，"小公家"并不是脱离私人家庭领域的社会领域，它是革命者所属的新家庭。就像传统的家庭为家庭成员提供庇护和安全一样，"小公家"承担了一系列的集体福利和安全保障功能。因此，当基层单位（组织）发展成为成熟的、联系紧密的社区之后，就赋予其成员一种标志着传统家庭关系的集体身份，也重新确认了集体身份和集体照顾其成员的职责。这样，新"家"产生了集体身份，这个集体不再像传统家庭那样，只关注本身的秩序、进步和持存。相反，它的集体性被建构成为大整体中的一部分，并具有明确的共同追求和目标。在这种新的社会模式中，最核心的区别并不存在于公共领域和私人领域之间，而是在"大的公共家庭"和"小的公共家庭"之间。"大家庭"指中央政府及它的各个部委和机构；而"小公家"是指基层单元，即生活集体化的生产和生活模式，它们提供了新社会实际运作的基本框架。在此，延安经验中的"小公家"中的家庭隐喻，为后革命时代革命大家庭的管理理性奠定基础。

社会主义的理想在于在改造传统社会遗留在农民群众中自给自主、自由散漫的小农思想，以生活集体化为基本导向共产主义理想。因此，生活

---

① 路风：《中国单位体制的起源和形成》，《中国社会科学季刊》（香港）1993年第5期，第91页。

集体化不仅是社会主义体制的重要特征之一，亦是通往共产主义的革命理想的重要途径。这一构想源自苏联学者库兹明提出的"社会浓缩器"概念①。社会浓缩器被创造为与社会主义思想相适应的新集体生活方式的载体，这些设计师为自己设定的目标，就是要创建一种使工业劳动过程与无产阶级文化形成过程相结合的空间。因此，社会浓缩器将设计成为一个围绕着大规模的、科技高度发达的机械化生产工厂的生活空间。这种新体制的空间形式，意在推动一种集体生活模式，并促使工人参加集体生产。这在空间上对理想化的劳动集体性起到强化作用，同时将加强社会主义社会的效益潜能。简而言之，社会浓缩器的设计，就是为了将由大规模工业生产在劳动组织领域带来的革命，延伸到日常生活实践中去。生活在社会浓缩器中，工人们下班后也不会脱离集体生活；他们生活的全部将受到集体互动模式的约束。

在中国的革命运动中，生活集体化的行为模式无疑是借鉴了社会浓缩器的设计理念，在其变革过程中进一步促进集体生活方式的革命化，从而实现按照设计达成逻辑上的结果。通过这种组织形式，革命大集体正式替代家庭而成为社会的基本单元。

延安接待新知识分子，先由延安交际处负责安排免费食宿，造册登记。然后根据各人情况，或进学校学习，或进培训班锻炼，也有少数直接分配到单位工作。从此，就成了"公家人"。简而言之，进入革命队伍里的同志们成为"公家人"以后，衣、食、住、行等一切物质生活资料，都由组织按照一定的等级制度按时供给。

---

① Kopp Anatole. *Town and Revolution: Soviet Architecture and City Planning 1917–1935*, Thomas E Burton（trans）, New York: George Braziller, 1970, p.112.

最初，蔡若虹享有的待遇较高，是小灶伙食①："每天中午有一顿大米饭或者面条，每星期有一天吃肉，是半肥半瘦的大片猪肉和青菜萝卜之类煮在一起的连汤带水的美味。"待他出院后搬迁到桥儿沟，其待遇就降至小厨房伙食。然而多年后，他依然对延安生活魂牵梦萦："老实说，在建国之后的北京，即使是小康之家，在伙食方面也不比东山强多少。"②

艾青、韦嫈夫妇奔赴延安后，与其他40余位知识分子集体驻扎到蓝家坪山坡上的几十孔窑洞新址。③他们被分到一大一小两孔窑洞，"家具虽然简陋，却都是公家配置的"④。集体伙房在山坡底下，生活既温暖又闲适：

> 公家派的炊事员，开饭时由小勤务员用木桶挑上山，高喊一声"打饭了"！大家便纷纷走出窑洞，等候小勤务员分发。虽然经常吃的是小米干饭、熬萝卜条、熬土豆条，或者南瓜煮白菜，但大家心情却十分愉快，写作之余不自己忙着做饭，每星期总有一两次肉吃，当时叫做"会餐"，改善大家的生活。大家把时间和精力大部分用到了工作上，说心里话，比我们在国民党统治区

---

① 蔡若虹，著名抗日将领蔡公时之内侄，生在九江，学在南昌，出道在上海，习惯江南鱼米。初到延安不习惯小米，由便血而患急性肠炎，不得不住院治疗一段时间。出院后，鲁迅艺术学院已搬迁到桥儿沟，他们夫妻被分配住在东山宿舍窑洞里。政府为了优待鲁迅艺术学院教员们，特别在东山的半山坡上兴建一个小厨房，属于供给制中的小厨房待遇（搬迁后）。参见蔡若虹：《赤脚天堂——延安回忆录》，湖南美术出版社2000年版，第108页。

② 蔡若虹：《赤脚天堂——延安回忆录》，湖南美术出版社2000年版，第108页。

③ 1941年初皖南事变发生后，最后一批从重庆经成都、宝鸡、西安来到延安的知识分子艾青、张仃、罗烽等人，被安排在中华全国文艺界抗敌协会延安分会（简称"文抗"），作为驻会作家、艺术家，从事专业文艺创作。同年8月，总共40余位驻会作家、艺术家从杨家岭后沟集体搬迁到蓝家坪山坡上的几十孔窑洞新址。

④ 韦嫈：《延安作家生活纪实》，载程远主编：《延安作家》，陕西人民教育出版社1992年版，第501页。

的生活要安定得多。①

除住处、家具、伙食由公家供给外，还有四季衣服、夜间照明用的蜡烛或油灯及灯油、写作用的墨水纸张，甚至妇女用的卫生纸，一概都由公家按时定量供给。政府在采取各种手段，使得大家在革命的圣地温饱着，并感受着平等。韦婪晚年深情地回忆说：

> 我感到生活真是有了保障，虽然一切都是简陋的粗糙的，但心情是愉快的。我们不追求豪华，追求的是理想，美好的人类理想，才来到这荒凉的山沟沟里，这里的人们都在从事一番轰轰烈烈的革命事业，这些人是不追求物质生活的享乐才来到这儿的，他们都是崇高的"同志"！②

队伍里的"公家人"日常住宿是全部免费的，但有一种情况却要收费。那是星期六的晚上，一般普通夫妻一周团圆一次，没有单独的住处，就要事先申请，再交费，住由临时腾出来的十几孔窑洞组成的"青年宿舍"，近乎后来的青年公寓。"屋里只有一张床，被褥得自己带，也不开饭，住一次交5毛钱。每到周六，小两口背着被褥来住一晚上，第二天又背上行装回到各自的战斗岗位。"③

"有饭大家吃，有吃大家饱。"④ 这是延安早期流行的一句话，也是那些奔赴延安的知识青年对延安最新鲜最实在的感受。作为一种战时社会分配制度，供给制和集体生活曾经给革命队伍里的同志们带来了基本生活保

---

① 韦婪：《延安作家生活纪实》，载程远主编：《延安作家》，陕西人民教育出版社1992年版，第502页。
② 韦婪：《延安作家生活纪实》，载程远主编：《延安作家》，陕西人民教育出版社1992年版，第502页。
③ 《莫文骅回忆录》，解放军出版社1996年版，第353页。
④ 奈尔：《"吃"在延安》，《解放日报》1942年3月1日，第2版。

障，以及对美好未来的憧憬想象。"它具有战时共产主义社会的某些特征，从而赢得了以接受西方近现代社会思潮为时尚的中国现代小知识分子们的青睐；同时，它具备中国社会的根本属性，从而随着革命胜利带来对一切社会资源的充分占有，平均主义逐步让位给了等级供给制，公开透明也逐渐变为组织决定。"①

当时的延安，是一个典型的革命社会，也是一个高度意识形态化，充满着意识形态符号的地理空间。在那些奔赴延安的左翼青年的心目中，延安的那些自然景观，都会被赋予一种丰富的意象，宝塔山、延河水、农民戴的白羊肚的那个毛巾、秧歌、纺车，都被赋予了一种思想的含义，从而成为某种鼓动性的符号。延安的中心话语就是革命，抗战就被包容于革命之中，革命成为延安和其他根据地的最重要的灵魂。特别是在延安和其他革命根据地所奉行的军事共产主义体制，对当时的革命者有着巨大的意义。具有平等意味的共产生活方式，是和大后方的、和重庆的那种世俗化的生活方式完全对立的，军事共产主义体制对金钱物质的排拒，使它具有巨大的政治上的动员作用和精神上的感召和凝聚能力。

1937年11月，毛泽东致信其湖南亲友称："惟我们这里仅有衣穿饭吃上自总司令下至伙夫，待遇相同，因为我们的党专为国家民族劳苦民众做事牺牲个人私利，故人人平等，并无薪水。"②从江西苏区到延安初期的供给制，并没有后来的严格等级标准。尤其是物质生活供给，确乎官兵一致，上下平等。"当时级别是有的，但只有两件事分级别的：一个是开会；一个是看文件。除此之外，生活待遇等都是一样的。"③

---

① 朱鸿召：《延安日常生活中的历史（1937—1947）》，广西师范大学出版社2007年版，第24页。
② 《毛泽东致文运昌函》（1937年11月27日），载《毛泽东书信选集》，人民出版社1983年版，第114页。
③ 严永顺：《回忆沙可夫同志——访韩进同志》，载《沙可夫诗文选》，文化艺术出版社1990年版，第356页。

就像"社会浓缩器"这个词所示，其空间形式应当像运转的机器一样，实现人类主体的转型。通过工作生活一体化，人们的资产阶级价值观和生活方式将被完全剥夺，取而代之的则是一种合乎社会主义原则的日常实践。这样，人们的生活都被统合在同一空间形式中：在集体宿舍中睡觉，在集体食堂中就餐，在公共娱乐区社交，在公共会议厅中参加演讲和集体讨论。全体成员按照年龄而不是家庭进行分组，成年人被统一分为一组，而儿童则按照不同的年龄段进行分组，每个年龄组的生活方案采取的是不同区域不同配置，以期适应特定活动的需要。在这种条件下，日常生活的每个领域都应被给定一种集体语境，同时在一种空间中进行，这种空间是特意设计来支持集体性的特定原则的。集体主义价值观和社会主义革命观的各个方面，都将在生活实践中得到强化。一方面，实行这种集合，能够通过提高劳动生产率而创造物质财富，并通过塑造无产阶级模范而创造文化财富。为了推动这种转型的过程，这一社会行为模式将集体化的空间形式和集体活动的规范化日程结合在一起。另一方面，生活集体化还要完成对成员活动的监督机制。不同于边沁的全景敞视监狱概念，他的监督以个人为中心，旨在制造一种自反的、个体化的主体；而生活集体化的设计则是要促进具有集体情怀的无产阶级主体的形成。通过这种机制，集体化主体可以在彼此或群体管治的相互交融中得到加强。我们也可以看到，新中国在社会管制方面最重要的创新，就是成功创设一个集体生活的情境，将人们的日常生活与集体劳动结合起来，实现共产主义新人的行为转型。这种新的社会空间布局，不仅仅是为了提高劳动生产率，也被看作是社会和文化革命性转变的基础。这种新的生活空间在培养"新人"主体性的过程中，确实发挥着重要作用。

尤其在新中国成立后，人在组织之中将会收到来自国家意志的全方位的"关照"，这是因为国家可以通过星罗棋布的组织系统实现对微观社会的全方位管控，制度化的空间成为规训的细小单位。正如华尔德所言，中国集体主义时代的基本政治社会格局实现了近代以来国家控制社会的梦想，国家政治和基层政治在单位内部相遇。[①] 此时，这一社会空间既是个人工作的场所，又是生活的场所。更甚之，在这样的社会环境中，成员之间的社会关系可以定义为"同志"或"兄弟姐妹"，而普通成员更是将组织领导人视为"家长"。由此可知，建国时期人们的行为模式及其行为准则，与革命战争时期的"政党行为"有着近似的肌理。"它为高度集权的一元化的政治体制和高度集中的计划体制以及严格的意识形态控制体制的运作提供了强有力的组织保证。"[②] 城乡单位、街道、公社的组织力覆盖到社会生活的任何角落，所有人被严密有序组织起来，每个人都隶属一个"小组织"，各级组织形成一个巨大的网络，过去那种散漫无组织的状态完全改观，工人有工会，农民有合作社，妇女有妇女联合会，甚至青年儿童也有自己的组织，所有人都有自己的归属，人们以不同的身份被规划统一在一起。是以，人在组织之中，"渐渐产生一种'集体感'或'合群感'，觉得自己是'我们'或'咱'中的一员，也可说是一种'我们感'"[③]。在组织大家庭的关怀下，人们习惯组织的存在，在情感上也倾斜于组织。

总体而言，在生活的各个领域都可以看到国家政治的作用力。因此，党组织需在各个方面发挥一定的作用力和影响力："我们是革命战争的领导者、组织者，我们又是群众生活的领导者、组织者。组织革命战争，改良群众生活，这是我们的两大任务。"[④] 此处一再强调的"群众生活"则是囊括了人们的多向维度，诸如"群众的穿衣问题，吃饭问题，住房问题，柴米油盐问题，疾病卫生问题，婚姻问题"，甚至包括"生小孩子的

[①] 刘义强：《街区社会公共领域的消逝：汉正街，1949—1956——以商业组织和码头帮会的变迁为例》，华中师范大学2004年硕士论文，第89页。

[②] 谭文勇：《单位社区——回顾、思考与启示》，重庆大学2006年硕士论文，第33页。

[③] 杨绛：《干校六记》，生活·读书·新知三联书店2015年版，第16—17页。

[④] 《毛泽东选集》（第1卷），人民出版社1991年版，第139页。

问题"。①

二、行动军事化

革命组织本身是一个由追求共同价值但又各有差异的人集合起来一起行动的组织单元。因此，这个行动单元不仅需要组织成员在目标上保持一致，而且在行为模式上也需要具备一致化的可能。这个一致化存在多种形式上的选择，而军事组织形式是所有可供选择形式中最严谨、最具集合力量的一种，适合革命战争的需要，也就成为中国共产党党的建设中的军事因素。行动军事化是指个体行为在严格的纪律约束下，步调一致、令行禁止、高效地完成组织任务。当然，行动军事化并不是完全照搬军队的组织模式，而是借鉴军队在实施组织行为时较为严格的制度化模式，其真正的目的是使组织能够政令畅通，执行有力，反应快捷，效果明显。

行动军事化的思想肇始于近代以来军国民的改造呼吁，以身体军事化开发为诉求，毫不掩饰地号召应该将身体看作民族强盛、国家兴旺的扎实基础。纵观20世纪初叶，中国共产党历经了长达22年的武装斗争，可以说中国共产党的组织管理思想主要是建立在对军队的领导实践基础之上的。在夺取政权的漫长的革命斗争中，军事问题始终是中国共产党着重考虑和研究的最为重要的问题，毛泽东如是说："在中国，主要的斗争形式是战争，而主要的组织形式是军队。"②他强调："全党都要注重战争，学习军事，准备打仗。"③中国共产党建立和领导了一个战斗力极强的军队组织，在新中国成立以后，中国共产党始终相信，组织的"军事化"完全可以用于非战争时期社会建设的方方面面。因而，可以毫无疑义地说，中国共产

---

① 《毛泽东选集》（第1卷），人民出版社1991年版，第136、138页。
② 《毛泽东选集》（第2卷），人民出版社1991年版，第543页。
③ 《毛泽东选集》（第2卷），人民出版社1991年版，第545页。

党领导人在执政时期探寻提高组织效率途径的过程中,一直都是十分推崇组织"军事化"的模式。这种长期的对军事斗争的极大关注,使战争理论、战略理论、战术理论及军队建设研究等构成了毛泽东及中国共产党一种重要的文化体系——军事文化。

起初,为了保卫新生的苏维埃政权和巩固土地革命的胜利成果,苏区人民团结一心,充分地组织起来,英勇地投入到长期而艰苦的反"围剿"斗争中,为生存而战。苏区农村社区军事化即是当年的写照。苏维埃政权在农村社区推行的全民军事化中,运用军事建制的方式。"红军与工农的武装力量是相乘的而不是相消的"[1],在反"围剿"斗争中"党员和群众不得不一齐军事化"[2],苏区各县乡组建民兵组织,根据年龄段,将他们编入各自不同的半军事化组织,可分为儿童团(7岁至15岁的男女儿童),少年先锋队(16岁至23岁的青少年),赤卫队(24岁至50岁的青壮年)。随后,各个系统的军事建制以半军事化组织为基准,下设连、排、队为行动单位。[3]此时,红色政权的军事化政策,正是服从于革命战争这一特殊主题:组织军事化较好地整合了苏区根据地的政治、经济、文化等资源,在稳固民心和抵御外敌上发挥着不可估量的功效。一方面,发展生产是留守后方的赤卫队队员和少年先锋队队员的重要工作之一,农村半军事化编制为开展互助合作运动提供了组织基础。当时农村各种互助合作组织,特别是耕田队、劳动合作社、消费合作社等,大多数是由乡村的军事化组织演变发展而来。苏维埃政府还号召强壮赤卫队队员和少年先锋队队员组成"突击队",承担起优待红属、帮助孤寡群众生产等重任。在当时后方劳动力极其缺乏的情况下,农村军事化政策对推动农业生产的顺利进行作出了

---

[1] 总政治部办公厅编:《中国人民解放军政治工作历史资料选编》(第1册),解放军出版社2010年版,第284页。
[2] 《毛泽东选集》(第1卷),人民出版社1991年版,第63页。
[3] 宋荐戈、张腾霄:《简明中国革命根据地教育史》,中国文史出版社2016年版,第414页。

巨大贡献。在全力配合红军作战方面，各苏区的赤卫军、少年先锋队利用熟悉地理民情的有利条件，积极开展游击战，袭敌扰敌，保卫家乡，在反"围剿"斗争中屡建奇功。活跃在洪湖苏区的模范少先队，便是一支令敌军胆战心惊的地方红色武装。另一方面，苏区农村军事化，还为红军主力部队提供了大量兵源。赤卫军、少年先锋队既是保卫苏区的地方武装，也是前线红军野战部队的后备军。在"扩大红军、捍卫胜利果实"的战斗口号下，模范少先队、赤卫军整排、整连、整营的按组织编制武装上前线。1933年5月，中央苏区的兴国模范师5161名战士整体加入红军，在当时曾产生广泛影响。① 兴国模范师是从全县赤卫军中挑选身体健康、政治觉悟高的男队员建立起来的一支红色地方武装。农村社区军事化政策的推行，充分体现了苏维埃政权属地人民战争的思想。在苏区内，全民皆兵，人人参战，使进犯的敌人陷入了人民战争的汪洋大海，对巩固根据地、粉碎敌人的"围剿"起到了重大作用。

抗日战争时期，战备问题促使中国共产党的组织军事化更进一步发展。共产党八路军深入晋察冀边区之后，为了广泛地发动敌后游击战争，按照中共中央全面抗战的路线，提出了"全民总动员""实行全民武装"②的口号，以各种形式，将边区广大农民群众组织起来。在农村地方政权建立之后，普遍成立农民救国会、妇女救国会、青年抗日救国会、儿童团等群众性组织的同时，建立了军区制度。军区之内，农民抗日武装分为地方正规军、脱离生产的游击队与不脱离生产的游击队三部分。其中农村不脱离生产的游击队，吸收了边区农民中17~40岁年龄段的主要部分。他们又根据年龄分为三个层次；17岁到23岁为青年抗日先锋队，20岁到35岁的为基

---

① 杨丽琼、刘强：《中华苏维埃史话》，社会科学文献出版社2011年版，第101页。
② 李松：《不能丢掉的优良传统：中国共产党永葆先进的六大法宝》，新华出版社2016年版，第63页。

干自卫队，35 岁到 40 岁的为警备自卫队。① 这种普遍武装农民民众的形式，在 20 世纪 30 年代初期就曾在苏区实行过，并取得了丰富的成功经验，被称为民兵制度，它与农救会、妇救会、青抗会和儿童团等群众组织相结合，通过逐级的升编过程，很好地解决了边区敌后抗战中难以解决的野战部队和正规军的经常补充问题，而且最大程度地保证了民众的组织化、武装化，实现了农村社区的军事化与全民总动员，有效地支持了艰苦的对敌抗战。

此时，由于战事的紧迫性，民众训练多是以会代训、以战代训。以会代训主要是向民兵进行政治形势、阶级斗争、战备观念、战略战术和武器使用方法的教育；以战代训采取以兵带兵方法，组织民兵配合游击队、区小队直接参加歼敌剿匪的战斗，以实战代替军事训练。训练内容以军事为主，政治为辅。军事方面主要学习军事常识和游击战术，辅以野外演习；政治方面主要学习国际形势、时事分析、中国近代史、抗战理论和抗战歌曲。例如 1937 年 12 月 20 日，广雅中学在《战时教育实施办法大纲》中多次强调应在政治教育的基础上，发展军事教育，特别是游击战争的训练，必须能够充实军训及童军训练，从立正、稍息的基本训练提高到射击、行军、新兵器使用，野外演习战术实施，游击战，地方卫戍，战略与战史等研究，其课程设置如下：

　　甲、新军事学，战略与战术，游击战术。

　　乙、军事训练，锻炼健强体格，熟习武器之使用及基本战斗教练，野外游击实习。

　　丙、军队政治工作。

　　丁、军事技术常识：军事工程、救护、运输、担架、消防、

---

① 杨尚昆：《论华北抗日根据地的建立与巩固》（1944 年 7 月），载魏宏运主编：《抗日战争时期晋察冀边区财政经济史料资料选编·总论编》，南开大学出版社 1984 年版，第 124 页。

防空、防毒、谍报、纠察、交通管制等常识。①

这种实用性的军事训练目的在于提高民众的政治和军事素质，树立战备观念，平时做好战时准备，做到召之即来，来之能战，战之能胜。又如广东大埔县的民众训练的内容完全对接战事的需要：

> 军训始于一月十九日，我们军事操练的课程，完全应付目前抗战的需要，不是如过去呆板式的，学"操场死动作"——"立定""哨息""报数"了，多是侧重"野外勤务"——一爬山、野战……等，每天分两操（早上六时半至八时半），一讲（上午十时至十一时半），其余的时间，我们都用在问题讨论与救亡工作上去了。时间虽是短短的六个礼拜，但个个学员都很起劲的学习。②

总体而言，革命队伍普遍实施这种军事化生活管理。对于毅然投身革命的中共党人而言，该模式锻炼了强壮的体魄，培养了严明的纪律性，增强了顽强的斗志，也潜移默化地荡涤了革命青年的身心面貌。为了适应抗日战争的时局形势，1937年在延安创办的陕北公学同样按照军事编制将所有女学员统一按单位编排，在统一的指挥下，采取组织军事化和生活战斗化的训练模式。根据时任陕北公学校长的成仿吾晚年回忆：

> 军事训练把女学员由娇柔的小姐训练成英武的女战士。女学员开始时不适应夜行军快速集合的要求，深夜紧急号吹响了，女生队乱成一团，这个穿错了鞋，那个摸不着袜子，还没出发，背包带又散了，笑料百出。一回生，二回熟，训练几次之后，几分

---

① 《广雅中学战时教育实施办法大纲》（1937年12月20日学生会编），载中央档案馆、广东省档案馆编：《广东革命历史文件汇集》（中共广州市委文件、报刊资料选辑）（1937—1940），1987年版，第193页。

② 张文煌：《大埔第一期的军训队》，《救亡日报》1938年3月28日，第3版。

钟内,女生队就报告"集合完毕",得到军事教员夸奖。夜间站岗女生队也同样参加,开始时,听见风吹草动,腿就发软。但是硬着头皮坚持。当我问到她们怕不怕时,她们挺胸立正说:"报告校长,不怕。"①

另外,中国女子大学的生活方式也大抵相同。"为了回答日本鬼子的企图渡过黄河进攻陕甘宁边区,我们动员了全体教职员工学生实行军事化,天天练习爬山,跑步,学习防空防毒,准备行军,白日夜间经常演习行军和紧急集合。"②当时女子大学的学员回忆道:"每天清晨起床号一响,就要集体出操,自此一天所有的生活和学习都是军事化的。1940年,在国民党的封锁下,延安的生活条件异常艰苦,冬天寒风刺骨,我们每天洗脚洗脸都在延河。吃的是小米饭,天两顿,没有菜,有时饿得难以忍受。"③

在物质匮乏的延安时代,军事训练和体力劳动却给予了她们不一样的体验,包括健康强壮的身体和昂扬向上的精神。1936年10月,率先抵达延安的革命女作家丁玲,接受革命队伍对其进行的高强度训练之后,坦然地面对美国女记者尼姆·威尔斯的采访并说道:"我喜欢此地简单的生活,我正在长康健长肥起来,虽然我来此之前是神经衰弱,睡不着觉的。"④大量活动,坚持劳累,人就能吃得多,睡得香,长得壮。同样,那位从"宰相府走出的大小姐"孙铮来到延安鲁迅艺术学院,参加大生产运动,"一个星期吃一次馒头,她一顿能吃五六个。平常吃小米,她也是一大碗一大碗地吞"⑤。

---

① 成仿吾:《战火中的大学——从陕北公学到人民大学的回顾》,人民教育出版社1982年版,第47页。

② 郭靖:《女大概况》,《中国妇女》(延安)1939年第2期,第24页。

③ 贾保平:《从小学教员转变为革命战士》,载延安中国女子大学北京校友会:《延水情——纪念延安中国女子大学成立六十周年》,中国妇女出版社1999年版,第176—177页。

④ [美]尼姆·威尔斯著,陶宜、徐复译:《续西行漫记》,解放军文艺出版社2002年版,第269页。

⑤ 黄仁柯:《鲁艺人——红色艺术家们》,中共中央党校出版社2001年版,第160页。

将漂浮散漫、性格不同的个体生命集合起来,凝聚成钢铁般的矩阵,最有效的方式莫过于组织军事化。就像学者李鹏程所注意到的那样:"从毛泽东及中共党人的文化意识上来说,现代中国的革命史,就是革命战争的历史:第一次国内革命战争时期,第二次国内革命战争时期(土地革命战争时期),抗日战争时期,解放战争时期,等等。历史被以战争史命名,这是以军事文化为价值尺度对宏观文化进行的历史阐释,这种阐释的意义在于:军事方式或战争方式,军事思想或战争思想,成了主流的文化方式和主流的文化思想。"① 与这种作为主流文化思想的军事文化相协调,战争时期的组织设计原则或组织模式具有两个鲜明的特征:一是权力调节,他律为主。军人以服从命令为天职便是这一原则的表现之一。二是严密组织,统一行动。所谓"军令如山"就是这一特征的一种解释。而这两个特征所带来无疑都是一种比较高的组织效率。新中国成立后,虽然军事斗争任务已转变为全部革命任务的一个非主导方面,但是以往形成的军事文化仍然以其巨大的惯性发挥着作用。中国共产党驾轻就熟地以军事文化的概念和价值观来对执政后的社会历史发展问题即文化进步问题进行思考和概括。在中央文件的表述中,各种军事术语被广泛采用,"经济战线""思想战线""文化战线""歼灭战""大兵团作战""打胜仗"等,举不胜举。

三、婚恋革命化

在革命的特殊环境下,人们的婚恋生活不可避免地被政治影响。从恋爱、择偶方式的选择到婚礼仪式的举办,无不裹上浓厚的革命色彩,即革命话语下婚恋必须服从革命、政治。此处,群众的婚恋行为亦是我们考察的内容之一,它从另一个角度反映了党的行为模式的影响效果。

---

① 李鹏程:《毛泽东与中国文化》,人民出版社1993年版,第227页。

（一）恋爱的革命化

20世纪20年代以降，革命与恋爱是始终萦绕在中国青年心头、身边的两件大事。前者是关乎民族命运的国家大事，是需要凝结集体的力量才能完成的使命；后者是关乎青年婚姻家庭的终身大事，是被视作个人精神自由的具体体现。对于革命知识青年来说，前者意味着流血与牺牲，后者意味着独立与幸福。涉及个人与集体、政治与情爱的"革命+恋爱"，既紧密相关又不时相斥。20世纪20年代以来，阶级革命成为民族革命之外的另一救国主旋律。对革命阵营中的青年群体而言，恋爱与革命发生冲突时该何去何从，这既是无法完全回避的现实问题，又在某种程度上成为检验革命者对事业忠诚与否的试金石。1925年7月，南方大学的王永德在致恽代英的信中提到："我的一位朋友是马克思主义的信徒！很能工作而且很热心。但是现在一切都消沉了，书是不愿读的，对工作亦很淡薄，一切的东西，除去恋爱以外都不能引起他的兴趣，不但不能引起他的兴趣，反足以增他的讨厌心！"[①] 对于如何解决恋爱妨碍革命的问题，恽代英的态度确能在革命阵营中具有广泛的代表性。在回信中，他严肃地指出：

> 在经济制度未完全改造以前，是没有美满的恋爱生活可言的。马克思主义者并不反对恋爱，他们愿意牺牲一切以谋改造经济制度，使人人得着美满的恋爱。但马克思主义者为了要改造经济制度有时要牺牲一切（包括恋爱在内），若在工作上所必要牺牲的不能牺牲掉，甚至于因为贪恋任何事物，反牺牲了他的正当工作，这只是愚昧的鄙夫，决不配称为马克思主义的信徒。你的朋友能工作很热心，然而只看他为了恋爱便厌倦工作，可知他一

[①] 恽代英：《马克思主义者与恋爱问题》，载张羽：《恽代英来鸿去燕录》，北京出版社1981年版，第233—234页。

定不了解马克思主义。①

按恽代英信中所言，个人恋爱生活的美满与否是同"经济制度"（应主要是指生产关系）是否得到完全改造密切相关的。对一个革命者而言，只有将包括"经济制度"在内的社会体制彻底地进行改造，才能完成改天换地般的宏伟事业。同时，只有取得革命的完全胜利，才能实现社会制度的新旧转换，这时才有可能获得"美满的恋爱生活"。这也是革命与恋爱，二者"毕其功于一役"的唯一途径。在恽代英看来，一个革命者为"使人人得着美满的恋爱"，就应当"牺牲一切以谋改造经济制度"②，而"牺牲一切"当然是包括恋爱在内。牺牲自己的恋爱，目的却在于为他人的"美满的恋爱生活"创造条件，这是一种充满悲情的典型浪漫主义"革命恋爱观"。

洪瑞钊在《革命与恋爱》一书中指出，"晚近流行的恋爱论，在社会比较和平生活比较安定的欧美诸国，自有其存在的价值，但在我国，其流弊所及，足使一般青年迷惘彷徨于恋爱问题，而忘却当前的革命工作，这又是我们所不能过分忽视的"③。洪瑞钊对于恋爱的态度显然不在于提倡自由，而在于个人恋爱时不能"忘却当前的革命工作"。这种观念与舍己为人的革命恋爱观有相似之处，二者都坚持将革命放在首位。但是二者又有所不同，洪瑞钊提倡的是革命与恋爱兼顾，而恽代英则坚持为革命牺牲恋爱。相较而言，洪瑞钊的观念明显倾向于宽待革命者的恋爱，一方面"要廓清一切文人学者才子佳人所造作的自利的享乐的畸形恋爱理

---

① 恽代英：《马克思主义者与恋爱问题》，载张羽：《恽代英来鸿去燕录》，北京出版社1981年版，第233-234页。

② 恽代英：《马克思主义者与恋爱问题》，载张羽：《恽代英来鸿去燕录》，北京出版社1981年版，第234页。

③ 洪瑞钊：《革命与恋爱》，上海民智书局1928年版，第20页。

论",革命青年不能沉湎于恋爱而"忘却当前的革命工作"[1];另一方面又企图"去建设一种过渡期中的新性道德",旨在从革命目标的实现与个人恋爱的保全之间寻找空间,"一面不牺牲个人的幸福,一面不妨碍革命的工作"。[2]

事实上,"恋爱不忘革命"只是一种更富理想化色彩的观念,在革命阵营中却往往出现革命与恋爱不能两全的例子。中共早期领导人瞿秋白,在新婚后不久便赴广州参加意味着国共第一次合作确立的国民党一大。在此期间,他时刻想念着远在上海的妻子王剑虹,几乎每天都要寄回一封家书,信中还夹带着浓郁思念之情的小诗。[3]其中有一首称:"我自己承认是'爱之囚奴','爱之囚奴'!我算完全被征服了!""我们要一个共同生活相亲相爱的社会。不是要一所机器栈房。这一点爱苗是人类将来的希望。要爱,我们大家都要爱——是不是?"[4]后来,瞿秋白因革命事业无法照顾病重的王剑虹,最终留下终身的遗憾。据王剑虹的好友丁玲回忆,王剑虹去世后,"秋白用了一块白绸巾包着剑虹的一张照片,就是他们定情之后,我从墙上取下来送给秋白的那张。他在照片背后题了一首诗,开头写着:'你的魂儿我的心。'这是因为我平常叫剑虹常常只叫'虹',秋白曾笑说应该是'魂',而剑虹总是叫'梦可'。'梦可'是法文'我的心'的译音。诗的意思是说我送给了他我的'魂儿',而他的心现在却死去了,他难过,他对不起剑虹,对不起他的心。也对不起我……"[5]

革命青年在恋爱方面追求的自由与革命纪律所要求的不自由,二者的冲突迫使他们不得不去思考个人与集体间的关系。据曾志回忆,在大革命

---

[1] 洪瑞钊:《革命与恋爱》,上海民智书局1928年版,第20页。
[2] 洪瑞钊:《革命与恋爱》,上海民智书局1928年版,第21页。
[3] 姚守中、耿易、马光仁:《瞿秋白年谱长编》,江苏人民出版社1993年版,第133—134页。
[4] 陈铁健:《从书生到领袖——瞿秋白》,上海人民出版社1995年版,第264页。
[5]《丁玲自传》,江苏文艺出版社1996年版,第49—54页。

时期的湖南郴州，处于顺境中的青年革命者"白天走上街头巷尾或深入农村，开展宣传发动工作，晚上回来却是又唱又闹，疯疯癫癫的。夜间男女也不分，几个人挤在一张床上，深更半夜还吵吵闹闹的"。对此，湘南特委特派员何舍鹅大发雷霆："这还了得，晚上男男女女都搂在一块睡，男女都不分了。……这些人也是反革命，破坏我们的革命道德。如果发现谁再这样，就枪毙，就杀头！"从此以后，这些年轻革命者迫于纪律威慑，"再也不敢胡作非为了"。① 很明显，男男女女、疯疯癫癫在当地人看来是"伤风败俗"的举止，是会破坏人们对革命阵营的认知和评价。在"恋爱的自由"与"革命的不自由"之间，牺牲前者而成全后者是革命阵营内部的大计所在。

随着民族革命成为压倒一切的革命任务后，恋爱自由、婚姻自由、个性解放等主流话语便主动让位。救国家之亡、救民族之难成为顺昌逆亡般的时代强音，在此宏伟目标外的儿女私情和花前月下成为逆世势、背潮流之物。在革命成为压倒个性解放的主流话语后，恋爱自由、婚姻自由需要为革命让位。工农红军的主力转移到陕北后，肩负民族解放与阶级斗争两个任务的中国共产党，经常从纪律的角度要求革命者将私情置于服从革命的地位。在延安时期的革命阵营中，由于军政人员多数是男性，不少老红军、老干部年龄很大却因没有合适的对象而无法成婚。据曾任抗日军政大学（前身称"西北抗日红军大学"）政治处主任的莫文骅回忆，当时革命圣地吸引全国各地大批知识青年涌入，"延安一下子活跃起来，年轻起来"。与此同时，因为"女同志多，婚恋情况也多起来了，不少同志都纷纷办起了自己的'终生大事'"。为此，莫文骅请示毛泽东，要求抗日军政大学学员必须遵守"学习期间不能谈恋爱，不能结婚"的纪律。② 在战争

---

① 曾志：《一个革命的幸存者——曾志回忆实录》（上册），广东人民出版社1999年版，第51–52页。

② 《莫文骅将军自述》，辽宁人民出版社1997年版，第172–173页。

或准战争的环境下，人们的生活都要优先从军事化的角度来要求，而抗日军政大学又是按军队编制组织起来的军官学校，因此这样的纪律自然不难理解。从某种角度而言，"学习期间不能谈恋爱，不能结婚"的规定，意味着革命者不能为恋爱和婚姻而影响革命事业。尤其是在著名的"黄克功案"发生后，毛泽东特意在抗日军政大学作了一场"革命与恋爱"的讲演，强调了革命青年在恋爱时应遵循的"三原则"——革命的原则、不妨碍工作和学习的原则、自愿的原则。① 革命与恋爱相比，前者是关系民族命运的大事，后者则是屈居服从地位的个人小事。与此相似，中共陕西省妇委在一封告全省女同志书中强调，"要有坚定的独立的政治立场和斗争精神，在革命的过程中，民族敌人与阶级敌人无时无刻不在想消灭我们，所以共产党员在任何情况下，胜利或失败、压迫或逮捕、威吓或利诱、虐打或杀害，都应当坚持自己共产主义的道德和政治立场"，"绝不为权威、利禄、爱情而改变自己的政治立场"。② 革命与恋爱，都是需要革命青年全身心投入的大事。中共陕西省妇委在告全省女同志书中，明确地告诫革命者要对共产主义事业绝对的忠贞，即便是爱情也不能成为"改变自己的政治立场"的遁词。

随着民族敌人投降、阶级话语占据主流，参与土地改革、解放战争的革命者，他们的恋爱观自然与阶级和解放难以分解。值得注意的是，此时的国内形势已经到"两个中国命运"决斗的时候，国共力量相互拉锯的地区更是处在你死我活的境地。在此严峻对立的情况下，中共党内极有必要加强对阵营内部的纪律约束。中共为夺取最后的胜利及建立全国政权，部分地区的党组织强化了对党政军各级干部私人事务的直接干预。有的地方明确要求，"离婚、结婚，区委管到地委级。县委如果有问题与恋爱纠纷

---

① 曹慕尧：《我所亲历的"黄克功事件"》，《党史博采》2003年9月，第29页。
② 《中共陕西省妇委致全陕女同志书》，《共产党人》1940年第6期，第44页。

(如三角恋爱),都亦经区委批准","未经正式解除婚约或离婚,不能批准与第三人的订婚结婚"。① 据有的研究者考察,有的地方要求党政军民一切未婚工作人员,"延缓解决婚姻问题","暂时丢开对婚姻的考虑,搁置不谈;一切已婚的同志,亦应减少对家庭的牵挂,共同专心致志,以全力支持战争,争取最后胜利"。如果不能夺取最后的胜利,国民党军队和地主还乡团等武装返回,即便是甜蜜的恋爱和美满的婚姻生活也根本得不到保证。然而,长期坚持恋爱为革命让路的纪律和观念,导致许多军政干部长期过着单身生活。他们与城镇居民和乡村农民不同,在军事化、供给制的管理体制下,物资匮乏、环境艰苦,并且往往难以在同一地方长时间地居住。在这样的情况下,尽管他们在有的农村拥有较高威望和良好形象,但是仍有不少革命军政人员存在择偶困难的现象。部分地区的资料显示,年龄大的干部婚姻问题一拖再拖,甚至达到非要解决不可的程度。有些干部"为婚姻问题闹情绪,工作不安心",甚至"退党也得搞"。组织上要求"恋爱"服从"革命"、婚姻问题尽量推迟,这使得本来就存在择偶困难的革命者更要面临年龄越大、择偶困难越多的窘境。他们不得不在个体与集体之间权衡孰轻孰重的问题。有的干部为此只好将婚姻问题再次搁置起来,而有的则"不经上级党委批准,不遵行政府法令,不顾党内及社会影响",甚至称"趁组织尚无明确态度先抓一把"。对于这些情况,中共华北地方党组织采取疏导和管理并重的办法,对旧式婚姻基本上是争取团结改造的方针,实在无法维持时,离婚也须求得双方同意,并"要求干部在解决自己婚姻问题时,必须更多照顾到党内影响及社会舆情","必须照顾到不妨碍工作,比如有的组织几个干部交替回家解决问题"等。② 有些地方为照

---

① 《一般干部的管理制度》(1946年3月18日),山西省档案馆藏件,卷宗号:A01-02-00046-015,第2页。

② 张志永:《建国初期干部群体婚姻问题辨正》,《复旦学报(社会科学版)》2009年第6期,第135页。

顾干部的爱情和婚姻，专门对部分干部实行"地方化"。尽可能地照顾已经结婚、有家室的干部，让他们回家"过礼拜六"式的家庭生活。①

不仅如此，革命时期，人们的感情和婚姻都不可避免地加上了政治的色彩，当时的主导思想观念都认为，把爱情当作个人的私事是完全错误的，我们"必须把恋爱、婚姻放在革命的从属地位，为革命牺牲后者。只有把爱情当作无产阶级的阶级爱的一部分，才是高尚的，有价值的"②。这些原本私人化的情感选择要在政治的视角下被评头品足，婚恋行为变成一种政治行为，如果稍不服从，就会招来诸多干涉，单位谈话、组织规劝等这些行政手段就会接踵而至。简而言之，婚恋观的政治化主要在以下两方面体现：其一，视爱情为洪水猛兽。当时，很多人羞于言情，即使言说，也难登大雅之堂。人类关于爱情的美好语言，扭曲成了隐晦蒙羞的话题。对绝大多数革命青年而言，革命婚恋观的纯洁性和正确性是建立在彼此志同道合的革命感情和同志关系上的。例如人们只能以工作为由来谈情说爱，情书的开头一定要称呼某某同志，结尾也一定是革命的敬礼。又如知识青年上山下乡的行为也被当地的生产建设兵团严格规范，天黑后男女知青必须在领导陪同下方能接触，而男女私会互传情书也会被大会通报批评。在这些政治宣传和行政压力下，许多青年人谈爱情而色变，而对另一些更激进的青年来说，革命的婚恋观早已深入他们的内心，成为他们自觉的选择，爱情一度被作为肮脏的资产阶级思想遭到摒弃。显然，革命的婚恋观融合了政治主义和禁欲主义，这在一定时期服务了特定的社会需求，希冀描绘社会改造的蓝图，达到"大公无私"的共产主义目标。然而，当公共政治领域逐渐侵蚀私人生活领域，家庭生活的政治化不仅没能实现革命婚恋与家庭道德的神圣化，相反会造成乌托邦实验的破产，甚至要为后革命时代社会

---

① 潘讷：《冀中解放区漫记》，上海作家书屋1949年版，第154页。
② 《张洁同志的一封信》，《辽宁青年》1974年第24期，转引自唐凯麟：《中华民族道德生活史》（现代卷），东方出版中心2014年版，第242页。

失范承担一定责任。其二，视离婚为错误行为。对于离婚问题，人们常常认为离婚就是非道德的，是"阶级斗争的新动向"，除非是为了"跟对方划清界限"，否则不仅不予离婚，还要接受触及灵魂的思想改造和贫下中农的批判。此时，高离婚率被视为资本主义社会腐朽的象征。

综上，革命与恋爱，是20世纪20年代以降中国知识青年难以完全回避的两大主题。从五四时期的恋爱自由到革命时期的男女隔绝，他们在面对革命与恋爱两大主题时的态度出现了戏剧性的变化。从为婚恋自由而走出家庭到为革命纪律重设男女大防，青年人在恋爱立场上的进退回转显示出世态变幻和形势变化。总体而言，革命是以约束个体、凝聚合力的形式来争取集体的解放，而恋爱则以情感自由为原则来争取个体的解放。其间的矛盾与冲突，对于考察革命时期人们思想观念与行为方式同样具有重要的学术意义。

（二）婚姻的革命化

革命根据地的婚姻形态是二元的：一是新式婚姻向革命式升华的，存在于革命队伍内部；二是旧式婚姻向新式婚姻转变的，存在于根据地农村。延安城里和革命队伍内部，是以新式自由婚姻为起点，上升到以共同的政治信仰为婚姻基础。延安提倡社交自由、尊重女性、革命的两性交往方式。

> 我们的社交不是为了巴结荣贵，利用妇女，而是为着团结两性，为民族斗争的任务而奋斗。不是为了玩弄蹂躏女性，交际应酬，消遣娱乐？而为双方交换经验学识，互相帮助，增进待人接物的修养，学习民主团结的作风。①

这为年轻女性寻找自己理想的伴侣创造了条件。舞会在当时之所以特

---

① 《与青年男女谈两性社交》，《解放日报》1941年12月21日，第2版。

别盛行，这是因为：

> 除了可以娱乐身心、有利健康的原因之外，还因为参加跳舞的舞伴都是妙龄女郎。毛泽东和中共中央为补偿大多数高级将领由于军务倥偬而耽误的青春，鼓励和帮助他们解决婚姻问题。……当时延安的高级领导人，师级以上军官中80%的人都是在这一时期恋爱、结婚、成家、生子，延安对他们是一种温馨、甜蜜的回忆。①

延安实施的是周六休假制度，为青年男女提供接触的机会，每逢周六，或是夫妻，或是情侣，或是老乡，抑或是普通朋友，纷纷聚在一起，谈笑风生，热闹非凡。诸多男男女女在延水河畔相识，因为同一个革命理想让他们最终走上婚姻的殿堂。在延安这片富含红色基因的土地上，处处显现出自由平等的新思想与新气象，人们的婚恋行为也沾染了些许革命化的色彩。

当时在延安的外地女性大多来自城市，文化程度都在初中以上，学生式的浪漫即使在战争年代也没有被磨灭。她们仍然渴望罗曼蒂克的爱情，希望收获一份心心相印的结合：

> 马海德夫人苏菲曾在其回忆录谈起那时的恋爱：虽然我和他相处的时间很短，对他也不甚了解，但是他的淳朴和可爱，却让我从心底想靠近他。我曾告诉他，我的故居在浙江，美丽富饶的舟山群岛，但是我从小时候就去了上海求学，在来延安之前，我也曾拍过电影、出演话剧等等。在一起的时候，他曾夸赞过我的双手漂亮，也夸赞过我的动作和行为优雅，他也曾说我不仅仅长相出众，性格也特别好。还记得那是一个阳光明媚和鸟语花香的清晨，年轻羞涩的马大夫向我表达了爱意。那一幕不断的在脑海

---

① 梅剑：《延安秘事》（下册），红旗出版社1996年版，第445–446页。

里演绎着,他轻描淡写的语言表达出他真诚热切的情感。那时,我的脑海里只有他,他的脸、他的笑容,都让我不知所措,当他捧起我的脸,亲吻我双唇的时候,我觉得我被幸福包围了,我知道我被他攻陷了。延河的水,河边的花草见证着我们两的结合。①

而由于革命根据地位于落后封闭的农村,传统旧式婚姻和买卖婚姻占统治地位。改革根据地农村的婚姻制度,改变传统婚姻观念,推行"婚姻自由""男女平等"的新式婚姻,是边区政府应在根据地农村完成的一场革命。据统计,根据地历来颁布有关婚姻的法规多达20多条,如表5-1所示的:

表5-1 革命根据地时期的婚姻立法

时期	婚姻立法
根据地时期	《闽南永定县溪南区苏维埃政府婚姻条例》《鄂豫皖根据地婚姻问题决议》《中华苏维埃共和国宪法大纲》《中华苏维埃共和国婚姻条例》《中华苏维埃共和国婚姻法》等
抗日战争时期	《晋冀鲁豫边区婚姻暂行条例》《晋察冀边区婚姻条例》《修正陕甘宁边区婚姻暂行条例》《陕甘宁边区婚姻条例》《辽宁省关于婚姻问题暂行处理办法(草案)》《陕甘宁边区抗属离婚处理办法》《修正陕甘宁边区优待抗日军属条例》《湘赣苏区婚姻条例》等
解放战争时期	《陕甘宁边区婚姻条例》《冀南行署关于处理婚姻问题的几个原则》《华中行政办事处、苏北支前司令部关于切实保障革命军人婚姻的通令》《华北人民政府司法部关于婚姻问题的解答》《修正山东省婚姻暂行条例》《绥远省关于干部战士之解除婚约及离婚手续一律到被告所在地之县政府办理的通令》等

农村女青年在党和政府的支持下,强烈反对旧式父母包办婚姻和买卖婚姻,大胆抗婚。

如陕北靖边县的张某,在灾荒年间,她被家人卖作童养媳。

---

① 苏平、徐玉珍:《延安之路》,中国妇女出版社1991年版,第233页。

后来红军来了，宣传男女平等、婚姻自由，16 岁的张某高兴极了："说是男女平等、婚姻自由，让穷人翻身，我觉得就好像上了天了，叫人高兴，心里头那个高兴，唉呀，我这下可好了。我的苦日子到头了。这下子管他呢，我就给他退了（指童养婚），然后就去找红军，但被父亲半路追了回来。"后来婆家来迎娶，她被父亲强行抱上马，张某急了，顺手拿起一把剪刀，一下子就干起来了。"我那时就像疯了，一下子骑到窗子上，举着剪刀说，谁过来，我就宰了谁。可闹的劲大哩！父亲气得要打我，我说，你打，反正我不去。他说，小豆跳死锅里烂。我说你要看我烂了我就不是人养的。"①

像张某这样激烈反抗的虽然还是少数，但却为陕北妇女反对买卖包办婚姻开了一个头。恋爱和自由婚配等先进的思想观念被边区人民渐渐接受。有妇女主动提出离婚，以此来结束自己悲惨的婚姻生活。据当时相关数据统计，离婚事件发生率每年不断增加，其中众多离婚案件中原告都是女性，尤以贫困地区的妇女为多。②亦有农会提供帮助，协调关系，化解矛盾，最后"绥德县黄家川周围地区一个月内自由婚配人数高达十余对"③。

在战争年代特定的文化氛围中，女子更看重孔武有力的战士或是受人爱戴的英雄，这一现象也被当时的红色歌谣所传唱："吃菜要吃白菜心，寻汉要寻一个八路军。八路军名声实在好，三号号盒子红缨缨，胸前你又挂望远镜，哥哥你多威风。""我妈妈生我海精怪，我一心爱起个八路军。"④

十八九岁的年轻姑娘怀着一腔热血来到延安，高昂的政治热情和对轰

---

① 《汇集在这块贫瘠的土地上》，载李小江主编：《让女人自己说话：亲历战争》，生活·读书·新知三联书店 2003 年版，第 194 页。
② 《陕甘宁边区的婚姻问题》，陕西省档案馆，卷宗号 46-14。
③ 《清涧县店子沟三乡苏家塔村调查材料》，陕西省档案馆，卷宗号 46-11。
④ 党音之、于志明编：《信天游五百首》，陕西人民出版社 1993 年版，第 321 页。

轰轰烈烈的革命事业的向往，使她们必然会敬仰和爱慕英雄人物，因而也最容易选择那些建立了一定功绩的革命队伍中的干部和战士。

  在朋友和亲戚的介绍和安排下，我与徐某同志相识了。我们相识时，他刚刚从百团大战部队下线，是延安电影团中一名工作人员。我很佩服他，觉得他是真正英雄，而且我和他有一个共同的革命理想，因此，我们渐渐燃起了爱情的火花。①

  我和黄某同志是在1942年八一建军节的大会上认识的。那天他给我们做'八一起义'的报告。黄某也是个参加'八一起义'的老战士，当时是贺龙警卫连的连长，他也曾在上海做过地下斗争，坐过国民党的监狱，他是国共合作释放政治犯的时候，才从南京出狱到延安的。我们很快就产生了爱恋之情，在苏联十月革命那天结了婚。②

实际生活中，陕北女子嫁给八路军战士、干部的为数不少，在她们心目中，八路军是值得爱戴的英雄。他们抗击外敌和保家卫国，是英勇威风的男子汉。与此同时，边区轰轰烈烈的大生产运动中，涌现出了大量劳动致富的生产英雄，他们也是年轻女子倾慕的对象："荞麦开花崖对崖，劳动竞赛当中选人才。劳动竞赛当中出英雄，好像天上星星数不清"。③

除此之外，边区女性亦倾慕"公家人"，他们是在革命中成长起来的新的精英，其政治、社会甚至经济地位均优于农民。正如信天游所唱"三层层花儿红上红，妹妹爱的是公家人"④。在女子媳妇的眼里，"这些公家人与老百姓不一样，他们有文化，见过世面，又有工作，由公家供给吃穿，

---

① 苏平、徐玉珍编：《延安之路》，中国妇女出版社1991年版，第222页。
② 苏平、徐玉珍编：《延安之路》，中国妇女出版社1991年版，第92页。
③ 党音之、于志明编：《信天游五百首》，陕西人民出版社1993年版，第334页。
④ 李季采编：《爱情·土地·人生——顺天游2000首》，中国文联出版公司1986年版，第11页。

一切都由公家管，找上这样的对象既光荣又体面，做了公家人的婆姨，自己也可以当上公家人"①。因此，为逃脱父母的媒妁之言，部分女子将目光投向优秀的"公家人"，与之缔结婚姻，参加工作，走上革命道路。虽然无法精确地统计这部分陕北女子的人数，但今天散居在北京、西安、兰州等地的退休离休女干部中，很多人仍操着浓重的陕北口音，可以证明这一部分人为数不少。

虽为战争年代，但男女双方仍有一种对一定程度知识水平的朦胧要求。许多男女青年相识在抗日军政大学、中国女子大学、鲁迅艺术学院，相近的文化素养和共同的革命理想，使他们志同道合、相守相伴，女青年尤其敬慕才华横溢、能力出众的男青年：

> 严慰冰当年就看上了八路军总政治部副主任陆定一，他"是我党的一个大秀才，交通大学的高才生，会两门外语，是具有多方面才能的理论家、宣传家，写了许多有分量的论文，学的虽是电机，但对古典文学和历史有很深的造诣"。②

在革命文化与节俭风气的双重影响之下，部分地区出现了不要彩礼、婚事从简的新风尚。适婚男女只要到政府登记，领取结婚证书，举行一个简短的仪式，婚礼就完成了。在此仅举张某对50多年前婚礼的回忆，以了解边区青年婚礼仪式的情况。

> "我还在脂肪沟下乡呢，人家（指男方）打发他的通讯员，拉个骡子，叫我到县里去。我说到县里干啥去？人家说：叫你结婚去。"回忆到这，老人哈哈大笑，"通讯员说叫我结婚去，咋结

---

① 秦燕、岳珑：《走出封闭——陕北妇女的婚姻与生育（1900—1949年）》，陕西人民出版社1997年版，第85页。

② 杨闻宇、马萧萧：《红色婚姻档案》，昆仑出版社2004年版，第276页。

婚,穿得乱七八糟,衣服都是发下的衣服,脚上穿的就是原来的烂鞋。晚上乡上还要开会呢。""我以为到那去一转就回来了,去了以后,县委不叫回来,把我急得哭了,那时候县委书记来了,就像哄娃娃似的:'哭啥呢?'我说,'人家还定下一个会,要开会呢咋弄?'他说:'还有其他同志呢。你不要去。'"

张某的婚礼没有什么仪式,通讯员用骡子把她接过去,"那时候的结婚,在县里吃了一顿饸饹,没一颗瓜子,没一颗糖,就是开水。""晚上,几个人坐一坐,说了说,笑了笑,喝了点开水就散了。""就在他(丈夫)那儿住了一个晚上,他们是一伙人住在窑洞,一个炕,那天晚上就腾给了我们。""盖的被子是一件破皮袄,还是不带面子的。就那样结了婚。""结完婚,第二天我就回乡下了。那时候又没有个婚假,艰苦得很。""我们(结婚)还有一个窑洞呢,像'女大'的结婚,住的'飞机洞'(延安为躲飞机,在山上挖的洞),过礼拜六来的那些女同志都住在飞机洞里头,没有地方嘛。一窑洞的人,你叫谁住下,就到飞机洞去。那飞机洞住的都是结婚的。"张某的一个战友结婚,就在饭堂吃饭的桌子上睡。老人幽默地说:"唉呀,这才是个好地方,就在饭堂里睡觉。"①

这种因陋就简的结婚方式在边区政府机关、部队、学校非常普遍,完全摆脱了传统"六礼"(纳采、问名、纳吉、纳征、请期、亲迎)的束缚,无财礼、不讲排场、无禁忌。战斗友情和患难与共的情感,胜过物质。这些"有力冲击了旧的封建统治秩序,铲除了封建婚姻陋习,解放了社会生产力,促进了社会风气的好转……极大地改变了华北抗日根据地人民的精

---

① 秦燕、岳珑:《走出封闭——陕北妇女的婚姻与生育(1900—1949年)》,陕西人民出版社1997年版,第86页。

神面貌,推动了抗日战争的胜利进行"①。传统烦琐的婚礼仪式逐渐简化为双方见面、结婚登记、结婚典礼等几个程序。男女双方的婚姻状况及所缔结婚姻关系的合法性,都是由国家通过基层政权及民政部门来判定,婚姻介绍信及结婚证书成为国家判定的直接体现。从此角度来讲,在某种程度上,婚姻登记制度削弱了家庭在婚姻中的地位,使得婚姻更多地带有国家承认的色彩。因此,人们常把依靠组织挂在嘴边,即使是私人化的感情和婚姻问题也要接受组织的审核。按照婚姻登记制度的规定,男女双方领取结婚证书前,必须先在单位开具婚姻介绍信。传统婚姻成于父母之命,媒妁之言,新式婚礼的介绍人多为领导、同事、战友,但在婚姻关系形成中,已不占据重要地位,仅仅是牵线搭桥而已。同传统结婚庆典相比,革命时期的新式婚礼削弱了与祖先崇拜、香火传递之间的联系,更加注重青年作为革命集体成员的象征意义。

---

① 李晓晨:《试论华北抗日根据地的婚姻风俗改革》,《天津党史》1998年第1期,第45–56页。

本章小结

在红色革命实践中,非政治领域行为包含社会经济文化日常生活行为,其最大特征是政治化,即在革命文化的影响下,社会各领域都卷入革命政治的洪流中。中国共产党在长期的革命实践中积累了丰富的政治动员经验,即运用了大规模的政治动员方式,通过深入基层的严密党组织,广泛地发动群众,把军事革命、建立政权和解决社会经济问题结合起来,从而赢得了革命的胜利。这种政治动员的优势在于它能够快速有效地聚集起大量的人力、物力,使大家同心协力地完成革命目标。因此,革命时期中共党人和普通群众的非政治领域行为的政治化有其必要性和紧迫性。

中国传统社会虽具家国同构特点,但只是国的政治结构对家的伦理结构的模仿,而政治空间与私人空间却是分离的。而中国革命向中国社会的全面渗透,却形成家的伦理生活向国的政治生活看齐,使整个社会政治化、组织化,公共政治统率了整个社会经济文化和私人生活的领域。在社会经济文化领域的工作,往往是以革命政治工作的方法,代替了对经济文化运行规律的研究。私人生活隐私性大大消退,琐碎的日常生活上升到政治的高度,私人生活领域泛政治化、公共化、革命化。集体化生活大大压缩了家庭的作用,除了基本的生活功能,传统的生产、教育功能丧失殆尽。

革命的功能是破坏旧政权,执政党的功能是建设新社会。革命党因革命需要,而兼并政治、行政、司法、军事、文化等复合功能。而后革命时代的执政党主要应履行政治功能,其他功能则交由政府和社会组织履行。

但轰轰烈烈的革命运动造成了巨大的"革命惯性",革命胜利把革命的能量和作用放大了,新执政党自然觉得革命和政治是"全能的",必须坚持革命时期的行为习惯和传统方法。革命需要的干部主要是精通打仗带兵的军事干部和擅长动员教育的政治干部。执政需要的干部主要是懂经济、会管理、有文化的经济、社会、文化和技术管理人才。原先大量搞军事和政治的干部转行至经济、社会、文化、技术管理领域,不能适应"革命后社会"①发展的需要。这些干部熟悉军事管制和政治控制的方式,习惯于用这种手段来管理经济社会,很容易转向统制型经济和管制型社会,也即计划经济。最终在单一公有制形态上,形成政治权力、行政权力、经济权力和文化意识形态权力合一的社会组织形态,既有政治组织、行政组织的功能,又有经济组织和文化组织的作用。一切社会资源均由一个权力中心来进行调配。相配套的基层社会组织结构形态,就是乡村人民公社、城市街道和单位。

---

① 王沪宁:《革命后社会的政治发展》,载《王沪宁集——比较·超越》,黑龙江教育出版社 1989 年版,第 165–166 页。

结　语

　　历史学与社会学分属两门不同的学科，一般而言，前者侧重于历时性，后者侧重于共时性；前者主要是叙述，后者主要是分析；前者强调作用，后者强调结构。① 而把这些互相对立的倾向打通并整合，则是新文化史研究方法的旨趣所在。具体而言，新文化史的研究方法涵盖两个领域：一是具体社会文化事项所体现的表象世界，可用实证方法进行展现；二是深层结构与形态所体现的隐性世界，需要采用建构方法进行展现。二者互为表里，前者是后者的表现形式，后者是前者的本质内涵。只对表象世界的单纯描述，没有对隐性世界的建构思维、理论分析与意义阐释，不能称为完整或深入的社会与文化史研究。最后，关于中国共产党行为模式的研究，在引入新文化史的研究视角的同时，搭建了一个政治文化的研究框架，试图在一种叙事模式中理解行为建构的逻辑机理，以便更好地综合微观与宏观、历史与现实、实证与建构的关联。

一、中国共产党行为模式的生成逻辑和价值旨趣

　　结合新民主主义时期的革命实践，探索中国共产党行为模式的生成轨道，以便更为清晰地揭示行为类型之间的内在关联，并指出各行为类型的价值旨趣。

---

① 雷颐：《取静集》，新华出版社1998年版，第189页。

中国共产党作为革命浪潮中应运而生的政党，为了适应革命环境的变化，实现自己的革命理想，就必须加强党员训练及其行为规训，方能构筑一支强有力的革命队伍。根据罗伯特·哈默尔的政治整合理论，内部变量和外部刺激是影响政党目标实现的重要因素。①

一方面，就内部变量而言，党的属性和历史使命促使中国共产党不断完善自身的政治行为。行为模式的建构首先是由政党所代表的阶级的不同特点和历史使命决定的，不同阶级的政党有不同的政治纲领，其行为建构也不同。资产阶级政党的行为建构与资产阶级的根本利益息息相关的；无产阶级政党则与无产阶级广大劳动者的根本利益紧密相连，其目标设定是实现共产主义的社会制度。列宁提出，俄国无产阶级要完成在一个国家内进行社会主义革命的任务，就必须组织建立自己的有高度觉悟的和严格纪律性的马克思主义政党②。结合中国的实际，中国共产党是用马克思主义革命理论和革命风格建立起来的革命党。为了实现共产主义目标，中共党人必须加强自身修养，不但要培养严格遵守纪律的行为习惯，而且在革命活动中涵养出与之相适应的组织文化，这是中国共产党区别于其他党派的根本所在。因此，在政治革命中建立起来的革命党，其成员往往具有坚定的革命信仰和超群的组织意识，在组织内部实行军事化或半军事化的纪律。

另一方面，就外部刺激而言，革命斗争的严酷性和革命环境的恶劣性促使中国共产党形成适应型的行为样态。首先，就外部环境而言，中国革

---

① 所谓内部变量即政党领导集团、政党内部政治生活以及政党成员的素质，这些变量影响和决定着政党实现目标的能力；所谓外部刺激，即政党的外部生态环境及其变化，这些变化影响和决定着政党行为选择的条件。任何一种外部刺激都可能对政党目标产生冲击，导致政党为实现目标来调适自己。参见［美］罗伯特·哈默尔、肯尼斯·琼达：《一种政党理论：政党目标和政党变革的整合》，转引自荣敬本、高新军主编：《政党比较研究资料》，中央编译出版社2002年版，第244页。

② 《提高劳动生产率》，《列宁选集》（第3卷），人民出版社1995年版，第491页。

命有如下特性：外部势力极其强大；新生革命力量较为弱小；斗争环境变幻无常；等等。由中国革命的这种复杂的特点所决定，中国共产党只有把自身建设成为一个坚强成熟的、富有战斗力的马克思主义政党，才能适应这样复杂的形势，完成这样艰巨的任务。根据布卢斯·迪克森的理论分析，适应型行为又可分为两种类型，即效能型适应和反应型适应。[①] 换而言之，革命时期的惨痛经历使每个共产党员都懂得维护党的团结与统一的重要性，并涵养与之相适应的文化样态与社会行为。其中，学习行为和会议行为是效能型适应的典范，它实现了中国共产党与革命文化协同发展的行动轨迹。至于生活世界政治化的凸显，其适应革命形势发展的需要，可最大程度地集中全社会的资源支援革命事业，并在短期内取得显著的成效。

中国共产党的行为模式是大多数党员及党外革命同志在红色革命中呈现出来的稳定的、化约的、程式化的行为样态，它在维护党的团结统一，保持党的战斗力等方面发挥着重要作用。中国共产党在红色革命实践中所展演的行为类型，受到革命文化的影响，以政治化为特性，本研究只选取了纪律行为、组织行为、学习行为、会议行为、政治化行为等若干类型作为考察对象。需要强调的是，中国共产党行为模式是红色文化的实践性表达，主要是以指向性意义来传达革命价值，其各个面相具有不同的功能取向及表述方式。

中国共产党的一切政治行为，均围绕着政治权力的获得和运用来设定，中国共产党在革命时期形成纪律行为和组织行为两种政治行为方式，各有所用，缺一不可。强制性权力授予的纪律行为，它以禁止的方式规训

---

① 效能型适应，源于政党目标而采纳的实用性调整，最终目的在于提高行动的效能和目标的实现。反应型适应，是政党应对来自外部环境的压力时，所做的更为深层次的结构性适应。转引自杨云珍：《美国社会转型时期两党制演变及其适应性分析》，《山西大学学报（哲学社会科学版）》2006年第5期，第107—111页。

中国共产党的行为方式，其实质是一种惩罚性权力。纪律行为是基于组织规范生成的行为模式，其根本任务是保障政党和国家政权活动的正常进行，实现政党和国家政权活动的目标。感召性权力建构组织行为。这种权力源自组织的政治权威及领袖的道德风范，并以普通成员对组织的情感认同为基础。组织行为是由于领导者和追随者之间感情融洽、心灵契合而形成的影响力。其中，组织意识、组织服从、组织生活等行为轨迹，都不同程度地反映了中共党人的政治热情、思想觉悟和参与欲望。

中国共产党的学习行为和会议行为培养符合革命政治所预期的各种角色和维持其中公认的基本价值观，最终形成一种政治文化惯行，这样原属于文化范畴的学习行为和会议行为就被政治化而可视为是一种政治行为。它能满足中国共产党长期传播政治文化的需要，为党提供具体的行动指南。该行为类型的最大特征是适应性，它并非一种一成不变的行为符号，而是能够根据革命环境的变化不断进行结构调整，以适应新环境要求。

对于中国这样一个超大型的社会主义国家而言，革命和现实发展都要求中国共产党的组织成为整合社会、保障社会平稳有效转型的核心力量。中国共产党执行整合功能，并利用共同价值、同一理想对其内部成员的日常行为实施约束，目的是集中资源并生成社会共通感。以非政治领域行为政治化的手段，来整合全社会的初心，其中社会生产行为的政治化，是认为革命鼓动比经济管理能带来更高效率；而消费行为的政治化和社会生活的政治化，是为了用革命伦理和共产主义道德改造社会和管控社会，也是给社会成员创造一个可归属的政治理想主义家园。

二、中国共产党行为模式的历史反思和现实审思

深入挖掘中国共产党行为模式的历史资源，寻求历史与现实对接的脉

络,以史为鉴、以史为据,方能获得红色文化发展的自信与自强。

在历时性展演中,中国共产党行为模式的演变过程表现出时间序列的延续性。在中国共产党成立初期及大革命时期,红色文化尚处于萌芽时期,是中国共产党行为模式发展的第一阶段。中国共产党的组织基本处于半公开或公开的状态,这和联共(布)以及共产国际的一贯要求是分不开的。① 共产国际多次指示中共:"共产党在任何地方都必须以自己本来的面貌出现,不容许随意采取半合法的政策。"② 此时,共产主义知识分子和各地共产党早期组织即已开始来到工农群众中间,通过工农集会与讲演、出版面向工农群众阅读的通俗刊物、举办工农补习学校、建立工会、农会等各种方式提高工农群众的政治觉悟,传播马克思主义。随后,工农运动在更大的范围和更深的层次上展开,工农文化随着工农运动而蓬勃发展。在中国共产党成立初期及大革命时期,中国共产党最为显著的行为特征是激烈的群众运动与秘密的地下党活动结合。因而,这一行为范式的样本有安源工人罢工、二七大罢工、五卅运动、省港大罢工、海陆丰农运、湖南农运等。裴宜理就曾评价过中国共产党成立初期安源工人罢工这一革命行为:"中国共产党 20 世纪 20 年代早期在安源煤矿大力推行的政治动员,是中国革命史中不应被遗忘的部分。……'安源革命传统'的主要推动力不是阶级斗争和个人崇拜,而是个人为了寻求尊严而投身基层组织。"③ 其中,毛泽东写的《湖南农民运动考察报告》是该行为研究的范本。农民运动被当时革命阵营的国民党左派和陈独秀认定为破坏行为和过激行为,毛泽东则从正面描述和高度肯定:"孙中山先生致力国民革命凡四十年,所要做而没有做到的事,农民在几个月内做到了。这是四十年乃至几千年未

---

① 汤涛:《共产国际、联共(布)对土地革命初期中共自身建设的影响》,《党的文献》2006 年第 2 期,第 59–60 页。

② 《斯大林全集》(第 10 卷),人民出版社 1954 年版,第 20 页。

③ [美]裴宜理:《重拾中国革命》,《清华大学学报》2011 年第 5 期,第 21 页。

曾成就过的奇勋。"① 后随着毛泽东这篇文献成为革命经典，这一结论被经典性地反复引用，这些过激行为也被认为是革命行为的典范。这些打击地主的方式，后来在"文化大革命"中基本上都得到了复制，成为"大民主"的具体方式。② 中国共产党成立初期及大革命时期，领导工农运动成为中国共产党的主要活动。工农运动高潮的出现，不仅初步显示了中国共产党的组织动员能力，而且马克思主义理论通过工人运动得以在工人阶级之间传播，马克思主义融入并成为工人阶级生存、斗争与革命的指导思想，从此开启了马克思主义走向工农大众的历程。这一时期，初生的中国共产党尚未掌权，其行为模式是开展半公开的地下党活动以及动员群众参加激烈的工农运动。

国民革命失败以后，中国共产党继续高举革命大旗，发动武装起义，开展土地革命，开辟了以农村包围城市、武装夺权政权、最后夺取全国胜利的革命道路，中国共产党领导的农村革命根据地在各地迅速建立和发展起来。在广大的苏维埃革命区域发展起来的苏区文化，是中国共产党行为模式发展的第二阶段。土地革命时期，在广大的苏维埃政权割据区域，苏区文化成为当时中国时代文化中一支先进文化力量和有着重大历史影响的革命行为。这一时期的农村根据地，多是位于国民政府统治较为薄弱的地区，如井冈山、湘鄂西、海陆丰、鄂豫皖、琼崖、闽浙赣、湘鄂赣、湘赣、左右江、川陕、陕甘、湘鄂川黔等根据地。在相对独立的根据地空间内，中国共产党的文化建设立足并利用乡村传统文化，传承革命精神，创造根据地文化新气象，实现了红色文化在苏区的蓬勃发展。

抗日战争和解放战争时期，是中国共产党行为模式发展的第三阶段。根据地发展的文化主要服务于动员中华民族一切可能的力量抵御外

---

① 《毛泽东选集》（第1卷），人民出版社1991年版，第15—16页。
② 孟庆涛：《革命·宪法·现代性》，中国政法大学出版社2012年版，第240页。

敌入侵和争取全国解放，民族主义和爱国主义成为抗日战争和解放战争时期红色文化的核心内容。抗日战争和解放战争时期，中国共产党是具有一定合法性基础的地方政党，它养成了被称为革命传统的行为文化，延安是中国共产党新民主主义文化建设的温床，亦是红色行为文化塑造的基地。在这一时期，中国共产党行为模式的形成条件是根据地的合法执政与建设以及一系列的军事斗争，其行为特征是合法化、纪律性、动员性。

从1949年中华人民共和国成立到1978年中国共产党十一届三中全会召开之前的29年，是中国共产党领导中国人民在新民主主义革命胜利基础上，在马克思列宁主义、毛泽东思想指导下，进行社会主义革命和社会主义建设的历史时期，亦是中国共产党行为模式发展的第四阶段。在新中国建设期间，彰显斗争文化和革命主题的革命行为受到社会广泛接受并且具有历史承续性。首先，革命行为主体的扩大，从普通党员扩展至全国人民，革命行为在短短数十年间演变成了举国上下的革命狂欢。其次，文化辐射作用的延伸。起初，中国共产党行为模式肇始于中国共产党在革命根据地时期的艰难环境，发生于党组织和军队内部的行为规范，保密性、纪律性、军事化是其主要特征。随后，推广到中国社会生活的方方面面，经济领域中的"生产行为政治化"和"消费行为政治化"，社会领域中的"组织军事化、行动战斗化、生活集体化"，文化领域的"会议行为"与"学习行为"。随着革命文化的深入，这场社会变革无不具有激进主义、浪漫主义与理想主义的色彩。从它的影响范围来看，它已经越出区域文化辐射的范畴，而成为影响及于全国、深入人民群众日常生活各个角落的主流文化。红五星与绿军装、忆苦思甜、个人利益服从集体利益等行为，主导了亿万人民群众的生活。[①] 这是因为中国共产党作为全国性的唯一执政党，

[①] 魏本权：《论20世纪以来中国红色文化的嬗变与重构》，《山东青年政治学院学报》2013年第1期，第10页。

它希冀以革命的方式改造全社会，构建一个理想化的革命性社会。概而言之，革命文化的发展，构成社会主义文化的主要方面和主流方向。行为上延续革命传统的一切做法甚至更为激进，火红的激情燃烧的年代的行为成为最受追捧的行为。因此，中国共产党行为模式的践行具有延续性、日常化、全民化的特征。

在新民主主义革命时期，社会主义革命和建设时期，改革开放和现代化建设新时期，中国特色社会主义新时代，中国共产党作为执政党主动实行从革命到改革的转变，以改革方式回归常态社会。中国共产党在成立之初以革命为使命，在国内外环境异常复杂，而且自身实力明显不足的情况下，不得不承担了多种政治的、社会的、文化的功能，这在一定程度上造成了行为政治化的特性。随着时代和环境的变迁，红色行为文化也与时俱进地做出适应性调整。中国共产党尝试将革命与改革无缝对接、一脉相承，发挥新时期常态化、大众化的红色行为文化的功能。尤其是十八届六中全会审议通过了《关于新形势下党内政治生活的若干准则》，进一步深化了党内政治生活的若干准则，细化了党员行为模式的六大规范，这恰好与革命时期中国共产党行为模式形成了历史的对接。

习近平总书记多次强调："我们党在长期实践中形成的党内政治生活的光荣传统，不论过去、现在还是将来，都是党的宝贵财富。光荣传统不能丢，丢了就丢了魂；红色基因不能变，变了就变了质！同时，我们要立足新的实际，不断从内容、形式、载体、方法、手段等方面进行改进和创新。"[1]在新时期肩负起新的历史使命，对待红色行为文化需做到以下两点：

一方面，红色基因的传承。从党内政治生活角度看，中共一大确立了党的根本性质和最高理想。中共二大根据中国具体国情，按照理论联系实

---

[1] 习近平：《在党的十八届六中全会第二次全体会议上的讲话》（2016 年 10 月 27 日），《新湘评论》2017 年第 1 期，第 10-14 页。

际的原则，制定了党的反帝反封建的民主革命纲领；大会产生了以民主集中制的原则、严密的组织体系和铁的纪律为主要特征的第一部党章及其补充文件；大会要求党的一切活动都必须深入到广大的群众里面去，领导和团结各界人民奋斗。这些行动策略，是中国共产党基本规范的最初形态，表明严肃党员行为是中国共产党与生俱来的红色基因，也是中国共产党在新时代需要进一步传承和弘扬的政治优势。

另一方面，红色文化的创新。1978年党的十一届三中全会翻开了党和国家历史的新篇章，是中国共产党历史上具有深远意义的伟大转折，开始了改革开放和社会主义现代化建设的新时期，其形成的新时期党内政治生活基本要求，主要原则和规定在今天仍然适用。时至今日，党的十八大以来，以习近平同志为核心的党中央以对党、国家、人民、历史极端负责的精神，深刻总结党的建设历史经验，全面把握党的建设面临的新形势新任务。党的十八届六中全会突出全面从严治党主题，对新形势下加强和规范党内政治生活作出了新的制度安排和部署，为严肃党内政治生活、规范党员行为提供了基本遵循，对深化全面从严治党起到有力的推动作用。全会通过的《关于新形势下党内政治生活的若干准则》，坚持继承与创新的统一，坚持问题导向，建构起坚持和落实党的政治、思想和组织领导的制度体系，体现出以习近平同志为核心的党中央对新形势下党内政治生活的新认识和新实践，为中国共产党的建设提供了基本遵循，筑牢了坚实的根基，开创了党的建设伟大工程的新局面。

在共场性的播布中，中国共产党行为模式作为日常景观的一部分，是研究者不能忽略的繁复。"我生在革命时期，但革命时期不足以解释我的一切。不但是我，别人也是这样的吧。"[①] 这句话要表达的是在革命之外还

---

① 王小波：《三十而立》，载王小波：《黄金时代白银时代》，中国青年出版社2002年版，第333页。

有关于自己的另一种人生，它和革命不存在高下之分，正是这些看似零散的日常时刻也包裹了革命行为的踪迹。

日常崛起赋予了革命行为远比革命时代更丰富的景象，更包括人的内心深处许多必要的延伸。在传统观念里，历史只能关注那些轰轰烈烈的事件，金戈铁马、王朝更替，或者就是执着于成败论英雄。事件本身可以拥有理性的因果关系，它常常被赋予某种形式的必然性特征，并且这一特征具有无可比拟的优点，而日常则是无因果的，对于历史的变迁而言它显得如此微不足道。①

> 革命时期好像是过去了，又仿佛还没开始。爱情仿佛结束了，又好像还没有到来。我仿佛中过了头彩，又好像还没到开彩的日子。这一切好像是结束了，又仿佛是刚刚开始。②

革命时期是一种时间界限，但革命时期和非革命时期是否真正存在一种泾渭分明的界限？这种界限是否充满了人为的意图？作为一种发生在人的身上的事件，不可消除的延续有时更为重要。或许有人会担心，日常的介入是一个波澜壮阔的意义丧失的过程，但实则革命历史打破循规蹈矩的日常，重组了人们的行为模式并建构了红色行为文化。显然，日常行为的改变，其影响更为深远：

> 历史（战争）打断平日生活，但平日也能制服历史，因为任何事情都有其平日。在这个冲撞中，实践证明平日与历史的分离是一种神秘化。但这种分离恰恰是日常意识的出发点和主导思

---

① 这种观点认为历史的发展轨迹是可以设计的，这是人的主体自信力极度膨胀的结果。偶然作为历史逻辑之外的东西被有意排斥，但在现在的历史观中，偶然性变成重要的历史因素，未来的在场将表现为它的未知带给人们的焦虑。

② 王小波：《三十而立》，载王小波：《黄金时代白银时代》，中国青年出版社2002年版，第336页。

想。实际上平日和历史是相互渗透的，在互相缠绕中，它们表面上的性质改变了。平日不再是平常意识所了解的那样。同样，历史也不再是它显现给平常意识的那个样子……在朴素意识看来，平日与历史之间的生活断裂是一种宿命。平日表现为信任、熟识、亲近，表现为"故乡"。而历史表现为出轨、平日生活的打断，表现为意外和陌生。这一断裂把实在一劈两半，一面是历史的历史性，另一面是平日的非历史性。①

区别于动态变化的历史事件，日常生活更趋于静态平稳的状态，它是人类本真性和身体主体性的寄居地。这种无法回避的前提恰恰使得身体位置成为日常模式化的重要表征。作为一种零碎的时间状态，日常大多表现出单纯的私人风格，它是形而下和欲望的，它的驳杂和纷乱使得人群的意识没有办法得到根本的统一。所以，这种人心涣散的人群就和革命时代所理解的彻底堕落的资本主义城市等同起来。在革命和国家的集体话语讲述当中，同一性是进步的关键前提。只有在这个前提下，对未来的追求才呈现出浩瀚人民性，那些异样的声音是反人民的。"在党没有开展运动，日常生活没有'历史性事件'的日子里，正像汉娜·阿伦特所说的，由于琐碎零细的利益比体面的伟业更为贴身和重要，苏区的大多数农民深陷在对当下生活（虽然主要表现为、但不只是物质需要）的即刻关注之中（这并不意味着没有懒惰农民），从而滋长了与以远大的革命目标为中心的组织体系相疏远、脱离，止于'自己不做反动派就算'的冷落旁观的状态。"②集体主义对日常状态中的人民充满了不信任，"特别是不在革命队伍当中，没有经过政治斗争锻炼和政治教育的普通人民的日常思想，常常是混乱

---

① ［捷克］卡莱尔·科西克著，傅小平译：《具体的辩证法——关于人和世界问题的研究》，社会科学文献出版社 1989 年版，第 55 页。
② 陈德军：《乡村社会中的革命：组织、"敌人"与控制》，载复旦大学历史学系、复旦大学中外现代化进程研究中心编：《近代中国的乡村社会》，上海古籍出版社 2000 年版，第 164 页。

的。它一方面也可能受到进步的革命思想的影响,另一方面也可能掺杂许多反动派的思想或资产阶级腐朽思想或小资产阶级落后思想的成分"①。人们开始意识到那些可爱的国家主体身上纯净的革命气质必须通过特定严肃的政治仪式召唤出来。但在实际生活中,人的精神是一种混合物,那些不良的思想随时可能起来制造麻烦,所以为了杜绝这些"坏蛋",必须把它们生长的根系连根拔起。尽管人们也承认日常中的人民也孕育着进步的种子,但把他们放置在绝对正统的革命情境中,塑造成坚定的革命者总是比较保险一点。

"在革命的宏大叙事话语中,日常生活发挥着最基础性的作用,仅仅满足于日常生活的人生自然是不完整、缺乏光彩的人生。"②然而,在长时间泛政治化的语境中,日常生活的世俗性、私人性和与之密切相关的感性欲望被压缩至最低点,而它存在的全部意义就在于成为烘托革命理想的基座。可见,存在于日常生活中的革命行为是不显山不露水的,更多时候,它们是默默塑造着时代精神的具体形式。这些潜在的影响效力是持续的,甚至贯穿了那些被明确分期的历史阶段。事实上,这些日常的行为也必然会影响到众多轰轰烈烈的历史大事件,只不过特定的知识类型分期使人们忽视了这些因素的联系。因此,新文化史研究带给人们的启示是:"除了历史上那些值得大书特书的伟大事件之外,还存在着许多与日常生活息息相关的琐事,这些琐事常常是名不见经传。它们受着那些不以任何人的意志为转移的、专横的必然性的支配,它们的总和构成了人类生活的真实框架。"③日常是人类生存形式的稳固根基,粗粗一看,日常的"日出而作,日入而息"是何其单调,但细细思量,人们就会发现原来这些被误解的单

---

① 艾思奇:《大众哲学》,人民出版社 2004 年版,第 24 页。
② 王宏图:《都市叙事与欲望书写》,广西师范大学出版社 2005 版,第 103 页。
③ [法]古斯塔夫·勒庞著,佟德志、刘训练译:《革命心理学》,吉林人民出版社 2004 年版,第 35 页。

调日常实际上是个道道地地的万花筒。原本是用来表示"人民内部强健的精神清洁能力"的"批评和自我批评"从另一方面恰恰说明了那些来自日常的复杂观念生命力的旺盛。①

---

① 滕翠钦:《被忽略的繁复——当下"底层文学"讨论的文化研究》,生活·读书·新知三联书店2014年版,第139页。

附录　访谈对象

姓名	性别	出生年月日	所在地	访谈时间	访谈地点
JLG	男	1929.9.25	江西宜春	2016.11.10	姜家
LSP	男	1935.2.6	湖南娄底	2017.1.15	龙家
FQ	女	1930（缺失出生年月）	广东广州	2017.6.14	医院
ZXY	女	1943.2.26	广东广州	2017.6.16	张家
CZY	女	1934.12.24	广东广州	2017.6.22	中大离退休俱乐部
QCF	男	1935.12.8	辽宁大连	2017.6.25	曲家
LWH	女	1932.6.25	广东广州	2017.6.26	罗家

注：按照田野调查的传统及保护访谈人的隐私，本书中所有的人物和相关地点做了技术化处理。

主要参考文献

一、中文著作类

1. 《马克思恩格斯全集》（第1卷），人民出版社1956年版。
2. 《马克思恩格斯全集》（第2卷），人民出版社1957年版。
3. 《马克思恩格斯全集》（第3卷），人民出版社1960年版。
4. 《马克思恩格斯全集》（第19卷），人民出版社1963年版。
5. 《马克思恩格斯全集》（第26卷），人民出版社1972年版。
6. 《马克思恩格斯选集》（第1—4卷），人民出版社1995年版。
7. 《列宁选集》（第1—4卷），人民出版社1995年版。
8. 《毛泽东文集》（第2卷），人民出版社1993年版。
9. 《毛泽东文集》（第5卷），人民出版社1996年版。
10. 《毛泽东文集》（第6—8卷），人民出版社1999年版。
11. 《毛泽东选集》（第1—4卷），人民出版社1991年版。
12. 《建国以来毛泽东文稿》（第6册），中央文献出版社1992年版。
13. 《建国以来毛泽东文稿》（第12、13册），中央文献出版社1998年版。
14. 《毛泽东年谱》（中、下卷），中央文献出版社2013年版。
15. 《刘少奇选集》（上），人民出版社1981年版。
16. 《周恩来选集》（下），人民出版社1984年版。
17. 《陈云文选》（第1—3卷），人民出版社1995年版。
18. 《邓小平文选》（第1卷），人民出版社1994年版。
19. 《建党以来重要文献选编（1921—1949）》（第1—26卷），中央文献出版社 2011 年版。

20.《中共中央文件选集》（第 1—6 册），中共中央党校出版社 1989 年版。

21.《中共中央文件选集》（第 7、8、10、11、13、14 册），中共中央党校出版社 1991 年版。

22.《中共中央文件选集》（第 17—18 册），中共中央党校出版社 1992 年版。

23.《中共党史参考资料》（第 1—24 册），中国人民解放军政治学院党史教研室 1979 年版。

24.《中国妇女运动历史资料》（1927—1937），中国妇女出版社 1991 年版。

25.《广东党史资料》（第 1—18 辑），广东人民出版社 1991 年版。

26. 中共江西省委党校党史教研室选编：《中央革命根据地史料选编》（中册），江西人民出版社 1982 年版。

27.《晋察冀抗日根据地史料选编》（下），河北人民出版社 1983 年版。

28.《河北文史资料选辑》（第 8 辑），河北人民出版社 1982 年版。

29.《甘肃党史资料》（第 6 辑），中共甘肃省委党史资料征集研究委员会 1984 年版。

30.《山东档案选编》（第 1—3 辑），山东人民出版社 1981 年版。

31.《通化县文史资料》（第 9 辑），通化县政协文史资料委员会 2001 年版。

32.《合江县文史资料选辑》（第 11 辑），政协合江县文史资料委员会、合江县志编纂委员会 1992 年版。

33.《勃利文史资料》（第 1—15 辑），中国人民政治协商会议勃利县委员会文史资料研究委员会 1991 年版。

34. 杨尚昆：《杨尚昆日记》（上、下册），中央文献出版社 2001 年版。

35. 薄一波：《若干重大决策与事件的回顾》（上、下册），中共中央党校出版社 1991 年版。

36．李维汉：《回忆与研究》（上、下册），中共党史资料出版社 1986 年版。

37．聂荣臻：《聂荣臻回忆录》，解放军出版社 2007 年版。

38．邓力群：《邓力群自述》（1915—1974），人民出版社 2015 年版。

39．徐向前：《历史的回顾》，解放军出版社 1988 年版。

40．左联：《左联回忆录》，中国社会科学出版社 1982 年版。

41．张国焘：《我的回忆》（第 1—3 册），东方出版社 1998 年版。

42．曾志：《曾志回忆实录》，广东人民出版社 1999 年版。

43．葛剑雄：《谭其骧日记》，文汇出版社 1998 年版。

44．莫文骅：《莫文骅将军自述》，辽宁人民出版社 1997 年版。

45．韦君宜：《思痛录》，人民文学出版社 2013 年版。

46．丁玲：《丁玲自传》，江苏文艺出版社 1996 年版。

47．石澜：《我与舒同四十年》，陕西人民出版社 1997 年版。

48．陈学昭：《延安访问记》，广东人民出版社 2001 年版。

49．何方：《从延安一路走来：何方自述》，人民日报出版社 2015 年版。

50．王乐理：《政治文化导论》，中国人民大学出版社 2000 年版。

51．闵琦：《中国政治文化》，云南人民出版社 1989 年版。

52．王卓君：《文化视野中的政治系统——政治文化研究引论》，东南大学出版社 1997 年版。

53．杨忠：《组织行为学：中国文化视角》，南京大学出版社 2013 年版。

54．胡绳：《中国共产党的七十年》，中共党史出版社 1991 年版。

55．张静如：《中国共产党思想史》，青岛出版社 1991 年版。

56．肖东波：《中国共产党理论建设史纲（1921—1949）》，中共党史出版社 2004 年版。

57．王树荫：《中国共产党思想政治教育史纲（1919—1949）》，党建读物出版社 2002 年版。

58．田克勤：《中国共产党与二十世纪中国社会的变革》，中共党史出版社 2004 年版。

59. 刘文江：《中国共产党文化研究》，中共党史出版社2005年版。

60. 朱志敏：《中国共产党与20世纪中国文化》，中国社会出版社2004年版。

61. 赵理富：《政党的魂灵——中国共产党政党文化研究》，武汉大学出版社2008年版。

62. 陈元中：《中国共产党执政文化建设研究》，人民出版社2012年版。

63. 陈金龙、陈岸涛：《马克思主义中国化概论》，人民出版社2005年版。

64. 李蓉：《中国近现代身体研究读本》，北京大学出版社2014年版。

65. 汪永忠：《党的作风建设理论与实践》，中国言实出版，2014年版。

66. 李水弟：《红色文化与传承》，江西人民出版社2009年版。

67. 桑俊：《红安革命歌谣研究》，华中师范大学出版社2009年版。

68. 朱鸿召：《延安：日常生活中的历史》，广西师范大学出版社2007。

69. ［美］费正清著，刘尊棋译：《伟大的中国革命》（1800—1985），世界知识出版社2000年版。

70. ［美］埃德加·斯诺著，董乐山译：《西行漫记》，生活·读书·新知三联书店，1979年版。

71. ［法］古斯塔夫·勒庞著，佟德志等译：《革命心理学》，吉林人民出版社2004年版。

72. ［美］莫里斯·迈斯纳著，张宁等译：《马克思主义、毛泽东主义与乌托邦主义》，中国人民大学出版社2005年版。

73. ［美］布兰察德著，戴长征译：《革命道德——关于革命者的精神分析》，中央编译出版社2004年版。

74. ［美］费正清、费维恺编，刘敬坤等译：《剑桥中华民国史》（1912—1949）》（下卷），中国社会科学出版社1991年版。

75. ［美］马克·赛尔登著，魏晓明、冯崇义译：《革命中的中国：延安道路》，社会科学文献出版社2002年版。

76. ［法］莫里斯·迪韦尔热著，杨祖功等译：《政治社会学——政治学要素》，华夏出版社 1987 年版。

77. ［美］迈克尔·罗斯金等著，林震等译：《政治科学》，华夏出版社 2000 年版。

二、论文类

1. 黄道炫：《关山初度：七十年来的中共革命史研究》，《中共党史研究》2020 年第 1 期。

2. 唐棣宣、吴光会：《身体史：改革开放史研究的新视角》，《中共党史研究》2019 年第 8 期。

3. 杨东：《概念史在中共党史研究中的实例分析》，《中共党史研究》2017 年第 11 期。

4. 陈红娟：《中共党史领域概念史的研究对象与方法思考》，《中共党史研究》2017 年第 11 期。

5. 郭若平：《投石问路：中共党史研究与新文化史的邂逅》，《中共党史研究》2014 年第 12 期。

6. 刘红凛：《建立健全党的作风建设常态机制的调查与思考》，《中共中央党校学报》2014 年第 2 期。

7. 王永凤：《近十年党的思想作风建设研究述评》，《中共中央党校学报》2011 年第 3 期。

8. 陈金龙、许灿荣：《政党、国家与社会：阐释党内政治文化功能的三维向度》，《东岳论丛》2020 年第 6 期。

9. 陈金龙：《中国共产党政党文化建构：重要性与基本内涵》，《岭南学刊》2006 年第 1 期。

10. 姚桂荣：《社会心理分析与当代社会史研究》，《党史研究与教学》2019 年第 6 期。

11. 杨琳：《身体叙事的三重逻辑——以土地革命时期妇女剪发运动

为中心的考察》,《党史研究与教学》2018年第4期。

三、外文文献类

1. Larry Diamond ed., *Political Culture and Democracy in Democratization*, Routledge, 1994.

2. Pye, Lucian, *The Dynamics of Chinese Politics, Oelgeschlager*, Gunnand Hain, Publish, Inc., 1981.

3. Benjamin I. Schwartz, *Chinese Communism and the Rise of Mao*, Cambridge, MA: Harvard University Press, 1951.

4. Philip C.C. Huang. *The Peasant Economy and Social Change in North China*, Berkeley: University of California Press, 1987.

5. Elizabeth J. Perry. *Rebels and Revolutionaries in North China*, *1845—1949*, Berkeley: University of California Press, 1987.

6. Maurice Meisner. *Li Ta-chao and the Origins of Chinese Maxism*, Cambridge, MA: Harvard University Press, 1967.

7. Whyte, Martin. *Small Groups and Political Rituals in China*. Berkeley: University of California Press, 1975.

8. Aline Kan Wong. *Changes in the marriage and family in China*, *1949—1969*, Edited by Steve S.K.Chin and Frank H.H.King, Selected Seminar Papers on Contemporary China, I, Center of Asian Studies. University of Hong Kong, 1971.

9. Antonia Finnane. *Changing Clothes in China: Fashion*, *History*, *Nation*, New York: Columbia University Press, 2008.

后 记

2020年6月，我完成本书定稿，端详文字，回看过往，有一种畅然和收获。本书是在笔者的博士论文的基础上修改而成，在我求学生涯之际，家人和师友的诸多帮助和支持是最令我感动的，亦是我继续前行的动力。

首先，我最需要感谢的自然是我的恩师周全华教授。2015年，承恩师不弃，我得以忝列恩师门墙，从而摆脱当时无书可读的窘境。周老师不仅教会了我如何读书、如何做学问，还教会了我如何做人。无论在生活上，还是在学术上，周老师言传身教，我受益良多。点点滴滴，无不充满着关爱与责任。博士生活，有疾风骤雨，也有阳光灿烂，导师为我的成长倾注了无数心血。回看我的博士论文，从论文选题，资料搜集，到论文的撰写与修改，每一个环节中无不凝聚着导师的汗水和心血。在修改论文期间，有很多问题一直改，一直改也改不好，到最后我甚至萌生退意，但是导师从来都是耐心地指出我的错误。一直到论文发表之际，导师也认真且负责地给予指导和校正。导师的言行举止、为人处世，早已经融入了我的血液，并将伴随我的一生。我收获良多，却无以为报，感触颇丰，却不善言辞，在此，谨向我亲爱的导师致以最衷心的感谢！

感谢我的硕士导师李辉教授。多年来，李老师一直在关心、支持、鼓励着我，我的点滴成长和进步无不包含着李老师殷切的期望。教诲如春风，师恩似海深。在此表示深深的谢意！

同时，我还要感谢在中山大学马克思主义学院三年博士学习期间给予我教育、关心和帮助的老师们。郭文亮老师、沈成飞教授、吴炜教授、夏银平教授、袁洪亮教授、胡雪莲教授、罗嗣亮副教授、张龙林副教授参加了我的论文的开题或预答辩，给予我许多中肯的建议，使我受益颇多，论文的质量亦得到了很大的提升。感谢龙柏林副教授、童建军副教授，为我的学习生活提供了诸多的帮助和便利，在此亦致以真诚的感谢。

特别要感谢何旗副研究员、范君副研究员、蔡小婷博士、李若衡副教授、吴丽娜博士等，正因为有他们，我的学术之路不孤单，亦不枯燥。特别要感谢何旗和范君两位学友，在与他们探讨学术、交流问题的过程中，我得到了不少启发，也衷心感谢他们对我生活上的关心和帮助。感谢殷玲玲博士、郑佳斯博士两位挚友，陪我闯过那些风那些雨，感谢在我最无助的时候有他们的鼓励和陪伴。感谢彭先兵副教授、任美慧博士、胡伟光博士、蔡禹博士、陆茹博士等同门师兄师姐对我的学习、生活、就业的关心和帮助。我在此向他们表示深深的感谢！正是有他们的鼓励、关心和帮助，我才能顺利完成论文写作。

在论文撰写过程中，我尤其要感谢七位访谈对象，鉴于保护隐私的需要，他们的真实姓名我无法在此一一呈现，但他们革命时期的经历及感悟将留在这里，会给更多致力于研究红色文化的人带来认知的变革与智慧的启迪。

还要感谢我的家人，特别是我至亲的父母。20多年来，父母含辛茹苦地将我抚养成人，给予了我伟大而无私的爱，始终在物质上、精神上支持着我。尤其感谢我的爱人郑晓杰，感谢他一如既往地支持我的求学之路，任劳任怨，毫无怨言。如果没有家人的支持，我想我不可能远离外面纷繁复杂的世界，全身心投入到我挚爱的科研工作中。他们是我潜心求学的最大动力，对他们的爱是要用一生来回报的。

本研究得到广东省哲学社会科学"十三五"规划学科共建项目的资助，本书的出版得到"马克思主义研究文库"出版资助项目资助，在此表示感谢。最后，我要特别感谢广东人民出版社的伍茗欣编辑，是她的鼓励和认真负责的态度督促我对书稿反复修正。

人生一路走来,要感谢的人太多太多。感激之情纵万语千言,难写微茫。就请允许我再次衷心感谢所有支持和帮助过我的人们,是他们让我从爱中学会了爱。在今后的求索之路中,我将承载着他们的关爱和期望,奋力拼搏,积极进取,尽自己最大的努力回报所有关心、帮助、支持我的人们!

杨琳

2020年6月于五山